特別支援学級・特別支援学校

新学習指導要領を踏まえた「学習評価」の工夫

育成を目指す資質・能力の３つの柱を３観点で見取るアイディア

■編　著■

武富 博文・増田 謙太郎

ジアース教育新社

発刊のご挨拶

　読者の皆様も既にご承知の通り，小学校・中学校・高等学校・特別支援学校の学習指導要領が改訂され，学習評価の在り方についても中央教育審議会初等中等教育分科会教育課程部会より「児童生徒の学習評価の在り方について（報告）」が取りまとめられました。

　また，これを基に文部科学省より「小学校，中学校，高等学校及び特別支援学校等における児童生徒の学習評価及び指導要録の改善等について（通知）」が発出されました。

　これらを踏まえますと，今後は児童生徒等に対して，学習指導要領改訂のポイントとなっている資質・能力の３つの柱を確実に育成すると同時に，それらが確かに育まれているのかを丁寧に見取ることが必要となって参ります。

　前述の報告や通知では，学習評価についての考え方が示されていますが，実際に児童生徒が身に付けた資質・能力を見取る学習評価の工夫は，今後の学校現場の実践に委ねられていると言っても過言ではありません。

　そこで私達は，この学校運営上の喫緊の課題にいち早く取り組み，観点別学習状況の評価の３観点に着目して，資質・能力が児童生徒に着実に育成されているのかを見定めるための具体的な工夫やアイディアについて実践・検証し，書籍としてまとめることといたしました。

　本書の構成につきまして，第１部の理論編では，学習指導要領改訂に関わる中央教育審議会の審議の中で，学習評価について，どのような議論がなされてきたのかや特別支援学校等における学習評価の在り方についてどのような研究がなされてきたのかを整理しました。

　また，特別支援学級や特別支援学校における今後の学習評価の在り方に関して，提言を含め，学校現場の皆様にご期待申し上げるとともに教育実践に携わらせていただきたいことをまとめさせていただきました。

　続く，第２部の実践編では，小学校・中学校の知的障害特別支援学級や特別支援学校（知的障害）の学校現場の先生方にご協力いただき，実践の経過をまとめ，特別支援学級や特別支援学校における学習評価の取組の参考となる情報を取りまとめました。

　実践上の工夫には，資質・能力の柱に即して設定した目標を踏まえ，「評価規準」の作成をはじめ，ルーブリック評価表の活用，自己評価－相互評価の取

組など，随所に今後の参考となる「指導と評価の一体化」に関する情報を掲載させていただいております。

　さらに，これらの実践事例の中には，学習評価のみならず「主体的・対話的で深い学び」の実現に向けた授業改善に役立つ情報や，より質の高い教育課程改善に取り組み，学習の効果の最大化を図る「カリキュラム・マネジメント」の工夫に関する情報も含まれております。この点については，学習評価がカリキュラム・マネジメントの基軸と考えられていることからも，授業改善や教育課程の改善と連動していることは当然のことではありますが，各学校現場や教育課程行政上の諸課題に取り組まれている皆様には，とりわけ早急に必要とされている情報であると拝察しております。

　なお，実践上の指導の形態に関しましては，学校現場の実情に鑑み，可能な限り教科別の指導と各教科等を合わせた指導とのバランスに配慮し，知的障害教育分野に独自の課題にも触れられるようにしております。

　お読みいただける読者の皆様方のイメージとしては，小学校・中学校・特別支援学校の管理職の先生方はもとより，特別支援学級や特別支援学校の現場をご担当の先生方，都道府県・市区町村教育委員会の特別支援教育を所管する部署の担当指導主事の皆様，大学の先生や大学生・大学院生の皆様にお手に取っていただけることを念頭に編集いたしました。

　皆様と本書を通じて「対話」を図ることができればとの願いを込めて，わかりやすい表現やレイアウト等に努めたところでございますが，ご期待に十分に添えていない部分もあろうかと存じます。どうか博雅の士のご示教を賜りますとともに今後のよりよい教育実践の一助として本書をご活用いただけますと望外の喜びに存じます。

　結びに際しまして，本書の刊行にご協力をいただきました教育政策研究会「特別支援教育部会」でともに議論を交わし研鑽を積んだ同志の皆様，全国でご活躍中の実践報告をご執筆いただきました皆様，何より最後まで本書の構成や編集作業にお力添えをいただきました株式会社ジアース教育新社の加藤勝博社長をはじめ，編集スタッフの市川千秋様，西村聡子様に心より感謝を申し上げます。

令和２年７月

教育政策研究会「特別支援教育部会」

武富博文，増田謙太郎

目　次

第1部
理論編

1 新学習指導要領を踏まえた 今後の学習評価の在り方について

教育政策研究会「特別支援教育部会」　武富　博文

1 学習指導要領の改訂と学習評価に係る議論のポイント

(1)「育成すべき資質・能力を踏まえた教育目標・ 内容と評価の在り方に関する検討会」の議論

　平成 29 年の学習指導要領改訂に至る審議は，平成 26 年 11 月 20 日に行われた文部科学大臣よりの諮問「初等中等教育における教育課程の基準等の在り方について」以降を中心に行われました。しかし，実はこれ以前の平成 24 年 12 月 4 日に「育成すべき資質・能力を踏まえた教育目標・内容と評価の在り方に関する検討会」（以下，検討会）が設置され，「国内外の動向等も踏まえつつ，育成すべき資質・能力の構造を明らかにした上で，それを実現するための具体的な教育目標，指導内容などの教育課程と学習評価を一体的に捉え，その改善に向けての基礎的な資料等を得るための情報収集・意見交換等を行う」ことを趣旨とした検討会が全 13 回にわたり開催されました。

表 1 「学習評価」に関して注目すべき審議等の経過

年月日	事項
平成 24 年 12 月 4 日	「育成すべき資質・能力を踏まえた教育目標・内容と評価の在り方に関する検討会」設置
平成 26 年 3 月 31 日	育成すべき資質・能力を踏まえた教育目標・内容と評価の在り方に関する検討会「論点整理」
平成 26 年 11 月 20 日	文部科学大臣「初等中等教育における教育課程の基準等の在り方について」諮問
平成 27 年 5 月 7 日	「道徳教育に係る評価等の在り方に関する専門家会議」設置
平成 28 年 7 月 22 日	道徳教育に係る評価等の在り方に関する専門家会議「『特別の教科 道徳』の指導方法・評価等について（報告）」
平成 28 年 12 月 21 日	中央教育審議会第 197 号「幼稚園，小学校，中学校，高等学校及び特別支援学校の学習指導要領等の改善及び必要な方策等について（答申）」
平成 29 年 7 月 18 日	中央教育審議会初等中等教育分科会教育課程部会「児童生徒の学習評価に関するワーキンググループ」設置
平成 31 年 1 月 21 日	「児童生徒の学習評価の在り方について（報告）」
平成 31 年 3 月 29 日	「小学校，中学校，高等学校及び特別支援学校等における児童生徒の学習評価及び指導要録の改善等について（通知）」

　検討会の主な検討事項として，「教育目標として示すべき内容，示し方，測定の方法について」，「教育目標，指導内容，学習評価を一体的に捉えた在り方

について」（下線は筆者による）などが挙げられており，既に「指導と評価の一体化」の重要性の認識は十分に抱かれていたと同時に，その具体化をいかに実現していくのかが重要な関心事項であったことが理解できます。1 年 3 ヶ月に及ぶ検討会の成果は，平成 26 年 3 月 31 日に「論点整理」という形でまとめられました。

この中で，学習評価に関する重要な提言として，「求められる資質・能力を効果的に育成していくためには，各教科等の目標・内容を再吟味し，整理・構造化するとともに，評価の在り方についても，『何を知っているか』という評価にとどまらず，『知っていることを活用して何ができるか』を評価する在り方へと発展させていく必要がある。」と述べられています。つまり，今回の学習指導要領の改訂のポイントの 1 つとして，まず，これまで各教科等においてそれぞれ縦割りになりがちな状況の中で「教えるべき内容」について記述されていたものを，各教科等の枠を超えて「何かを知っている」ことにとどまらず，そのことを活用して「何かをできるようになること」やさらにそれらをどのような方向性で働かせて「どのように社会・世界と関わり，よりよい人生を送るか」という 3 つの柱で目標及び内容を再整理したことが挙げられます。次に，そのような目標・内容の構造的な見直しと関わって，検討会の段階では，既にそれらの習得状況や達成状況を的確に見取る学習評価の重要性についても指摘していた訳です。また，これらの資質・能力や学習状況を把握するための具体的な方法として「パフォーマンス評価」や「ポートフォリオ評価」について言及されていた点も注目に値します。

いずれにしても，従来は学習指導要領が改訂された後に学習評価に関する検討を行うことが一般的であったものを，この段階から一体的に検討する必要性があるとの認識があったことや具体的な学習評価の方法論について意見交換がなされた点で重要な教育改革に係るプロセスであったということができます。

(2) 道徳教育に係る評価等の在り方に関する専門家会議の審議と道徳教育における学習評価のポイント

前述の検討会の議論と並行して，いじめの問題等への対応を踏まえた道徳教育の在り方に関する問題提起がなされ，第 2 次安倍内閣に設置された教育再生実行会議から平成 25 年 2 月 26 日に第一次提言が出され，新たな枠組みによる道徳の教科化が提言されました。この後，平成 25 年 3 月 26 日の「道徳教育の充実に関する懇談会」の設置及び平成 25 年 12 月 26 日の「今後の道徳教育の改善・充実方策について」の報告，平成 26 年 2 月 17 日の中央教育審議会諮問

「道徳に係る教育課程の改善等について」及び平成26年10月21日の中央教育審議会答申「道徳に係る教育課程の改善等について」の公表という経過を辿り，平成27年3月27日の「道徳に係る小学校，中学校，特別支援学校小学部・中学部学習指導要領の一部を改正する告示」へとつながっていきます。他の教科等の改訂に先駆けて，道徳教育についての学習指導要領の改訂が行われた訳です。これらの議論の中では，道徳の評価に関わって「道徳性は，極めて多様な児童生徒の人格全体に関わるものであることから，個人内の成長の過程を重視すべき」ことや「指導要録等に示す評価として，数値などによる評価は導入すべきではない」ことが意見として出され，その趣旨に即した改訂及び告示がなされました。

　注目したいのは，この後，平成27年5月7日に「道徳教育に係る評価等の在り方に関する専門家会議」が設置され，全10回にわたる会議の中で障害のある児童生徒の道徳教育の評価について検討された点です。同専門家会議は，平成28年7月22日に「『特別の教科 道徳』の指導方法・評価等について」という報告を出しますが，その中で障害のある児童生徒の道徳の評価の在り方について「特別支援学校小学部，中学部の児童生徒の学習評価に対する基本的な考え方は，小学校や中学校の児童生徒に対する評価の考え方と基本的に変わりがない。」ことが示されています。このことは，道徳に係る児童生徒の学習の状況や道徳性に係る成長の様子を個人内評価として見取り，記述により表現するという方向性が同じであることを示しています。また，これらに加え，発達障害等のある児童生徒の困難さの状況に応じた道徳科の指導や評価上の配慮の在り方について，学習の過程で考えられる「困難さの状態」に対する道徳指導上の「配慮の意図」や「手立て」を踏まえた指導を行った結果，「相手の意見を取り入れつつ自分の考えを深めているかなど，児童生徒が多面的・多角的な見方へ発展させていたり道徳的価値を自分のこととして捉えていたりしているかを丁寧に見取る必要がある。」ことを指摘しています。また，「発達障害等のある児童生徒の学習状況や道徳性に係る成長の様子を把握するため，道徳的価値の理解を深めていることをどのように見取るのかという評価資料を集めたり，集めた資料を検討したりするに当たっては，相手の気持ちを想像することが苦手であることや，望ましいと分かっていてもそのとおりにできないことがあるなど，一人一人の障害による学習上の困難さの状況をしっかり踏まえた上で行い，評価することが重要である。」とも言及されています。このことは，通常の学級に在籍する発達障害のある児童生徒のみに限らず，発達障害等の

「等」が示す中には，発達障害の可能性がある児童生徒をはじめ，知的障害やその可能性がある場合を含めた，多様な障害のある児童生徒に対しても同様のことが言えると捉える必要があります。

(3)　中央教育審議会第 197 号「幼稚園，小学校，中学校，高等学校及び特別支援学校の学習指導要領等の改善及び必要な方策等について（答申）」における学習評価及び中央教育審議会初等中等教育分科会教育課程部会「児童生徒の学習評価の在り方について（報告）」と「小学校，中学校，高等学校及び特別支援学校等における児童生徒の学習評価及び指導要録の改善等について（通知）」の概要

　(2)で述べた「『特別の教科 道徳』の指導方法・評価等について（報告）」から 5 ヶ月後の平成 28 年 12 月 21 日に中央教育審議会第 197 号「幼稚園，小学校，中学校，高等学校及び特別支援学校の学習指導要領等の改善及び必要な方策等について（答申）」（以下，中教審答申第 197 号）が公表されます。

　ここでの学習評価のポイントは主に 3 点挙げることができます。1 点目は，学習評価の意義や役割及びその機能として，児童生徒の学習状況を評価するのみに留まらず，「『カリキュラム・マネジメント』の中で，教育課程や学習・指導方法の評価と結び付け，子供たちの学びに関わる学習評価の改善を，更に教育課程や学習・指導の改善に発展・展開させ，授業改善及び組織運営の改善に向けた学校教育全体のサイクルに位置付けていくことが必要である。」と言及されている点です。言い換えれば，児童生徒の学習状況の評価は，カリキュラム・マネジメント上の中核をなすものと位置付けられています。

　2 点目は，学習評価を分析的に捉える「観点別学習状況の評価」の観点として，教育目標や内容が資質・能力の 3 つの柱に再整理されたことを踏まえつつ，目標に準拠した評価を実質化させるために，また「教科・校種を超えた共通理解に基づく組織的な取組を促す」ために，「知識・技能」「思考・判断・表現」「主体的に学習に取り組む態度」の 3 観点に整理されたことです。従前は「知識・理解」「技能」「思考・判断・表現」「関心・態度・意欲」の 4 観点で示されていたものが発展的に整理されています。なお，教育目標・内容に関して資質・能力の柱として設定された「学びに向かう力・人間性等」については，「①「主体的に学習に取り組む態度」として観点別評価（学習状況を分析的に捉える）を通じて見取ることができる部分と，②観点別評価や評定にはなじまず，こうした評価では示しきれないことから個人内評価（個人のよい点や可能性，進歩の状況について評価する）を通じて見取る部分があることに留意する必要があ

る。」とされていますので，この点に関する理解と実際の評価を行うことも重要なポイントになります。さらに「主体的に学習に取り組む態度」の観点では，「子供たちが自ら学習の目標を持ち，進め方を見直しながら学習を進め，その過程を評価して新たな学習につなげるといった，学習に関する自己調整を行いながら，粘り強く知識・技能を獲得したり思考・判断・表現しようとしたりしているかどうかという，意思的な側面を捉えて評価することが求められる。」とされている点の理解も重要です。

　3点目として，知的障害者である児童生徒に関わる学習評価については，「児童生徒一人一人の学習状況を多角的に評価するため，各教科の目標に準拠した評価の観点による学習評価を導入し，学習評価を基に授業評価や指導評価を行い，教育課程編成の改善・充実に生かすことのできるPDCAサイクルを確立することが必要である。」との記述がなされました。この提言の背景には，次節で示す国立特別支援教育研究所における学習評価に関する研究の成果が大きく関係していると言っても過言ではありません。

　いずれにしても，障害のある児童生徒の学習評価を実施することを考えた時に，どのような対応が必要となるのかについては，様々な考え方や疑問等も出てくることになります。そこで，この答申に示された考え方を前提として，平成29年7月18日に中央教育審議会初等中等教育分科会教育課程部会の下に，「児童生徒の学習評価に関するワーキンググループ」が設置され，全12回にわたる会議を経て平成31年1月21日に教育課程部会より「児童生徒の学習評価の在り方について（報告）」（以下，教育課程部会報告）が公表されることとなります。

　この教育課程部会報告で特に押さえておきたいポイントとしては，「障害のある児童生徒など特別な配慮を必要とする児童生徒に係る学習評価について」と題する項目が設定された中に以下の2点が言及されていることです。

> ➢ 知的障害者である児童生徒に対する教育を行う特別支援学校の各教科においても，文章による記述という考え方を維持しつつ，観点別の学習状況を踏まえた評価を取り入れることとする。
> ➢ 障害のある児童生徒について，個別の指導計画に基づく評価等が行われる場合があることを踏まえ，こうした評価等と指導要録との関係を整理することにより，指導に関する記録を大幅に簡素化し，学習評価の結果を学習や指導の改善につなげることに重点を置くこととする。

　1点目は，知的障害者である児童生徒に対する教育を行う特別支援学校の「各教科」の評価について，「文章による記述という考え方を維持」することが触れられています。これは平成22年5月11日に通知された「小学校，中学校，高等学校及び特別支援学校等における児童生徒の学習評価及び指導要録の改善等について（22文科初第1号）」の中で，指導要録の「指導に関する記録」上の各教科の学習の記録は，特別支援学校（知的障害）小学部の場合，「特別支援学校小学部・中学部学習指導要領に示す小学部の各教科の目標，内容に照らし，具体的に定めた指導内容，実現状況等を<u>文章で記述する。</u>」（中学部・高等部も同様，下線は筆者による）と示されていたことによるものと考えられます。これに加えて，先の中教審答申第197号において，観点別学習評価の導入について提言されたことを踏まえて「観点別の学習状況を踏まえた評価を取り入れること」についても言及されています。

　2点目は，指導に関する記録の簡素化と学習評価の結果を学習や指導の改善につなげることが触れられていますが，これは学校における働き方改革に関する総合的な方策について並行して審議が進められる中で提言された「指導要録の参考様式の大幅な簡素化も含め効果的で教師に過度な負担をかけることのない学習評価を実現することが必要である。」との意見を踏まえたものと考えられます。なお，この教育課程部会報告とほぼ同時期の平成31年1月25日に出された中央教育審議会第213号「新しい時代の教育に向けた持続可能な学校指導・運営体制の構築のための学校における働き方改革に関する総合的な方策について（答申）」では，教師の働き方改革に配慮した教育課程の編成・実施に関わって「指導要録における文章記述欄については大幅に簡素化を図るとともに，通知表が指導要録の指導に関する記録の記載事項を全て満たす場合には，通知表を指導要録とすることも可能とするなどの大胆な見直しを行い，効果的で教師に過度な負担をかけることのない学習評価を実現することが必要である。」との意見がまとめられています。

　以上に加えて，障害の有無に関わらず注目しておきたい内容として，発達の段階に応じた学習評価に関する言及があります。とりわけこの教育課程部会報告では，「主体的に学習に取り組む態度」の観点に関する説明に紙数が割かれています。その中でも注目したいのは，「児童自ら目標を立てるなど学習を調整する姿が顕著にみられるようになるのは，一般に抽象的な思考力が高まる小学校高学年以降からであるとの指摘もあり，児童自ら学習を調整する姿を見取ることが困難な場合もあり得る。」との認識が示されている点です。当然，知

的障害のある児童生徒も多くの場合，この中に含まれることになります。その際の具体的な学習評価の取組の工夫例として，国が「各教科等の『主体的に学習に取り組む態度』の評価の観点の趣旨の作成等に当たって，児童の発達の段階や各教科等の特質を踏まえて柔軟な対応が可能となるよう工夫する」ことについて言及されています。また，「特に小学校低学年・中学年段階では，例えば，学習の目標を教師が『めあて』などの形で適切に提示し，その『めあて』に向かって自分なりに様々な工夫を行おうとしているかを評価することや，他の児童との対話を通して自らの考えを修正したり，立場を明確にして話していたりする点を評価する」ことなどが示され，これらの取組例を示すことも求められています。

　本書はこれらの課題にいち早く対応し，第2部の実践事例において，どのような工夫が考えられるのかを実際的に検討しまとめたところですが，今後は各学校においても，障害のある児童生徒の各教科等の学習評価をどのように行うのかについて検討していくことが重要と言えます。

　さて，この教育課程部会報告に基づいて，平成31年3月29日付で新たな「小学校，中学校，高等学校及び特別支援学校等における児童生徒の学習評価及び指導要録の改善等について（30文科初第1845号）」（以下，改善等通知）が通知されました。

　この通知に関して注目しておきたい点は，先にも触れた指導要録の改善に関わって，「特別支援学校（知的障害）各教科については，特別支援学校の新学習指導要領において，小・中・高等学校等との学びの連続性を重視する観点から小・中・高等学校の各教科と同様に育成を目指す資質・能力の三つの柱で目標及び内容が整理されたことを踏まえ，その学習評価においても観点別学習状況を踏まえて文章記述を行うこととしたこと。」と示されたことです。あくまでも指導要録作成にあたっての配慮事項等を示したものですので，状況によっては学習の過程で行われる形成的評価の意味合いをもつ学習評価や指導記録として蓄積していくための各種の学習評価，児童生徒の学習状況について保護者に対して伝える目的で作成する通知表（国として法令上の規定や様式の定めは特に無い）などに記載する学習評価とは区別して考える必要があるかもしれません。ただし，これらの学習評価と関連付かない全く別の評価が指導要録上に記載されるということではありません。あわせて先に触れた教師の働き方改革の推進や勤務負担軽減の観点から「学校が定めるいわゆる通知表の記載事項が，当該学校の設置者が様式を定める指導要録の『指導に関する記録』に記載する

事項を全て満たす場合には，設置者の判断により，指導要録の様式を通知表の様式と共通のものとすることが現行の制度上も可能である」との認識が示されている点に留意することも必要です。学習評価は，児童生徒の学習改善や教師の指導改善につなげるものという基本的意義を踏まえると，様々な工夫や活用も考えられるという豊かで柔軟な発想をもつことが重要であると考えます。

　本書の実践事例においても，基本的には指導要録への記載を念頭においた学習評価ではなく，下線で示したような趣旨の学習評価を扱っているという点にご留意ください。

　いずれにしても，この間の学習評価に関する国レベルでの検討やその結果としての答申・報告・通知などについて概観しましたが，学習評価の果たす役割や意義が，ますます重要性を増してきている経緯を読み取ることができます。

2　知的障害教育における学習評価に関する研究のポイント

(1)　国立特別支援教育総合研究所の「知的障害教育における組織的・体系的な
　　学習評価の推進を促す方策に関する研究」を踏まえた学習評価のポイント

　知的障害のある児童生徒の学習評価に関する組織的な研究は数が多くありません。学習指導要領の改訂に関わる学習評価の研究は，国立特別支援教育総合研究所において実施されました。平成24年度に実施された「特別支援学校（知的障害）における学習評価の現状と課題の検討（予備的・準備的研究）」では，平成24年度に全国特別支援学校知的障害教育校長会の加盟校658校を対象として学習評価に関する校内研究での取組の有無や内容，学習評価の観点設定の有無とその内容に関する調査を実施しています。校内研究に取り組んだ学校は約3割であったことや学習評価と通知表が一体化している学校が約7割であったこと，「学習評価の観点が学校全体で共通しているという回答が最も多かった一方で，学習評価の観点を設定していないという回答が次いで多かった」ことなどを明らかにしています。

　また，この研究では特別支援学校（知的障害）に勤務する平成24年度の国立特別支援教育総合研究所第一期特別支援教育専門研修知的障害教育専修プログラム受講者53名を対象として学習評価の観点に関する質問紙調査も実施しています。その結果，最も重要と考える学習評価の観点は「関心・意欲・態度」の観点であることや，その一方で最も評価しにくい学習評価の観点も「関心・意欲・態度」であることなどを明らかにしています。

　さらに学習評価に関する研究や実践を推進している10校を対象とした聞き

取り調査からは，「校内研究において学習評価を主題に挙げていなくとも，校内研究の一部（自閉症の指導，キャリア教育）に学習評価を扱っている学校があったこと」や「授業改善や個別の指導計画の見直しに学習評価を活用している学校はあったが，教育課程の改善に十分に活用している学校はなかったこと」，「学習評価の観点，方法，活用の方法が校内で十分に統一されていると回答した学校がなかったこと」，「学習評価の観点について『関心・意欲・態度』等を用いている学校，キャリア教育などを参考に学校独自の観点がある学校，指導内容表の指導のまとまりを観点としている学校があったこと」などを明らかにしています。

　以上の３つの調査結果を踏まえる中で，学習評価を単元や教育課程の改善にまでつなげるなどの状況はあまり見られないことから，組織的・体系的な学習評価を進めるための課題点を整理することや，学習評価の視点から各学校の教育活動の改善を進める方策について検討する必要があることを指摘しています。

　この先行研究を踏まえて実施された，同じく国立特別支援教育総合研究所の「知的障害教育における組織的・体系的な学習評価の推進を促す方策に関する研究」（以下，国立特別支援教育総合研究所（2015））では，①観点別学習評価の在り方，②学習評価を指導の改善に生かすための工夫，③学習評価を児童生徒への支援に活用する方策，④組織的・体系的な学習評価の推進を促す方策の４つを検討の柱に据えた研究が実施され，全国特別支援学校知的障害教育校長会の加盟校を対象としたアンケートや特別支援学校（知的障害）９校の実践事例も分析の対象となりました。

　筆者もこの研究に参画しましたが，１つ目の柱である「①観点別学習評価の在り方」については，観点別学習状況の評価の観点とそれに基づく評価規準を設定することで，「より分析的な学習評価を可能にし，目標に準拠した評価につなげ」られることや，「目標に準拠した学習評価の実施を工夫することで，活動そのものではなく，何のためにやるのかという必然性や背景を大切にした指導計画を作成することができる」こと，そのことが「『生きる力』をはぐくむ教育活動の充実につながる」ことを指摘しています。また，全国特別支援学校知的障害教育校長会の加盟校を対象としたアンケート調査結果から，「観点を設けて学習評価を実施し，それを活用することについて，「個に応じた指導の充実につながる」，「授業改善にもつなげられる」と回答した割合が全体の90％を超えている。」ことなどに触れながら，観点を設定して学習状況の分析的な評価を実施することにより，その効果の理解が深まっていることを明らか

にしています。関連して，評価の観点とそれに基づく評価規準を導入することで，「目標や指導内容，手立ての妥当性，信頼性を意識した授業改善につながったという報告」が研究協力機関から寄せられたことを踏まえて，学習評価の観点や評価規準の設定が，「指導と評価の一体化を進める上で重要な要素になってくる」と指摘するとともに「評価計画の作成も重要」になってくるとの指摘を行っています。

　2つ目の検討の柱である「②学習評価を指導の改善に生かすための工夫」については，まず，授業や単元などの教育活動の中で用いられる「評価」という言葉について「（子どもの）学習状況の評価」「指導の評価」「授業の評価」の3つに分類でき，それぞれの重なり合う関係について整理できることを指摘しています。その上で「従来の現場における授業研究では，教師側の支援や授業の構成など，『指導』の評価に偏る傾向があるが，あわせて，子どもの学習の状況を見取る観点を持って授業を評価していくことも重要である。」とも指摘しています。児童生徒の学習状況の評価を核とすることの重要性に関する指摘で，児童生徒が目的に照らして十分に学べているか否かを度外視して，授業の評価や単元の構成・指導計画等について語ることは避けるべきといった指摘であると言えます。

　また，学校現場においては学習評価に関わって「観点」という言葉が多様に使われている実態があることから，指導内容のまとまりや構成内容・段階性を示す言葉（例えば，算数・数学であれば「数と計算」「量と測定」「図形」等であったり，キャリア教育の視点に基づき指導内容を構成している場合であれば「人間関係形成能力」や「情報活用能力」等）については「内容構成の視点」として整理した上で，分析的評価の観点である「観点別学習状況の評価の観点」とは異なる軸をなすものと捉え，どちらの枠組みからも児童生徒の学習状況を把握することはできるものの，その性質や機能は異なるものであることを念頭に置くことが必要であると述べています。

　さらに，単元の指導計画に即して評価規準を設定する研究協力機関の取組の中で，「『どこの学習場面で』『何を評価するのか』が明確になり，単元を通しての指導計画の再検討につながったこと」，「評価規準や個別の評価基準を設定したことにより，客観的・具体的な評価ができ，それが，児童生徒の実態や課題の見直しにつながり，次の単元では，より実態や課題に応じた単元内容や活動の選択，手だてにつなげること」などが挙げられています。そのことを踏まえて，「子どもの学習状況の評価による課題の洗い出しが可能となり，指導の

見直しへとつながるという，指導と評価の一体化として大変重要」であると言及している点は重要な指摘だと考えます。

　3つ目の検討の柱である「③学習評価を児童生徒への支援に活用する方策」では，まず，自己評価と相互評価の有効活用について触れられています。今回の学習指導要領改訂において重要な役割を果たしてきた国立教育政策研究所の教育課程に関する研究の中で提唱された「21世紀型能力」について言及する中で，その核となる「思考力」の構成要素であるメタ認知には「自分自身の課題をモニターし問題を見つけるといったモニター力や，学習の状況を調整するといったコントロール力」が挙げられることに触れた上で，「自己評価は児童生徒に対する指導方法としても，児童生徒が身に付けるスキルとしても，今後重要性は高まると考えられる。」と述べています。次いで，効果的に自己評価を行うためには「評価項目とその基準を児童生徒にとって明確にすること」「自己評価の結果を教師による評価と擦り合せたり気付きを促す言葉かけをしたりすること」が重要であること，「タブレット端末により児童生徒が視覚的に振り返ることができるようにするなど，自己評価の媒体を工夫すること」などの必要性についても言及されています。加えて相互評価を行う場合も，児童生徒が誰のどのような行動について評価するのかやどのような場面で相互評価を組み込むのか，具体的にどのような方法で相互評価を行うのかについて検討する必要があると述べています。現に教育課程部会報告の中でも「主体的に学習に取り組む態度」の評価の方法の一例として自己評価や相互評価が取り上げられている点は注目しておくべきポイントと言えるでしょう。

　さらに，この柱に基づく検討においては，保護者と連携した評価の必要性についても言及しています。知的障害教育においては，学習したことを日常生活に生かしていく必要があることから「学習したことが，学校の指導場面だけでなく家庭など日常生活場面に生きているかどうかを実際に評価し，必要な手立てを行うことが重要になる。」とも述べられ，多様な生活の場での評価情報の共有と，生きて生活するそれぞれの場での必要な手立ての検討やその実施が重要であると言えます。

　最後に4つ目の検討の柱である「④組織的・体系的な学習評価の推進を促す方策」では，まず「組織的な学習評価」と「体系的な学習評価」について以下のように定義づけています。

【組織的な学習評価】

　組織を構成する教職員が共通の目的のもとに，一定のルールや方法に基づいて，情報交換・意見交換を行い，組織の総意として学習状況の分析結果を示し，その結果の価値判断を行うこと

【体系的な学習評価】

　系統性や整合性のある教育目標・育てたい子ども像等に基づいて実施された，それぞれの学年・学部等の段階，或いは，各教科等の授業・単元・1年間の総括の段階において，教育の成果を一定の方法に即して評価し，その結果をより高次の目標との関係の中に位置付け，価値付けていく総合的な営み

　その上で「学習評価の取組を組織的・体系的に進めていく際の工夫として，学校の校務分掌組織や授業実施グループ，学年，学部等の様々な組織・グループの中で会議（委員会）や打合せ等が開催され，統一された書式等を活用し，学習記録の確認や情報交換をもとにした多方面からの検討・協議により児童生徒の学習評価を行っている状況」が明らかになったことなどを示しています。また，学習評価の実施サイクルに関して「一つ一つの授業のレベルで丁寧に学習評価を行っていくショート・スパン・タイプや，一つの単元の終了時など，学習内容の一定のまとまりを終えた段階で学習評価を実施するミドル・スパン・タイプ，さらには一年間の各教科等の総括として，各教科等で示された目標に基づいて学習評価を実施していくロング・スパン・タイプの学習評価が行われている実態」が明らかになったことを踏まえて，学習評価の実施状況を「体系的な学習評価の実施の在り方（体系化の度合い）」と「学習評価の実施サイクル（実施頻度）」との2軸で整理して，「緻密・網羅型」「要点・概略型」「一括・包含型」の3つのモデルに分類しています。特に「一括・包含型」では，「学習評価が授業改善の時ほど教育課程改善に活用されていない」ことや「『授業－単元－1年間の総括』といった関連性は希薄で，教育課程の改善にまでは至ることは少なく，学習評価が単に児童生徒のもとに返る形で留まり，指導の改善や教育課程の改善とは分けて実施されている状況にある」との指摘を行っています。この点に関しては，「学校として編成している教育課程についての包括的な検証が十分になされていない可能性がある」との指摘も含めて注意をしておく必要があります。

　以上を踏まえて学習評価に「直接的に関わる要因」（7要因：①いつ学習評価を行うか，②どこで学習評価を行うか，③誰が学習評価を行うか，④何のた

めに学習評価を行うか，⑤何を対象として学習評価を行うか，⑥どのように学習評価を行うか，⑦その他の学習評価に関する工夫）と「間接的に関わる要因」（7要因：①学習目標設定の在り方の工夫，②学習者自身の実態の位置づけに関する工夫，③学習集団編制の工夫，④指導の評価の工夫，⑤授業改善の工夫，⑥評価の対象とするもの，⑦その他の取組の工夫）」を各学校の実情に応じて検討・調整した上で効果的に働かせる必要があることを述べています。

　なお，これらの要因は，その後に実施された「知的障害教育における「育成すべき資質・能力」を踏まえた教育課程編成の在り方　－アクティブ・ラーニングを活用した各教科の目標・内容・方法・学習評価の一体化－」の研究の中で，カリキュラム・マネジメントを促進する8つの要因（a.ビジョン（コンセプト）作り，b.スケジュール作り，c.場作り，d.体制（組織）作り，e.関係作り，f.コンテンツ作り，g.ルール作り，h.プログラム作り）として発展的に整理されています。また，学習指導要領改訂の方向性と連動した枠組みである「知的障害教育におけるカリキュラム・マネジメント促進フレームワーク」（図1）

にも生かされている点は注目すべき点です。この度の学習指導要領の改訂では，先にも述べた通り，学習評価について一体的に検討されたことから「何が身に付いたか」という観点による規定が総則にも位置付けられていますので，カリキュラム・マネジメントの中核として機能させていくことが必要と言えます。既に

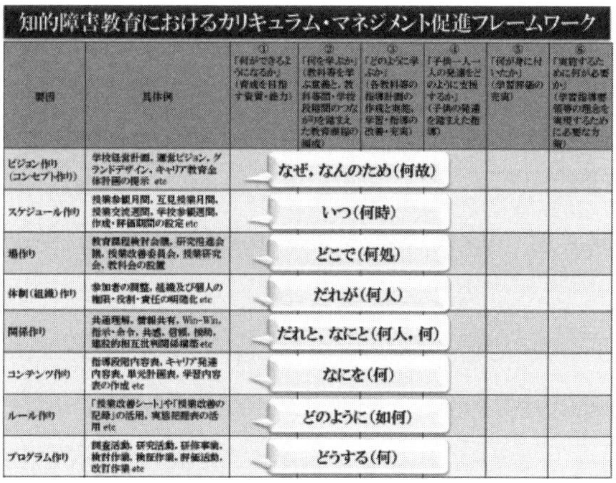

図1　知的障害教育におけるカリキュラム・マネジメント促進フレームワーク

国立特別支援教育総合研究所（2015）の学習評価研究では，この点について言及していたことも注目すべきポイントの1つと言えます。

（2）特別支援学校（知的障害）における学習評価の取組や研究から見える
　　学習評価の工夫・改善のポイント

　前項で述べた研究以外にも，雑誌で学習評価の特集が組まれたり，学校レベルでの研究テーマとして学習評価について検討されたりするケースを認めることができます。松見（2016）は国立特別支援教育総合研究所図書室所蔵の特別支援学校（知的障害）研究紀要，研究集録，実践記録のうち2014年1月から

2015 年 4 月までの受入蔵書の中から学習評価の観点や方法について記述があるもの 34 件を抽出して学習評価の課題等について整理しています。主に分析の対象としたのは学習指導計画や学習指導案の記述ですが，その特徴として分析的な学習評価の観点を設定している学校は 2 件のみであったことを報告しています。その中で，多くの学校における学習評価の特徴として「目標に対してその達成状況を文章で記しているものが多く，目標をそのまま評価の観点として記し，目標がどれだけ達成できたかについての結果のみを評価するものであった。」と述べています。特別支援学校（知的障害）においては，現在でも，このような学習評価を行っている学校は少なくないと考えられます。また，評価方法に関しても「指導計画や学習指導案に方法を明記していない学校がほとんど」であることや「実際の評価内容を整理すると，方法を明記していない場合は観察による評価を行っていることが分かった。」と述べ，その他の方法で評価する場合には，「自己評価や作業日誌の活用など，具体的な方法を記述しているか，またはチェック表などの書式を示していた。」とも述べています。国立特別支援教育総合研究所（2015）の研究でも指摘されていたように，学習の過程で「いつ，どこで，だれが，なにを，どのように，なんのために」評価するのかを念頭において，指導計画と評価計画の一体化を図る取組が必要になると言えるでしょう。とりわけ「なんのために」という目的に関わる事項の検討は，カリキュラム・マネジメントを促進する要因の一番目に挙げられる「ビジョン（コンセプト）作り」と直結していることから，潜在的には理解しているつもりであっても明文化したり具体的な手立てと関連付けたりするなど，各学校の中で顕在化させていく取組を進めることが必要であると考えます。さらに，この研究で松見は，単元等で立てた総合的な目標をそのまま評価の観点としていることから「『できた』『できない』などの知識・技能の面を評価すること」が多く，「学習の過程や思考・判断などを含めた多面的な評価を実施している報告が少なく」なっている状況から，「児童生徒の学習状況の評価を分析的に捉えることなく，教師の指導方法や教材教具の評価につなげている状況」があるのではないかとの危惧を述べています。児童生徒の学習状況を分析的に捉える営みを核とした学習評価の取組から指導方法や教材教具の改善，ひいては教育課程の改善にまでつなげる取組が重要になるのは既述の通りです。

　最後に松見は，単元の評価規準と個別の指導計画を基に，個別の評価規準を設定する取組についても紹介し，「学習評価の充実を図っていくもの」と言及しています。学習集団全体に関わる目標設定や評価の在り方と個別の児童生徒

の目標設定や評価の在り方に関する考えは，次節で詳しく述べたいと思います。

　以上，これまでの知的障害教育の中で実施されている学習評価に関する研究を概観すると，日々の学習活動の中で行われている一人一人の児童生徒に対する学習状況の評価が，分析や総合を繰り返していく中で，個人としての各教科等の内容の習得や目標の実現につながる機能を果たしているばかりでなく，最終的には学校教育目標の実現という資質・能力の育成に関わる大きな目的や理念を達成するための最小限の歯車となって機能し，全体の動きに連動していることが理解できます。

　これらを踏まえて，新しい学習指導要領の理念を実現し，資質・能力の確実な育成につながる学習評価の在り方や，さらには，知的障害が重度で学習状況が十分に捉えにくいと考えられる児童生徒の学習評価をどのように捉えて評価を実施していくのかについても次節で述べたいと思います。

3 新学習指導要領の理念に基づく授業・単元づくりと学習評価のポイント

(1)「資質・能力」の三位一体感と「問い」を核にした授業・単元づくり

　新学習指導要領では，各教科等の目標・内容が資質・能力の3つの柱で再整理されたことは，学校現場にも徐々に浸透しているようですが，この理解をもう一歩進めて，「資質・能力の三位一体感」と表現し，理解を進めることが必要でないかと考えています。端的に理解できるよう「幼稚園教育要領，小・中学校学習指導要領等の改訂のポイント」（文部科学省，2017）から，以下の中学校理科（生命領域）に関する記載を引用します。

> 【中学校理科（生命領域）】
> 　①生物の体のつくりと働き，生命の連続性などについて理解させるとともに，②観察，実験など科学的に探究する活動を通して，生物の多様性に気付くとともに規則性を見いだしたり表現したりする力を養い，③科学的に探究しようとする態度や生命を尊重し，自然環境の保全に寄与する態度を養う。

　①は「知識及び技能」，②は「思考力，判断力，表現力等」，③は「学びに向かう力，人間性等」の柱として示されているものです。これらは，それぞれの柱がバラバラに設定されているのではなく，「生物の体のつくりと働き，生命の連続性などについて」の理解を基に，そこで得た知識を活用しながら「観察，実験など科学的に探究する活動」に取り組み，「生物の多様性」に気付いたり「規則性を見いだしたり表現したりする」学習を通して「科学的に探究しようとす

る態度」や「生命を尊重し，自然環境の保全に寄与する態度」を一体的に養っていくという資質・能力間のつながりや一体感を示しているものです。この理解に立ったうえで，単元や題材の内容のまとまり，時間のまとまりを作っていくことが重要になっています。学校現場で，指導計画や学習指導案の中に記載されている目標を確認すると，この一体感が見取りにくく，相互の関連付けが曖昧な目標設定に出会うことがあります。まずは，この点を整理していくことを授業づくりや単元づくりの第一歩として考えてはどうでしょうか。しかしながら，この資質・能力の3つの柱も結構，設定することが難しく，どのように設定すべきかについて悩ましく感じられ，設定の在り方が揺らいでしまうような場合もあります。そのような際に検討すべき授業や単元づくりのもう一つのポイントは「問い」だと考えます。例えば，特別支援学校（知的障害）の学校現場では，各教科等を合わせて指導を行うことも可能であり，生活単元学習などの中でテーマを設定して学習に取り組むことがあることは周知の通りです。この際，テーマそのものが児童生徒の生活や学習上の課題を明確に意図したものであれば良いのですが，単に活動を総称するだけのテーマ設定となってしまうようであれば，「テーマはあっても『問い』がない」状況が生まれ，何に向かって学習を進めているのか，学習の中身やそれぞれの学習の成果を「収斂」することができず，資質・能力の育成と結びつきにくいものになってしまいます。かつて「活動あって学びなし」と批判をされた状況からの脱却を目指して学校現場では様々な検討や成果の蓄積がなされてきましたが，新しい学習指導要領の理念に照らし合わせると，学習することの意義の中核をなす本質的な「問い」を明確にし，その問いに応えるために三位一体感のある資質・能力を整理して，学習内容や学習活動の調整を並行して行っていく必要があると考えます。最も「問い」には，大きな「問い」から小さな「問い」まで様々な「問い」の体系がありますので，これを整理して，各教科等の目標・内容と関連付けながら，資質・能力の育成にむけた学習内容の習得を目指すとともに，そのための学習活動の組立を行っていくことが必要です。さらにその際，各教科等の特質に応じた物事を捉える視点や考え方である「見方・考え方」を，どのような場面で，どのように働かせるかを予め想定しておくことも必要になります。「資質・能力」と「見方・考え方」は相互の関係であり，「資質・能力」が「見方・考え方」を支えるとともに，「見方・考え方」を働かせることによってさらに「資質・能力」が育っていく関係と言われています。「問い」に対するアプローチの中で，どのような「見方・考え方」を働かせるのかを検討することは，まさに各教科

等の内容との関連付けを意識することであり，単なる学習内容の寄せ集めで組織する学習活動の検討とは一線を画すものです。

以上の授業・単元づくりの在り方を踏まえると，学習評価を行うにあたっても，「『資質・能力』と『問い』と『見方・考え方』の三位一体感」も念頭に置いた上での観点に基づく評価とすることが必要と言えます。

(2) 評価の構造的理解

本書は，観点別学習状況の評価の工夫について，その理論と具体的な実践情報をお伝えするために刊行したものです。この分析的な評価の観点については，特に思考・判断など，児童生徒の精神活動の一端を対象にすることから評価を行う上での解釈の難しさについて指摘を受けることもあります。例えば中学部国語科１段階の目標に「順序立てて考える力や感じたり想像したりする力を養い，日常生活や社会生活における人との関わりの中で伝えあう力を高め，自分の思いや考えをもつことができるようにする。」という目標があります。最後の「自分の思いや考えをもつ」のは，精神活動あるいは心理的側面での活動ですので，誰もが納得して「思いや考えをもっている」状況を見取るためにはそのことが具体的に表現されている状況を確認することが必要になります。この場合，目標に対する評価規準の作成にあたっては，より具体的な行動として観察できるような規準を設定することも工夫の１つとして考えられます。指導の方向性や学習すべき内容としては，このように心理的側面で，やや抽象的な表現となる場合，具体的な行動で見取っていくことについて，国立特別支援教育総合研究所（2015）では，**図３**のような検討の枠組みを示した上で，「指導や学習の方向性を指し示す上では心理面での目標や抽象的な目標を示すことは有効であり，「心理と行動」，「抽象と具体」の軸からそれぞれの良さを生かしながら，学習評価の客観性を確保すべく目標及び評価規準の設定を考えていくことが必要」と述べています。もちろん，このような考え方を基にルーブリックの作成などに取り入れていくことも可能です。具体例として算数科における目標設定や

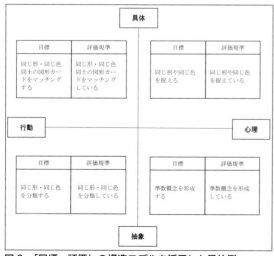

図２　「目標・評価」の構造モデルを活用した具体例

評価規準の設定を念頭においた各象限の情報を**図2**に掲載しました。各学校においては，この具体・抽象度のレベル感が整理できにくい状況もあると考えられますが，このような具体の目標・規準を機能的に整理する中でレベル感の統一を図っていくことも重要になると言えるでしょう。国立特別支援教育総合研究所（2015）では，さらに**図3**の下部では「長期－短期」という時間の軸を加え立体的に交差したモデルを示しています。これは授業レベルでの目標や評価，単元レベルでの目標や評価，1年間を総括した教科等全体レベルでの目標や評価という時間の連続性を示しているものです。1つ1つの授業のつながりが単元を成し，いくつかの単元のつながりが教科等の目標・内容を構成すると

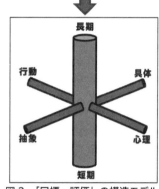

図3　「目標・評価」の構造モデル

のボトムアップ的発想と，教科等の目標・内容を基にどのように単元等の中で習得・達成させていくのか，そのために各授業ではどのようなことを目標・内容として設定するのかというトップダウン的発想の「往還の必要性」の認識のもとに作成されています。これらの考え方を基に目標の設定や評価の規準や基準を設定することについて検討することも重要であると言えます。

　また，前節で単元の評価規準と個別の指導計画を基にした，個別の評価規準を設定する取組についても紹介しましたが，各学校で取り組まれている学習集団全体に関わる目標設定や評価規準の設定の状況，個別の児童生徒の目標設定と評価規準の設定の状況につい

目標設定と評価規準設定の工夫			
		全体	個別
年間	目標		
	評価規準		
単元	目標		
	評価規準		
授業	目標		
	評価規準		

図4　目標設定と評価規準設定の工夫状況

ては，概ね**図4**のように整理できると考えます。各学校では，例えば年間指導計画や単元計画，学習指導案上に，どのような情報を整理して記載するのかを検討していくことも学習評価を教育課程改善につなげる上で重要な取組になってくるでしょう。

(3) 障害の重い児童生徒の学習評価

　さて，最後に障害の重い児童生徒の学習評価について触れたいと思います。特別支援学校（知的障害）の教育現場で日々の指導に携わられている先生方から「障害が重度の児童生徒にとって，3観点で学習評価を実施することは可能か」という趣旨のご質問をいただくことがあります。この点については，原則的に「改善等通知」で示された内容を踏まえるとともに，教育課程の編成・実施状況に応じて柔軟に考えていくことが適当であると考えます。

　「『改善等通知』で示された内容を踏まえる」とは，各教科等の目標及び内容が資質・能力の3つの柱で再整理されたことを踏まえて，「指導と評価の一体化を推進する観点から，観点別学習状況の評価の観点についても，これらの資質・能力に関わる『知識・技能』，『思考・判断・表現』，『主体的に学習に取り組む態度』の3観点に整理」されたことを踏まえることです。また，「『学びに向かう力，人間性等』については，『主体的に学習に取り組む態度』として観点別学習状況の評価を通じて見取ることができる部分と観点別学習状況の評価にはなじまず，個人内評価等を通じて見取る部分があること」を踏まえるということです。必ずしも3観点ばかりとは限らず，個人内評価等を通じて児童生徒のよい点や可能性，進歩の状況について評価することが考えられるということです。先にも述べた通り，特別の教科道徳については，個人内評価で見取ることとなります。なお，知的障害者である児童生徒に対する教育を行う特別支援学校の各教科の目標・内容は，学校教育法施行令第22条の3に該当する児童生徒が在籍することを踏まえて，例えば小学部の1段階では，知的発達の未分化な児童生徒や認知面での発達が十分でない児童生徒が学ぶことも考慮した目標・内容を資質・能力の3つの柱に基づいて設定するなど，実態の幅に応じた教育課程の編成が弾力的に行えるように規定されています。このことからも，資質・能力の三位一体感の認識に基づき，「教師が『めあて』などの形で適切に提示し，その『めあて』に向かって自分なりに様々な工夫を行おうとしているかを評価」したりする柔軟な対応によって観点別に見取ることは可能であると考えます。

　また，「教育課程の編成・実施状況に応じて考えていく」とは，今回の特別支援学校学習指導要領の改訂において，例えば総則の中で「重複障害者等に関する教育課程の取扱い」について示されていることなどを基にしながら学習評価を実施することを指します。今回の改訂では，児童生徒の学びの連続性を確保する視点から，基本的な考え方を充実させた規定が盛り込まれています。

　例えば，「重複障害者のうち，障害の状態により特に必要がある場合には，各教科，道徳科，外国語活動若しくは特別活動の目標及び内容に関する事項の一部又は各教科，外国語活動若しくは総合的な学習の時間に替えて，自立活動を主として指導を行うことができるものとする。」という規定に基づけば，自立活動を主体とする教育課程の編成・実施も可能となります。安易な考えでこのことを実施するのではなく，カリキュラム・マネジメントの視点を基に，教育課程編成のための検討プロセスを重視する必要があることについては，特別支援学校学習指導要領解説総則編にも詳しく記載されています。それを踏まえてもなお，実際的には自立活動を主とした教育課程が編成される状況もあることから，その場合の学習評価は，個々の児童生徒の実態把握に基づき，指導すべき課題や課題相互の関連を整理した上で立てられた指導目標に基づいて評価を行うこととなります。この場合は，各教科の目標・内容のように資質・能力で整理された目標・内容とは異なりますので3観点に基づく評価とはなりません。自立活動は，あくまでも児童生徒の学習上・生活上の困難に応じつつ，心身の調和的な発達の基盤に着目して指導するものであり，「各教科等において育まれる資質・能力を支える役割を担っている」ものと解説されていますので，評価においてもその趣旨を踏まえる必要があります。

　ただし，自立活動の指導や学習の成果を全く分析的に見取ることができないということではありません。学習評価の3観点を念頭に置きながら，その成果を見取る視点をもつことは十分に可能であると考えます。

　具体例を挙げると，ピアジェの言う感覚運動期にある子供たちの諸活動においては，様々な感覚を通して外界を認知しようとする営みを繰り返す中で，例えば，ぬいぐるみなどの対象物が視界からさえぎられて見えなくなってしまっても，そこに存在し続けるという認識である「対象の永続性の理解」などが生後5ヶ月くらいでも獲得可能（ピアジェは8ヶ月頃と主張）とされています。教師がぬいぐるみに布を掛けて，ぬいぐるみそのものを隠して，それを子供が手で取り除いて見つけ出すという活動の中には，「布で覆われたぬいぐるみ」という物体への気付き（知識）と手で布を引っ張るという外界への働き掛け（技能）を使って，この方向やこのくらいの力で引っ張ると姿が見えるという考え（思考・判断・表現）のもとに，行動を調整しながら目的的にぬいぐるみの全体像を現そうと努力する姿（主体的に学習に取り組む態度）を見て取ることもできるでしょう。それらの状況を踏まえて個別の指導計画を改善し，指導内容や指導方法の改善に取り組むことも重要です。また，カリキュラム・マネジメ

ントの視点に立てば，自立活動の指導に当たっては，各教科等の指導と密接な関連を保つような指導を計画的に行っていく必要がありますので，これを国語科の題材として設定した「いないいないばあ」と関連付けて学習することもできます。その際には，思考の手段としての言葉の育ちを念頭に，国語科の目標・内容と関連付けながら観点別に評価することも可能であると言えるでしょう。

　以上の考え方を手掛かりにしながら，学習評価が学習の改善や指導の改善につながるものとの認識のもとに，様々な工夫を凝らしながら児童生徒の成長や発達の様子を豊かに見取る学校文化が醸成されることを願っています。

● 引用・参考文献 ●
中央教育審議会「新しい時代の教育に向けた接続可能な学校指導・運営体制の構築のための学校における働き方改革に関する総合的な方策について（中間まとめ）」2017
中央教育審議会「新しい時代の教育に向けた接続可能な学校指導・運営体制の構築のための学校における働き方改革に関する総合的な方策について（答申）」2019
国立特別支援教育総合研究所「知的障害教育における組織的・体系的な学習評価の推進を促す方策に関する研究－特別支援学校（知的障害）の実践事例を踏まえた検討を通じて－」2015
中央教育審議会初等中等教育分科会教育課程部会「児童生徒の学習評価の在り方について（報告）」2019
中央教育審議会初等中等教育分科会教育課程部会「児童生徒の学習評価の在り方について（報告）」2010
文部科学省「小学校，中学校，高等学校及び特別支援学校等における児童生徒の学習評価及び指導要録の改善等について（通知）（22文科初第1号）」2010
文部科学省「小学校，中学校，高等学校及び特別支援学校等における児童生徒の学習評価及び指導要録の改善等について（通知）（30文科初第1845号）」2019
育成すべき資質・能力を踏まえた教育目標・内容と評価の在り方に関する検討会「論点整理」2014
松見和樹「知的障害教育における学習評価の現状と課題－特別支援学校（知的障害）が作成した研究紀要，実践記録等の検討から－」国立特別支援教育総合研究所研究紀要　第43巻　2016
文部科学省「特別支援学校幼稚部教育要領，小学部・中学部学習指導要領」2017
文部科学省「特別支援学校教育要領・学習指導要領解説総則編」2018
文部科学省「特別支援学校教育要領・学習指導要領解説自立活動編」2018
文部科学省「特別支援学校学習指導要領解説各教科等編」2018

2 特別支援学校における「学習評価」に期待すること
～子供たちの可能性を広げる指導と評価の一体化を目指して～

東京都教育庁指導部特別支援教育指導課長　丹野　哲也

1 はじめに

　学習評価とは，学校における教育活動に関し，児童生徒の学習状況を評価するものです。学習評価は，大きく「観点別の学習状況の評価」と「総括的な評価としての評定」に分かれます。

　前者は，「観点別学習評価」というものです。従前の学習指導要領では，「関心・意欲・態度」，「思考・判断・表現」，「技能」，「知識・理解」からなる4観点となっていました。ただし，教科の特質により，4観点を基本としながら，細分化された教科もありました。例えば，国語科の観点では，「国語への関心・意欲・態度」，「話す・聞く能力」，「書く能力」，「読む能力」，「言語についての知識・理解・技能」から構成さていました。

　後者は，一般的に「評定」というものです。「評定」は，観点別学習評価をもとに，総括的な学習状況を数字等で表すものです。例えば，小学校段階では3段階（小学部低学年は除く），中学校段階では5段階で「A，B，C…」あるいは，「5，4，3…」のように評価するものです。「評定」する際には，学習指導要領に示された教科等の目標に準拠していくことになります。具体には，教科等の「目標」に対して，「十分に満足できる」状況と判断する段階を「3」，「おおむね満足」できる状況と判断する段階を「2」などのように評価していくものです。

　一般的に，知的障害のある児童生徒のための各教科等の学習評価に関して，「評定」は行いません。そのため，本章では，前者の「観点別学習評価」について述べることとします。

　「観点別学習評価」は，学習の成果として，いわゆる学習の「出口」に相当するものです。これに対して，学習の「入口」に相当するものが各教科等の目標及び内容になります。

　今般の改訂では，この「入口」と「出口」の部分について，3つの柱と3つの観点で構造的に揃ったことが大きな特徴です。

　「観点別学習評価」を児童生徒の指導に効果的に生かしていくためには，「入口」に相当する各教科等の目標や内容等の構造を理解して指導計画を作成することが重要になります。

　そこで，まず，新しい特別支援学校学習指導要領の改訂の要点について整理し，観点別学習評価の留意点等について述べます。

② 知的障害のある児童生徒のための各教科等の基本的な考え方

(1) 知的障害について

　新しい特別支援学校の幼稚部教育要領，小学部・中学部学習指導要領及び高等部学習指導要領（以下，「特別支援学校学習指導要領等」という。）の解説には，「知的障害とは，知的機能の発達に明らかな遅れと，適応行動の困難性を伴う状態が，発達期に起こるものを言う[i]」と定義しています。

　知的障害とは，「知的機能の発達に明らかな遅れ」と「適応行動の困難性」の２つの側面が「伴う」状態であることです。特に，適応行動に関しては，新しい解説において整理しています。表１は，解説に示されている内容を表にしたものです。

表1　適応行動の困難性

困難性	側面	困難性の具体や場面など
概念的スキルの困難性	言語発達	言語理解，言語表出能力など
	学習技能	読字，書字，計算，推論など
社会的スキルの困難性	対人スキル	友達関係など
	社会的行動	社会的ルールの理解，集団行動など
実用的スキルの困難性	日常生活習慣行動	食事，排泄，衣服の着脱，清潔行動など
	ライフスキル	買い物，乗り物の利用，公共機関の利用など
	運動機能	協調運動，運動動作技能，持久力など

　このような困難性等を踏まえて，知的障害のある児童生徒のための各教科等が法令[ii]により位置づいています。

　知的障害の捉え方として，「知的機能の発達の遅れ」のみに焦点をあてるのではなく，学習活動や日常生活動作などのいわゆる「活動」や地域や社会での活動といった「参加」という生活機能との関連で捉えていくことが重要であることを示唆しています。このような障害の捉え方は，WHO「国際生活機能分

---

i　特別支援学校学習指導要領解説各教科等編（小学部・中学部）平成 30 年 3 月
ii　学校教育法施行規則第 126 条第 2 項，127 条第 2 項，128 条第 2 項

類（ICF）[iii]」によるものであり，特に知的障害の場合には，環境的な要因を様々に工夫していくことに着目した支援や環境設定の中で，障害から生じる困難性が軽減されることが多くあります。

　児童生徒一人一人の学習状況や行動面での適応状況を極めて丁寧に見定めた上で，指導目標や指導方法を企図し，個別の指導計画に基づく指導がなされていくことが重要となります。

(2) 知的障害ある児童生徒のための各教科の目標及び内容改訂の要点

　今般の学習指導要領の改訂では，小学校，中学校及び高等学校の教科において，育成を目指す資質・能力の３つの柱に基づき，教科の目標及び内容が構造的に整理してあります。このことを踏まえ，知的障害のある児童生徒のための各教科についても，小学校等の教科の目標及び内容のつながりや関連性を整理し，３つの柱で示してあります。

　一方で，知的障害のある児童生徒のための各教科の目標及び内容は，「学年」ではなく，「段階」ごとに示してあります。これまでの知的障害のある児童生徒のための各教科の考え方に即したものです。

　「学年」ではなく「段階」で示してある理由は，児童生徒の障害の状況や学習又は適応の状況等の個人差が，著しく大きいためです。[iv]「段階」で示すことにより，個々の児童生徒の実態等に即して，個別の指導計画に基づき，各教科の内容を選定して，効果的な指導ができるように配慮してあるものです。

①各段階の目標及び内容について

　　各教科の目標に続いて各段階の目標が示してあります。各段階の目標は，今般の改訂において新設したものです。

　　各段階の目標は，育成を目指す資質・能力の３つの柱に対応した「(1) 知識及び技能，(2) 思考力，判断力，表現力等，(3) 学びに向かう力，人間性等」で示してあります。

　　段階の目標が主な領域ごとに示してある教科としては，「算数」，「数学」，「理科」があります。

　　次に内容は，各教科の特質に応じた示し方となっています。小学部の教科「生活」科の内容は，「思考力・判断力・表現力等」，「知識及び技能」の順序で示してあります。これは，児童が考えて，判断しながら，必要となる知識や技能を身に付けていくことを意図したものです。

---

iii　ICFでは，人間の生活機能は「心身機能・身体構造」，「活動」，「参加」の三つの要素で構成しており，それらの生活機能に支障がある状態を「障害」と捉えています。
iv　特別支援学校学習指導要領解説各教科等編（小学部・中学部）平成30年3月 P23

②指導計画の作成と内容の取扱い

　　今般の改訂では新たに教科ごとに「指導計画の作成と内容の取扱い」が新設してあります。本規定は，「指導計画の作成」と「内容の取扱い」の大きく2項目から構成してあります。

　　すべての教科に共通している内容として，「指導計画の作成」の第1項には，「単元など内容や時間のまとまりを見通して（略）主体的・対話的で深い学びの実現を図るようにすること」が示してあります。このことに基づき，各教科の特質に応じた主体的・対話的で深い学びの視点については，特別支援学校学習指導要領等の解説に説明してあります。

　　小学部の全教科に共通する事項として，「指導計画の作成と各教科全体にわたる内容の取扱い」が従前通りに示してあります。（中学部，高等部も同様です。）

　　この取扱いの中で，小学部であれば6年間，中学部及び高等部では3年間を見通しながら，全体計画に基づき具体的な指導目標や指導内容を設定していくこと，及び個々の児童生徒の実態に着目して，教科別に指導を行うことや各教科等を合わせた指導を行うことなど効果的な指導方法を工夫していくことが示してあります。

(3) 効果的な指導の形態を選択する視点

　　知的障害のある児童生徒のための教育課程編成では，各教科等別に時間を設けて指導する場合と各教科等を合わせて指導を行う場合があります。

　　各教科等を合わせて指導を行う場合とは，特別支援学校学習指導要領等の解説において，「日常生活の指導」，「遊びの指導」，「生活単元学習」，「作業学習」として解説しているものです。

　　各教科等を合わせた指導の形態は，児童生徒の学校生活を基盤とした学習や生活の流れに即した指導を工夫する際に，効果的に活用することができます。教科別の指導で学習したことについて各教科等を合わせた指導の中で活用していくことや，逆に各教科等を合わせた指導で学習したことを，教科別の指導で深化させていくことができます。このように，学習場面や学習内容に応じた効果的な指導の形態を検討していくことは，カリキュラム・マネジメントの視点からも重要となります。

　　また，教科に係る見方・考え方は，児童生徒の学習の文脈を重視した各教科等を合わせた指導の中において，働かせやすい側面があると考えています。なぜなら，教科に係る見方・考え方は，教科の内容を社会や生活とつなぐ役割が

あり，実際的な学習場面である各教科等を合わせた指導の中で働かせてこそ，教科を学ぶ意義の本質に迫ることができると捉えられるからです。

　いずれの指導の形態についても，教科の目標及び内容を取り扱うとともに，各教科等を合わせた指導においては，児童生徒の実態に応じて，広範囲な教科等の目標及び内容が取り扱われることに留意して指導計画を作成していくことになります。

3　観点別学習評価について

(1)　何のための観点別学習評価なのか

　観点別学習評価の目的は，特別支援学校で行われる様々な教育活動に対して，児童生徒の学習状況を把握し，児童生徒にどのような力が身に付いたのかということを的確に捉えることがあります。

　このことは，2つの目的があります。1点目は，児童生徒の学習状況を踏まえて，単元計画の見直しや支援方法等も含めた指導の改善・充実を図っていく教師にとっての意義です。3観点で学習評価を行うことは，児童生徒の学習状況を多角的・分析的に把握することであり，児童生徒のあらゆる可能性を見出すことができる指導計画の作成につながります。

　2点目は，児童生徒が，学習してきたことを振り返り，次の学習への気付きや期待をもてるようにしていくという学習者である児童生徒にとっての意義です。観点別学習評価により，児童生徒自身で，頑張ったところやこれからの新たな目標などを見出すことができるようにしていきます。

　これら2つの視座から，観点別学習評価を捉えていくことが重要となりますが，指導計画と観点別学習評価は，表裏の関係にあります。指導計画に基づき設定した指導目標に対して，児童生徒の学習状況はどうなっているのか，観点別学習評価に基づき，把握していきます。その際に，指導目標に対して，児童生徒の学習状況がかけ離れたものであれば，指導目標の妥当性を検討する必要があります。また逆に，すべての観点別学習評価が十分に達成している状況がある場合には，指導目標そのものが，当該児童生徒の学習状況に照らして平易なものであったのではないかなど，検討して指導計画を検討し見直していく必要があります。

(2)　学習評価に係る規定について

　学習評価については，特別支援学校学習指導要領の総則において，下記のように規定しています。

> 特別支援学校小学部・中学部学習指導要領第1章総則第4節
> 3　学習評価の充実
> (1) 児童又は生徒のよい点や<u>可能性</u>，進捗の状況などを積極的に評価し，学習したことの意義や価値を実感できるようにすること。また，各教科等の目標の実現に向けた学習状況を把握する観点から，<u>単元や題材など内容や時間のまとまりを見通しながら</u>評価の場面や方法を工夫して，学習の過程や成果を評価し，指導の改善や学習意欲の向上を図り，資質・能力の育成に生かすようにすること。
> (2)，(3) 省略　　　　　　　　　　　　　　　　　　　　（下線は筆者による）

　この規定の前段では，学習評価の本質的な事項を示しています。

　特別支援学校では，従前から，児童生徒の「よい点」に加えて「可能性」についても言及してきました。

　今般の改訂では，小・中学校及び高等学校学習指導要領の学習評価においても，「可能性」という言葉が新た規定してあります。これは，特筆すべきことです。障害の有無に関わることなく，児童生徒の様々な可能性を見据えた，多面的な観点から児童生徒を捉えていくことの重要性について，述べていると捉えることができるからです。

　子供たちの「可能性」を評価していく点は，特別支援学校で学ぶ児童生徒の学習評価にとって，特に重視していきたい点です。

　例えば，児童生徒の中には，教室の中でできていることが，ある特定の生活場面や関わる人などが異なることで，できなくなってしまう場合が多々あります。また，多くの児童生徒の課題は，現在身に付けている力を，どのような場面でも発揮できるようにしていくことがあります。高等部の生徒が，学校内の日常生活場面で元気に行っている挨拶についても，産業現場等における実習では，緊張して声すら出せない状況になってしまう生徒もいます。どのようにしたら，普段の力を発揮できるのか，そのような観点から生徒の現在の力を評価していくことも大切になります。

　後段の規定では，「単元や題材など内容や時間のまとまりを見通しながら評価の場面や方法を工夫して」という新たな規定です。この中で，特に重視していきたい点は，「単元や題材など内容や時間のまとまりを見通し」ということです。このことは，毎回の授業の中で常に3観点での評価を行っていくということを意味しているものではありません。単元等を通した学習の時間軸とともに変化していく児童生徒の学習状況について，児童生徒がどのような文脈で，

どのような力を発揮できたのかなど，総括的な捉え方をしていくことを意味しています。

(3) 観点ごとに留意していきたい視点

①「知識・技能」について

　ここでの「知識・技能」は，特定の学習場面を限定した，表面的にわかりやすい個別の知識や「○○についてできる」などの一面的な技能の習得状況だけではありません。学習によって得た知識や技能を他の学習場面においても，生かしているのかどうかなどについても見定めた評価をしていく必要があります。

　特に，単元等を通して身に付けていく知識や技能については，児童生徒等の自立や社会参加を目指したものであり，日常生活や社会生活に生きて働く知識や技能になっているのかということは欠くことのできない視点です。

②「思考・判断・表現」について

　学習によって得た「知識・技能」を活用することにより，課題を解決するために必要な思考力・判断力・表現力等を身に付けているかどうかを評価します。

　指導計画には，実際的な学習場面の中で，具体に促しながら，物事を考えて，自分の思いや考えたことを他者に伝えることのできる学習場面を意図的に位置づけることが必要です。

　特に，「思考」に関しては，何らかの形で「表現」していくことにより，考えたことなどが他者に伝わります。言語表出が難しい児童生徒もいますので，問いかけした際の児童生徒の表情などを含めた様々な反応や微細な行動的側面などについても着目し，児童生徒の思考の過程を読み取っていくことが重要になります。

　これまでも児童生徒の自己選択・自己決定をできる力を育てていくことが重視されてきました。このことの基盤となるのは，「思考・判断・表現」の観点です。児童生徒ならではの発想や思考の過程をどれだけ深く読み取り，授業を展開できるのか，このことは，授業を構成していく際の私たちの専門性の中核に位置づくものと考えています。

③「主体的に学習に取り組む態度」について

　資質・能力の３つの柱の一つである「学びに向かう力，人間性等」には，「主体的に学習に取り組む態度」と「感性や思いやりなど」の二つに分かれます。

　前者の「主体的に取り組む態度」については，観点別学習評価の観点となっていきます。これは，「知識・技能」や「思考力・判断力・表現力」を身に付

けるためにどのように学習に取り組んでいるのかという意思的な側面を評価していくようになります。

　その際に取り組む態度として，表面的にわかりやすい行動的側面などのみで評価しないように留意する必要があります。例えば，職業に係る授業の中で，完成した製品の出来高や数量のみで，当該生徒の取り組む態度を把握するようなことにならないように留意していくことです。さらに，3つの観点をそれぞれ独立したものとして捉えるのではありません。製品作成の過程の中で，生徒が知識や技能を活用し，どれだけ深く思考・判断し，それを表現しようとしているのかなど，総合的な把握をしていきます。

　後者の「感性や思いやりなど」については，個人内評価の対象として，日常的な取組などを捉えながら，児童生徒等のよい点や可能性なども含めて，学習の進捗状況などについて，児童生徒の学習意欲の向上や学習への意義に気付くことができるように定性的な評価をしていくようになります。

(4) 児童生徒が「思考」「判断」できる授業作り

　「思考・判断・表現」の観点から学習評価を行うためには，授業構成の中で，児童生徒が自ら考え，判断していくことのできる学習の文脈を位置づけていく必要があります。

　様々な学習活動の中でも「なぜ，そのようにするのか？」などということについて児童生徒の自らの「気付き」が生まれるように働きかけていくことが，思考・判断にアプローチしていくことになっていきます。

　ここでの働きかけには，言葉によるものでなく，写真や絵カード等の視覚的支援や教師による動作等のモデルで示すことなど，様々なアプローチが含まれています。

　具体の場面を一つ紹介します。特別支援学校高等部の作業学習における木材加工を題材とした授業でした。

　材料を必要な長さに切り出す際に，「なぜ，その長さで切り出すのか？」ということについて工程の流れの中で，生徒と教師との自然なやり取りがなされていました。

　教師は，ミニホワイトボードを使い，仕上がり時の使い勝手なども勘案しながら，切り出す長さについて，生徒の気付きを促すような働きかけをしていました。生徒は，必要な長さを自分で確かめ，材料に「けがき」して切り出す工程に移行していました。

　このような学習の流れのイメージを表したのが，図1になります。

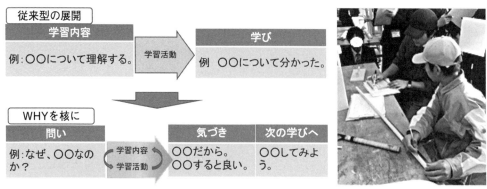

図1 学習活動を通して，新たな気付きを生む授業展開[v]へ

　ここでは，高等部の授業場面を紹介しましたが，このような取組を小学部段階から，子供たちの生活年齢や理解に即して積み重ねていくことを大切にしていきたいです。

(5) 学習の振り返り

　授業構成として，一般的に「導入⇒展開⇒終末（まとめの時間）」の3つの場面から構成されていることが多いです。展開部分での学習が盛り上がってしまい，「終末」の時間が十分にかけられないこともあると思います。

　しかし，授業の「終末」での学習の振り返りの時間は，子供たちの学びを次時につなげていくために，十分に余裕をもって授業計画を準備したいところです。学習活動を通して，どのようなことに気付き（≒学び），成長できたのか，また，次の時間には，どのような目標をもって学習していくのか，子供たちの決意表明の場でもあります。

　学習の振り返りの際には，次のような視点で問いかけてみると良いでしょう。

＜良い点＞

「（今日の授業で）あなたが頑張った点や良い点と思うことはなんですか？」

＜可能性や次への期待＞

「次に何を頑張ろうと思いますか？」「次にどのようにしますか？」

＜学びを通して成長したこと）

　「あなたが成長したと思うことはなんですか？」

(6) 教育課程から観点別学習評価へ

　図2は，教育課程編成から観点別学習評価までの流れを整理した例です。図

---

v　信州大学教育学部付属特別支援学校公開研究会（2018）授業場面から

2のステップ1の段階は，教育課程から指導計画に移行する段階となります。各教科等の目標及び内容に基づき，指導の形態としての教科別の指導や各教科等を合わせた指導の形態が授業段階において位置づいていきます。

　次のステップ2は，指導目標に対する定性的な学習評価から，観点別学習評価へ移行させていく段階です。指導の形態における学習評価に係る記述から，各教科等の目標と関連付けて，観点別学習評価に整理し記述していきます。

　ここで示したものは，一例であり，児童生徒の生活年齢や学習状況等を踏まえた，様々なアプローチを創意工夫していくことが，知的障害のある児童生徒の教育をより豊かなものにしていくと考えています。

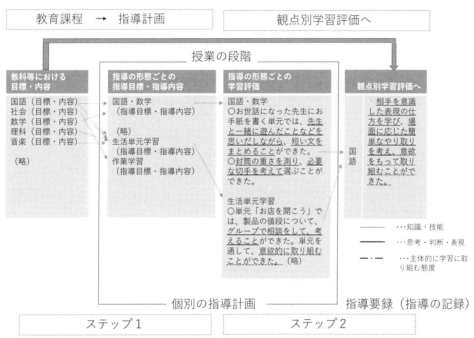

図2　教育課程から観点別学習評価への手続きの一例

　我々，知的障害のある子供たちに関わる教師は，常に子供たちの側に立ち，子供たちの無限の可能性を引き出すことのできる学習評価を考究していく必要があります。後述してある多くの実践事例を参考に，知的障害のある子供たちの学習評価を軸とした授業研究をより一層充実させていきましょう。

3 特別支援学級における 学習評価に期待すること

教育政策研究会「特別支援教育部会」 増田　謙太郎

1 はじめに

　特別支援学級の大きな特徴は，「地域の小中学校に設置されている」という点です。

　地域の小中学校は「通常の学級」に在籍している児童生徒が大多数です。「特別支援学級」に在籍している児童生徒は，数の上では少数ですが，言うまでもなくほとんどの学校で「特別支援学級」に対して一定の配慮がなされています。

　しかし，「特別支援学級で行っている授業は，通常の学級の先生になかなか理解されない。遊んでいると思われていることがある」「運動会の練習予定が変更になっても，特別支援学級には連絡が来ない，忘れられていることがある」など，校内における特別支援学級の立ち位置には難しさもあります。

　特別支援学級は，その運営の根幹となる教育課程をしっかりと定めて，より効果的な授業づくりや，学級経営に努めていかなければなりません。

　あえて，そのように言及しなければならないのは，特別支援学級では，教育課程編成の基準があいまいであったり，年間指導計画等の整備が不十分であったり，授業の実施に戸惑う先生方の声が聞かれたりすることが多いからです。

　前述の通り，特別支援学級は，学校において立ち位置の難しい存在です。もしかしたら「特別支援学級は，通常の学級とは別だから」という意識が通常の学級の先生と，特別支援学級の先生の双方に働いてしまっているからかもしれません。

　言うまでもありませんが，特別支援学級においても，新しい学習指導要領で示されている「資質・能力の育成」に向けて，授業改善を図っていく必要があります。校内で歩調を合わせて，授業改善を進めていかなければなりません。

　一方，これまでの特別支援学級の伝統的な面にも目を向けてみましょう。脈々と受け継がれてきた障害のある児童生徒へのアプローチについて，とても優れた事例が多く存在しています。特に「交流及び共同学習」や「自立活動」については，日常的に様々な実践がなされています。これらの実践の積み重ねは，大切にして，次世代にも引き継いでいかなければなりません。

　教育課程の編成という面からみると，特別支援学級は，障害のある児童生徒に対して，「通常の学級」と「特別支援学校」の学習指導要領を基に教育課程を編成し，教育活動を行っていく場であります。

　このような現状を踏まえながら，本稿では，現在の特別支援学級の実態を整理して，特別支援学級における教育課程の編成から授業実施，そして学習評価に至るまでのプロセスについて，新学習指導要領で示されている「資質・能力」の育成の視点から，期待される「学習評価」について迫っていきます。

2　特別支援学級の実態の整理

　一言に「特別支援学級」といっても，その実態は多様です。

(1) 特別支援学級の障害種別

　特別支援学級は，障害種別により，「知的障害」「肢体不自由」「病弱・身体虚弱」「弱視」「難聴」「言語障害」「自閉症・情緒障害」の学級に類別されています。

　障害種別だけでなく，児童生徒がその学級に学籍があるかどうかもポイントです。学級に学籍がある場合は「固定学級」と呼ばれることがあります。一方，学籍が通常の学級にある場合は，「通級による指導」になるため「通級指導教室」「通級学級」などと呼ばれていることが多いです。「通級による指導」は，学籍のある学校にて指導を受ける場合は「自校通級」，そうでない場合は「他校通級」と区別されることがあります。

　これらは設置者である自治体によって，実態が異なります。例えば，東京都で特別支援学級といえば「知的障害」の「固定学級」が多いです。「自閉症・情緒障害」については，「特別支援教室」といういわゆる「自校通級」のシステムが整備されつつあります。「言語障害」「難聴」「弱視」はほぼ「他校通級」。「病弱・身体虚弱」は，病院内に併設されている「院内学級」などが知られています。

(2) 特別支援学級の在籍児童生徒数

　「固定学級」の場合，実情としては，在籍児童生徒数によって，その学級の教育課程編成や授業実施が大きく規定されることになります。

　例えば，在籍児童生徒が1名だけという学級と，40名を超えるような大規模な学級とでは，教員数も違えば，教室環境も，子どもが置かれている状況も

大きく異なります。

　在籍児童生徒が少ない「固定学級」では，児童生徒は通常の学級の授業に参加する傾向が見られます。逆に，在籍児童生徒が多い「固定学級」では，特別支援学級内でほとんどの授業を行い，可能な範囲で通常の学級の授業に参加することが多いようです。これはやはり教員数の問題もありますし，学級内で子どもたちの集団が組めるかどうかといった学級経営上の条件に左右されるのが実情だと思われます。

3 特別支援学級の教育課程編成の基本

　特別支援学級は，在籍児童生徒数や障害種別に応じて，「通常の学級」と「特別支援学校」の学習指導要領を基に教育課程を編成し，児童生徒の障害の程度や状態に応じた最適な授業を行っていく教育の場です。

　学校教育法施行規則第138条では，「特別支援学級の教育課程は，特別支援学校学習指導要領を参考に編成することができる」とされています。つまり，特別支援学級の教育課程は，「小学校・中学校学習指導要領」を基本としつつ，「特別支援学校学習指導要領」の要素を取り入れて編成するということになります。

(1)「段階」を参考にする方法

　例えば，知的障害の特別支援学級では，小学校1年生の児童だから，学習指導要領の小学校1年生に示されている目標・内容を基に学習を進めていけばよい，という考え方にはなりません。なぜなら，それは子どもの知的障害の程度や状態に応じていないからです。

　知的障害の特別支援学級の場合，「特別支援学校学習指導要領を参考に編成する」とは，当該学年より前の「学年」や，特別支援学校に示されている「段階」を参考にするということになります。

　「特別支援学校学習指導要領」では，小学部として3段階，中学部として2段階の目標・内容が設定されています。

　小学部1段階，2段階，3段階は，小学校学習指導要領で示されている目標・内容へ連続的につながっています。この「連続性」こそが，今回の学習指導要領の大きなポイントの一つです。

　したがって，特に知的障害の特別支援学級の場合は，「通常の学級」と「特別支援学校」の学習指導要領を連続的に見ていくことで，授業計画を作成しや

すくなると考えられます。

(2)「自立活動」を参考にする方法

　知的障害以外の各障害の場合には，基本的に各教科の学習指導要領の当該学年の目標・内容にて学習を進めていくことになります。

　この場合「特別支援学校学習指導要領を参考に編成する」とは，「自立活動」を取り入れ，時間を設けて指導することとなります。また，各教科等の学習活動を進める際にも，自立活動と関連付けて教育課程を編成していく必要があります。

4　特別支援学級と「資質・能力」の育成

　ここからは，知的障害の特別支援学級に例に絞って，学習指導要領で示されている「資質・能力」の育成をどのようにして図っていけばよいかについて考えていきます。

　「資質・能力」には3つの柱が示されています。その3つの柱とは，「知識及び技能」「思考力，判断力，表現力等」「学びに向かう力，人間性等」です。それぞれについて，特別支援学級との関連を見ていきましょう。

(1) 特別支援学級での「知識及び技能」

　「知識及び技能」は，比較的イメージがもちやすいのではないでしょうか。

　これまでも特別支援学級では将来的な自立を目指して，生活や学習に関する「知識及び技能」を定着させ，「○○できる」ようにしようという面が重視されてきました。「○○できる」ことによって成功体験を得る，そして成功体験を積み重ねることで自己肯定感が高まっていく，この理想的なスパイラルが特別支援学級の実践では多く見られます。

　しかし，将来の自立した社会生活に必要だからと「電車の切符を買うことができる」「一人でバスに乗ることができる」というような実用的な「知識及び技能」，いわゆる「スキル獲得」のみが重視されていた傾向もありました。

　激しい変化が予想されるこれからの時代に生きる子どもたちの将来の生活を考えていくと，現在必要とされている生活に必要なスキルもどんどん変わっていくことが予想されます。現に，以前の特別支援学級で熱心に取り組んでいた「切符の買い方」の指導を例にとっても，「切符」は徐々に姿を消しつつあります。子どもでもカードやスマートフォンを使う時代になってきています。この

ような例からも，いわゆる「スキル重視」に偏った指導を改善していく必要性のあることは明らかでしょう。

　これからの特別支援学級では，スキル獲得の指導のみに偏ることなく，次に挙げる「思考力，判断力，表現力等」を身に付けることができるような指導を考えていかなければなりません。

(2) 特別支援学級での「思考力，判断力，表現力等」

　「知識及び技能」獲得の学習の際に，子どもたちは「これができるようになるためには，スモールステップでやればいいんだ」「これができるようになるためには繰り返し学習すればいいんだ」というような，方法知にたどり着いているでしょうか。

　そもそも，「資質・能力」とは，方法知に近い概念です。方法知とは，対象が変わっても機能することが望ましい心の働きのことです。学習場面でいえば，「この計算はどうやって解けばよいのだろうか」「どうやったらこの漢字を覚えることができるだろうか」というように，どのような方法をもって問題を解決していけばよいか，を考えられるようになるということです。「どのような方法をもって問題を解決していけばよいか」という力を付けていくこと，それが「思考力，判断力，表現力等」の本質です。

　よく特別支援学級の低学年児童でも，かけ算九九や難しい漢字を覚えている子どもがいます。しかし，丸暗記しているだけでは意味がありません。テストで点数をとって喜ぶことよりも，その力が生活や社会に結び付いてこそ，計算や漢字を学ぶ意味があるのではないでしょうか。

　生活や社会に結び付く学力のひとつが，「どのような方法をもって問題を解決していけばよいか」という「思考力，判断力，表現力等」です。

　これまでも特別支援学級では「般化」という言葉で，生活や社会に結び付く学力の育成を求めてきました。これからは「○○できる」ことだけではなく，「どのような方法をもって問題を解決していけばよいか」の力を，「般化」と関連させていくことが大切です。

　「思考力，判断力，表現力等」を育てていくためには，学習の振り返りを丁寧に行うことが効果的です。

　学習の振り返りは，「今日はこういう学習をしましたね」と，今でも多くの授業のまとめの場面で行われています。「内容」の振り返りだけでなく，「方法」の振り返りが大切です。「こういうふうに学習したんだよね」という「方法」

の振り返りが，「思考力，判断力，表現力等」を育てていくためには必要です。

(3) 特別支援学級での「学びに向かう力，人間性等」

特別支援学級における「学びに向かう力，人間性等」は，「自立活動」との関連を重視したいところです。

自立活動は，学習や生活における障害による困難を改善・克服することが目的です。見方を変えると，障害による困難を改善・克服することで，学習や生活がしやすくなり，「学びに向かう力，人間性等」が育まれると考えることもできます。

例えば，話の内容を記憶して前後関係を比較したり類推したりすることが困難なため，会話の内容や状況に応じた受け答えをすることができない児童生徒の場合，このような児童生徒には，メモを取るなどして，自分で内容をまとめながら聞く能力を高める学習をするとよいと考えられます。他にも，分からない時には聞き返す方法や，相手の表情にも注目する態度を育てていくことも大切でしょう。

このような方法を学ぶことによって，学習や生活がしやすくなり，「学びに向かう力，人間性等」が育まれるでしょう。特別支援学級の児童生徒が，「自立活動」を学ぶ意義もこのようなところにあります。

ちなみに，「学びに向かう力，人間性等」は，観点別評価では「主体的に学習に取り組む態度」となっています。「主体的に学習に取り組む態度」については，「自らの学習を調整しようとしているかどうかを含めて評価すること」とされています。

5 「思考力，判断力，表現力等」を育てる授業づくり

ここでは，「思考力，判断力，表現力等」を育てる授業の計画について，どのように作成していけばよいかを具体的に見ていきます。

例として，発達段階が揃っていない4名の児童を対象とした国語科のグループ学習を想定してみます。

① 授業の概要について

まずは，どのような単元の授業を構想するか，その大まかな概要を設定します（**表1**）。

表1　授業の概要

対象	小学校　知的障害特別支援学級
教科名	国語科
単元名	お話のおもしろさや楽しさを味わおう
教材名	おおきなかぶ
対象児童	知的障害学級児童4名（1年生から3年生）

②　グループの児童の発達段階を確認する

本単元は，国語科「読むこと」を中心とする単元として位置付けられます。ですので，学習指導要領で示されている「読むこと」の段階と児童の実態を比較・検討してみます（**表2**）。

表2　児童の実態一覧（国語科「読むこと」）

児童名（学年）	国語科「読むこと」に関する学習段階
A（小学校3年生）	小学校1年生程度（以後，「小1段階」と表記）の学習が適当。
B（小学校2年生）	特別支援学校3段階程度（以後，「特3段階」と表記）の学習が適当。
C（小学校2年生）	特別支援学校2段階程度（以後，「特2段階」と表記）の学習が適当。
D（小学校1年生）	特別支援学校1段階程度（以後，「特1段階」と表記）の学習が適当。

実際の学年に関わらず，児童の実態は，小学校1年生段階から，特別支援学校1段階までの幅広い学習レベルであることがわかりました。

③　「思考力，表現力，判断力等」の目標を設定する

本来は「資質・能力」の3つの柱の全てについて目標を設定しますが，紙面の都合上，ここでは，「思考力，表現力，判断力等」のみに焦点化します。

「国語科の「読むこと」で身に付けたい「思考力，表現力，判断力等」を児童ごとにまとめます（**表3**）。

表3　国語科「読むこと」における児童の目標一覧

児童名	読むことの学習段階	目標となる思考力，判断力，表現力等
A	小1段階	場面の様子に着目して，登場人物の行動を具体的に想像する。
B	特3段階	登場人物の行動や場面の様子などを想像する。 時間的な順序など内容の大体を捉える。
C	特2段階	登場するものや動作などを思い浮かべる。 時間の経過などの大体を捉える。
D	特1段階	次の場面を楽しみにしたり，登場人物の動きなどを模倣したりする。

このように児童ごとに，本単元でねらいとする目標を整理していくと，さまざまな発達段階の児童を対象とするグループ学習でも，児童それぞれの目標に応じやすくなります。

④　児童ごとの具体的な目標を設定する

さて，表3で整理した目標を基にして，それぞれの児童の具体的な目標を設定していきます。

学習指導要領解説には，この具体的な目標に関連する記述が見られます。その記述を参考にするとよいでしょう（表4）。

表4　児童ごとの具体的な目標一覧

児童名	読むことの学習段階	具体的な学習活動
A	小1段階	主人公などの登場人物について，何をしたのか，どのような表情・口調・様子だったのかなどを具体的にイメージしたり，行動の理由を想像したりする。
B	特3段階	登場人物の表情や気持ち，場面の様子から時間的経過や場面の前後関係に気付くことができるようにする。 時間の経過については，挿絵を並び替える，簡単な小見出しを付けるなどの活動をする。
C	特2段階	どんな登場人物が出てくるかを考えたり，場面の様子や登場人物の行動などにイメージしたことを言葉や動作で表そうとしたりする。 「時間の経過などの大体を捉える」とは，例えば，二つの場面の絵を見比べて，登場人物の様子や行動などの違いに気付いたり，話の内容を読みとったりする。
D	特1段階	言葉のもつ音やリズム，言葉が表す動作を楽しみながら模倣する。

この表4は，そのまま，それぞれの児童の「個別の指導計画」の目標となります。ここが大きなポイントであり，特別支援学級の教師に求められる専門性に関する部分です。

つまり，授業計画をあらかじめ作成しておくことで，「個別の指導計画」と関連させることが容易になります。また，「個別の指導計画」と「授業計画」の一体化を図ることもできます。

⑤　具体的な発問を考える

最後に，実際の指導場面に当てはめていく作業です。具体的な発問の形で指導する内容を計画しておくとよいでしょう（表5）。

表5　児童ごとの具体的な発問例

児童名	読むことの学習段階	具体的な発問
A	小1段階	「どうしてかぶはぬけないのかな？」 「おばあさんはどうして手伝ってくれたのかな？」
B	特3段階	「かぶが抜けなかったとき，おじいさんはどんな気持ちだったでしょうか？」
C	特2段階	「次はだれが出てくるかな？」 「おじいさんは何をしたのかな？」「おじいさんは誰を呼んできたのかな？」
D	特1段階	「どうやって，かぶを抜いてるかな？」 →ゼスチャーで答えられるようにする。 「一緒に言ってみよう！うんとこしょ，どっこいしょ」 →模倣できるようにする。

同じ学習場面で一斉授業をしても，それぞれの児童に行う発問を考えておくと，一人一人の児童の発達段階に応じた授業が可能となります。

6 評価について

(1) 指導と評価の一体化

　平成31年3月の「小学校，中学校，高等学校及び特別支援学校等における児童生徒の学習評価及び指導要録の改善等について（通知）」では，「知識及び技能」，「思考力，判断力，表現力等」「学びに向かう力，人間性等」の資質・能力の三つの柱で再整理した新学習指導要領の下での指導と評価の一体化を推進する観点から，観点別学習状況の評価の観点についても，これらの資質・能力に関わる「知識及び技能」，「思考・判断・表現」，「主体的に学習に取り組む態度」の3観点に整理して示されています。

　ここで最も大切なことは「指導と評価の一体化」です。

　本稿のテーマである「学習評価」を充実させるためには，「評価」のみに視点を当てて考えるのではなく，指導と評価を一体的に考えることが重要です。

　つまり，授業づくりにおいて，「この子どもは，この授業で何を目標とするのか」が明確であれば，自ずと評価も明確になるのです。

　特別支援学級では，個別の指導計画の作成によって，個別に目標設定がなされることが基本です。その個別の指導計画の目標設定は，あくまでも一単位時間の授業や，単元全体での目標設定などと関連性があることが重要です。本稿で取り上げた事例のように，授業の計画をまず作成してから，個別の指導計画に落とし込んでいく方法をとると，「指導と評価の一体化」が図りやすくなるでしょう。

● 参考文献 ●
・東京都の教育　東京都教育委員会　2019年
・全日本特別支援教育研究連盟編『平成29年度特別支援学校　新学習指導要領ポイント総整理　特別支援教育』東洋館出版社　2018年
・国立教育政策研究所編『資質・能力〔理論編〕』東洋館出版社　2016年
・『こくご　一上　かざぐるま』光村図書　2019年

第2部
実践編

1 片仮名を書き，語句や文の中で主体的に「使う」力を育む
―小学部国語科における実践と学習評価の実際―

鹿児島大学教育学部附属特別支援学校教諭　四ツ永　信也

1 実践概要

　本稿で紹介する学習グループは，小学部4年生から6年生までの4人の児童で構成されています。児童の実態や学習に対するニーズを踏まえ，字形を整えつつ特殊音節のある単語を片仮名で正しく書いたり，語句や文の中で片仮名を適切に用いたりすることを本実践の目的としました。題材に配当した授業時数は10時間です。

　児童たちは，教師が提示する「めあて」を手掛かりにして毎時間の活動や目標を把握するとともに，教材・教具や友達，教師との関わりを通して学びを深めていきました。

　本稿では，Aさん，Bさんの姿を中心に，学びの様子を紹介します。例えばAさんは，一画ずつの運筆を記した透明板を筆順に応じて重ねることで，書き始めの位置や筆順，運筆の向きを自分で確認し（写真1），形の似た片仮名文字（「シ」と「ツ」など）を正しく書き分けることができるようになりました。Bさんは，片仮名で表した方がよい言葉を判断したり，分類したりする活動を通して，片仮名で表す語があることに気付き，短い文を書く際に平仮名と片仮名を適切に使い分けることができるようになりました。

　学習評価では，このような児童一人一人の育ちを捉えるとともに，「学んでいた」，「学びにつまずいていた」姿の背景を分析し，有効又は改善が必要な学習活動や教材・教具などについて検討を行いました。これらの評価及び検討を踏まえながら授業改善に取り組むことで，目的とした学びの姿を確認できるようになりました。

　私が勤務する特別支援学校で

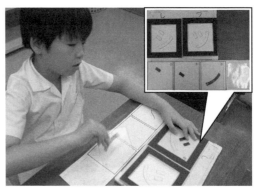

写真1　操作を通して筆順や運筆の向きを確認するAさん

は，実践を通して得た評価事項を各教師が学期末に持ち寄り，単元や題材ごとの総括的評価として共有することにしています。本実践を通して得た知見についても，学部職員で共通理解を図り，次年度以降の年間指導計画を検討する際の資料とすることにしました。

2 題材の目標設定

(1) 児童の実態

　児童たちは，濁音，半濁音のある平仮名や片仮名を読んだり，書いたりするなど，文字を介して友達や教師と簡単なやり取りをすることができるようになってきています。学習グループの中には，発音に不明瞭さがある，あるいは，言葉で伝えることを苦手にする児童もおり，言葉が意味することや言葉を通して理解したことを文字にして表すことは，国語科の目標にある「伝え合う力」を身に付ける上で必要な力と言えます。しかし，平仮名や片仮名で単語を表す際に，字形が整わず読みづらい文字になったり，促音や長音などの特殊音節が抜けていたりすることがありました。これは，①文字の大まかな形を捉えて表出できつつあるが，書き始めの位置や筆順，運筆の方向にまで注意を配分できていない，②特殊音節自体に音はなく，捉えにくい音節である，などの理由が考えられました。また，三〜五語文程度の短い文を書く際，いくつかの漢字を言葉の意味に応じて使うことができる一方で，外来語等を平仮名で表す姿がありました。これは，③片仮名で表した方がより意味の伝わる言葉があることを十分に知り得ていない，などの理由が考えられました。

　以上のような実態から推測された学びのニーズは，以下のとおりです。

書くことに関する学びのニーズ

①　書き始めの位置や筆順，運筆の向きに注意し，文字の形を整えて書くこと。
②　特殊音節のある単語を書き表すこと。
③　語句や短い文の中で，平仮名と片仮名を使い分けること。

(2) 題材の意義・価値

　片仮名は，一つの文字に一つの音を割り当てた表音文字ですが，字形は平仮名と比べ平易なものが多いといった特徴があります。そのため，書き始めの位置や筆順など，書字の過程にも注意を配分しやすい文字体系と言えます。「ソ」

や「ン」など，運筆の違いで読み方が規定される文字もあり，運筆に着目した書字が必要になります。また，身近な飲食物や生活用品，擬音語など，片仮名で表す多くの単語に特殊音節が含まれます。特殊音節の表し方は平仮名の場合と基本的に同じであり，片仮名の書字を通して身に付けた特殊音節の適切な表し方は，平仮名の書字においても活用することができます。さらに，語句や文の中で平仮名と片仮名を使い分ける活動は，言葉による見方，考え方を働かせ，児童が有する語彙や語の印象でそのいずれかを判断する言語活動です。その正誤を繰り返し確かめることで，片仮名で表す言葉を知り，文の表現等で「使う」ことができるようになるのではないかと考えました。学びのニーズに対する本題材の意義・価値は，**図1**のとおりです。

(3) 題材の目標

以上を踏まえ，特殊音節のある単語を片仮名で丁寧に書いたり，語句や文の中で片仮名を適切に用いたりすることを題材の目標としました。

なお，本題材を通して育てたい力については，**表1**のとおりです。表中の「○」と「−」は，育てたい力とそれぞれの児童との対応を表していま

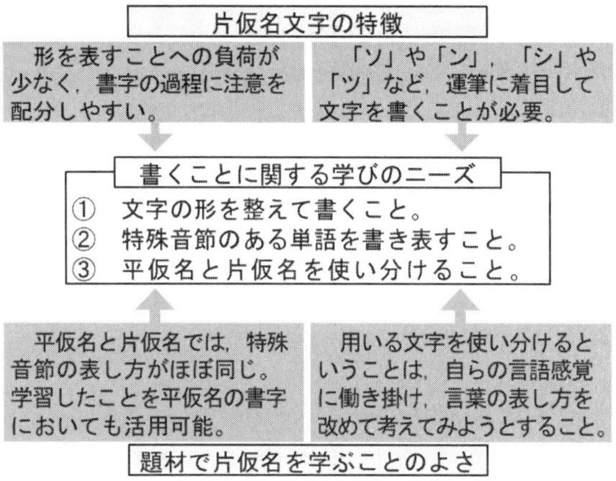

図1　学びのニーズに対する題材の意義・価値

表1　題材を通して育てたい資質・能力

資質・能力	育てたい力	児童	
		A	B
知識及び技能	ア　文字の音−形−運筆を対応したり，文字の形に気を付けたりして，片仮名の文字を書くこと。	○	−
	イ　特殊音節のある単語を正しく書き表すこと。	○	○
	ウ　片仮名で表した方が読みやすい言葉があることに気付くこと。	−	○
思考力・判断力・表現力等	ア　音の長短に応じて長音や促音を表す位置を判断すること。	○	−
	イ　片仮名で表す言葉を判断し，語句や短い文の中で平仮名と片仮名を使い分けること。	−	○
学びに向かう力，人間性等	ア　筆順や運筆の方向，長音や促音の表し方に気を付けて，身近な片仮名の単語を繰り返し書こうとすること。	○	−
	イ　片仮名で表した単語を読み返し，表し方の適切さや，語句，文としての読みやすさを自分なりに評価しようとすること。	−	○

す。育てたい力は，平成 29 年度告示の学習指導要領に示される三つの柱に沿っ
て整理しました。

　評価基準は，「3：十分達成できた，2：ほぼ達成できた，1：達成できなかっ
た」とし，観点ごとに具体的な姿を定めました。授業場面で確認された児童の
姿に対し，この基準と照らし合わせて学習評価を行います。**表2**は，Bさんの
評価基準（一部）になります。

表2　育てたい力に対する評価基準（Bさん）

評価の観点	評価基準
知識・技能 （知識及び技能のウに対応）	3　片仮名で表す言葉の種類があることに気付いている。
	2　片仮名で表した方が読みやすい言葉があるということに気付いている。
	1　平仮名と片仮名で表した場合を比べてみても，言葉の印象や読みやすさが異なるということに気付いていない。
思考・判断・表現 （思考力・判断力・表現力等のイに対応）	3　片仮名で表す言葉を判断し，語句や短い文の中で平仮名と片仮名を使い分けている。
	2　片仮名で表す言葉を教師と一緒に確認し，語句や短い文の中で片仮名を使っている。
	1　片仮名で書き表した方がよい言葉も，平仮名で表している。
主体的に学習に取り組む態度 （学びに向かう力・人間性等のイに対応）	3　片仮名で表した単語を読み返し，表し方や語句，文としての読みやすさの視点で，自分なりに評価しようとしている。
	2　明確な視点は持ち得ていないが，片仮名で表した単語を読み返し，自分なりに評価しようとしている。
	1　教師に促されることで，表した単語を読み返そうとする。

3　学習内容及び学習活動の構成と取組の実際

　本題材の学習活動等の構成は，**表3**のとおりです。

　題材全体を通して，楽しみながら片仮名に触れたり，学習への意欲を高めた
りすることができるように，学習の導入時に，擬音語や児童の好きな単語など
が用いられる絵本の読み聞かせを行うようにしました。

　一次では，Aさんに対し，文字チップで音と形の対応を図り，構成した単語
を視写することで，特殊音節のある単語を片仮名で正しく表せるようにしまし
た（**写真2**）。文字チップを置く枠の形は，促音や長音に応じてその大きさや
長さを変更するようにしました。

　Bさんに対しては，平仮名と片仮名で書字したときの単語の読みやすさを比
べるようにしたり，語句や文の中から片仮名で表した方がよい言葉を見付けた

表3　題材の指導計画＜全10時間＞

過程	中心的な学習活動	評価場面
一次 7時間 （習得）	絵本の読み聞かせを聞く。（毎時間の導入時） ＜児童A＞ ・　文字チップで単語を構成する。（清音のみの場合→特殊音節を含む場合） ・　構成した単語を視写する。	□（知・技）ア，イ □（学びに向かう）ア
	＜児童B＞ ・　平仮名で表した場合と片仮名で表した場合の読みやすさを判断する。 ・　語句や文の中から，片仮名で表せそうな言葉を探し，片仮名に書き直す。 ・　片仮名で表した方がよい語をカードに書き出し，内容に応じて分類する。	□（知・技）イ，ウ □（学びに向かう）イ
二次 3時間 （活用）	絵を見てその名称を片仮名で書いたり，絵が表す内容を語句や文で書き表したりする。	□（思・判・表）ア，イ □（学びに向かう）ア，イ

りする活動を設定しました。

　例えば，「チョコレート」を平仮名で書字すると，「ちょこれぃと」になります。「チョコレート」は児童が読み慣れた単語であり，語彙ルートによる流暢な読みが可能です。一方，生活場面で見慣れない「ちょこれぃと」では，流暢な読みが妨げられてしまいます。意味をもつ言葉であったとしても，音韻ルートを経由することになり，部分的に一文字ずつの読み方になってしまうからです。このような活動を通して，Bさんの言語感覚に働き掛け，片仮名で表す語に対する気付きを促すことができるのではないかと考えました。加えて，片仮名で表した言葉をカードに書き出し（**写真3**），内

写真2　片仮名を書字するAさん

写真3　片仮名に書き直した言葉をカードに書くBさん

容に応じて分類することで，片仮名で表す言葉には種類があることに気付けるようにしました（**写真4**）。

　二次では，題材のまとめとして，絵を見てその名称を片仮名で書いたり，語句や短い文の中で平仮名と片仮名を使い分け，絵が表す内容を書き表したりする活動を設定しました。

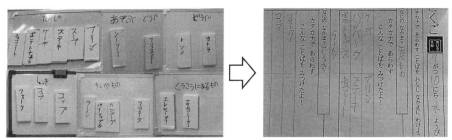

写真4　内容に応じて分類したカードとBさんがまとめたワークシート

　なお，児童の育ちを見取る観点については，**表3**に評価場面として示しました。知識及び技能の側面は，一次の取組の中で書字した文字や取り組んだワークシート等の内容を基に評価を行うことにしました。思考力・判断力・表現力等の側面は，二次の学習を中心に，教材・教具を操作したり自身の取組を友達や教師に説明したりする姿，児童のつぶやきなどから一人一人の育ちを把握したいと考えました。学びに向かう力，人間性等に関しては，児童の自己効力感に働き掛けることができるように，取組の重点を「めあて」として具体的に伝えることを大切にしました。見取る具体的な姿は，書字の様子や試行回数，「めあて」と対応させながら自身の取組を確認しようとする姿などとし，題材全体を通して評価を行うようにしました。

4 資質・能力の3つの柱に基づく児童の変容の姿

　授業後に行う授業研究では，児童の学びの姿に基づき，一人一人の育ちと授業自体の評価を行いました。具体的には，児童の「学んでいた」，「学びにつまずいていた」姿の背景について，知識・技能，思考・判断・表現，主体的に学習に取り組む態度の三観点で分析的に捉えるとともに，次の授業に向けた検討を行います。児童が達成した学びと観点ごとの推移は，**図2，3**のとおりです。

　取組当初，Aさんは，「ライオン」を「ライオソ」と書くなど，「ソ」と「ン」，「シ」と「ツ」を同じ運筆で書いていました。また，「カレライス」と書くなど，長音が抜けることがありました。透明板を重ねることで運筆の向きを視覚的に確認したり（**写真1**参照），文字チップを置く枠の長さを手掛かりに特殊音節

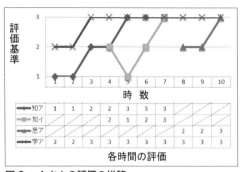

時数	1	2	3	4	5	6	7	8	9	10
知ア	1	1	2	2	3	3	3			
知イ					2	1	2	2	3	
思ア								2	2	3
学ア	2	2	3	3	3	3	3	3	3	

各時間の評価

図2　Aさんの評価の推移

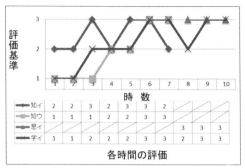

時数	1	2	3	4	5	6	7	8	9	10
知イ	2	2	3	2	3	3				
知ウ			1	2	2	3				
思イ								3	3	3
学イ	1	1	2	2	2	3	2	3	3	

各時間の評価

図3　Bさんの評価の推移

を判断したりすることで，二次の学習時には，形の似た片仮名文字を書き分け，長音のある単語を正しく書くことができるようになりました（**図4**）。育てたい力として設定した【知識及び技能ア，イ】に関する変容の姿です。Ｂさんは，一次の学習を通して，片仮名で表した方がよい言葉やその種類に対する気付きが高まりました。この気付きの下，二次の活動では，言葉に応じて平仮名と片仮名を適切に使い分け，短い文を書くことができるようになりました（**図5**）。育てたい力として設定した【知識及び技能のウ】，【思考力・判断力・表現力等のイ】に関する変容の姿です。

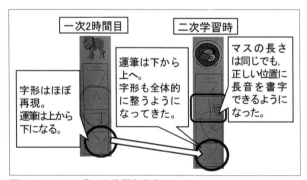

図4　Aさんの書いた片仮名文字

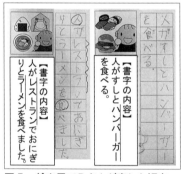

図5　絵を見てBさんが表した短文

5 学習評価を見据えた取組の成果と課題

　本題材では，特殊音節のある単語を片仮名で書いたり，語句や文の中で片仮名を適切に用いたりすることを目的としました。そして，育てたい力とその達成の程度を評価基準として三つの段階で整理し，実践に取り組んできました。先の項では，知識及び技能，思考力・判断力・表現力等に関する変容を述べました。学びに向かう力，人間性等に関しても，身近な片仮名単語を繰り返し書こうとしたり，書き表した語句や文を読み返し，片仮名の使い方を自分なりに評価しようとしたりするなど，主体的な姿を確認することができました。計画

の段階において，育てたい力と対応させながら，児童一人一人の達成の程度を観点別に検討，整理しておくことで，児童が達成した学びとその変容をより的確に捉えることができるようになったと考えます。

　また，学習評価を踏まえて授業の在り方を継続的に検討してきたことで，育てたい力を育むとともに，児童の学びに有効だった学習活動や教材・教具を見い出すことができました。これまでに述べた学習活動や教材・教具，指導に要した時数については，題材の総括的評価として学部全体で共有し，次年度以降の年間指導計画を改めて検討する際の資料とすることにしました。

　一方，今回の学習評価では，国語科の目標と内容に対する学習状況の把握が中心になりました。学習の基盤となる資質・能力等の位置付け，ねらいが曖昧なために，本題材の文脈の中でそれらの育ちを評価するまでには至りませんでした。教科等横断的な視点に立った資質・能力の多くは，その育成に教師の協働した取組を必要とします。学習評価の方法や内容，結果を学校全体で共有し，カリキュラム・マネジメントの推進を図ることなど，組織的・体系的な取組について，更なる実践とその充実に努めていきたいと考えます。

Comment

　題材がもつ意義や価値を的確に捉え，学習心理学の知見に基づきながら学びの過程を設計し，児童の学びの姿を適時・適切に捉えて次の授業に生かす取組が行われています。評価計画の設計においても，どこで，何を，どのように見取るのかが整理され，評価に関する規準と基準の考え方を適切に活用しながら分析的かつ総合的に本題材の学習評価が行われています。学習状況の評価を軸に据えながらカリキュラム・マネジメントの視点をもって次年度の年間指導計画の改善に生かしている点も重要なポイントですね!!

2 「くらべよう～おもさ・かさ～」
量感を育てることを目指した算数の指導

和歌山県立紀伊コスモス支援学校教諭　堂野　結加，宮本　真吾

1 実践概要

　本実践は，特別支援学校小学部の算数における測定の授業実践です。身近にあるものの量について，重さとかさの属性に着目して，2つの量の大きさを比べる学習内容を設定しました。児童が主体的に学習に取り組めるように道具に触れたり，体験したりする活動や，結果を想像して予想を立てたり，自分の考えを発表したりする機会を設定して授業を展開しました。自分で考えること，考えを発表することを授業の軸に据えたことで，児童が積極的に取り組んだり，気づきや感想を報告し合ったりする姿が見られました。ものの重さやかさについて理解を深め，2つのものを比べたり，差に気づいたり，確かめようとしたりする等，ものの量への興味を高めることができました。

2 授業又は単元の目標設定

　本実践の学習グループは小学部知的教育部門3・4年の児童6名で構成されています。どの児童も学習への意欲が高く，課題に向き合って授業に取り組んでいます。一方で，間違えたくないという思いから発言を控えたり，発言の途中で「わからない」といって発表をやめてしまったりする等，学習に対する自信のなさが見られます。また，算数（C測定）の「長さ」について，直接比較までを学習した児童，物差しを使った計測までを学習した児童がおり，これまでの学びの履歴に差がありました。

　本単元「くらべよう～おもさ・かさ～」は6時間で身近なものの量について，「重さ」や「かさ」の属性に着目して，2つのものの大きさを比べたり，差に気づいたりすることを通して，個々の児童のもつ量感を育てることを目標に指導を計画しました。

単元の指導目標

知識及び技能	身近なものの量を重さやかさの視点で比べる方法を知り，2つの量を比較することができる。
思考力・判断力・表現力等	身の周りにあるものの重さやかさについて，比べる方法を考えて選ぶことができる。 「どちらが重いか」「どちらがたくさん入るか」予想を立てたり，その理由を説明したりすることができる。

学びに向かう力，人間性等	重さやかさに興味を持ち，進んで予想したり，工夫して比べたりしようとする。

　単元を通して，目には見えない重さの量感覚を実体験や比べることで気づけるようになってほしい，2つのもののかさを比較する際に，判断する方法や基準に気づくことを通して，自分で基準をつくり，判断できるようになってほしいと考えました。

　児童の学習に対する自信のなさや苦手意識の背景にある「わかりにくさ」「曖昧なものへの判断の難しさ」に対しては，根拠を見つけて説明する力が自信につながると考え，「結果の予想を立てたり，自分の考えを表現したりする力」を育むことを目標に学習活動を設定しました。

3 学習内容及び学習活動の構成と取組の実際

単元指導計画（ ペア は2人組により学習することを意味する）

時間	学習内容・学習活動	指導上の留意点
第1次 1・2時 C測定 【重さ】	・身近なものの重さをシーソーや天秤を使って比べ，重い方がわかる。 ・シーソーや天秤を使って，3つのものの重さを比べ，重い順がわかる。	
	(1)「バケツ一杯の○○」の重さを比べよう ①砂，落ち葉，水の中で一番重いものを予想する ペア ②校庭で砂，落ち葉，水をバケツに入れる ペア ③バケツを持ち比べて，予想を確かめ合う ペア ④どうやって比べるかを考え，意見を出し合う ⑤シーソーを使って重さを比べる ⑥結果を表に書き示して確かめる (2) 教室にあるものの重さを比べよう ①重さ比べしたいものを選ぶ ②3つのものの中で一番重いものを予想する ペア ③オリジナル天秤を使って重さを比べる ④結果を表に書き記して確かめる 　※①～④を2，3回繰り返す ⑤ワークシートで学習したことを振り返る	・予想→比較→共有の流れを意識し，予想の時間を設ける。 ・「予想」「理由」「結果」の項目を書いたミニホワイトボードを用意し，ペアの児童との話し合いを進めやすいようにする。
第2次 3～6時 C測定 【かさ】	・かさを比べる方法を知ったり，どうやって比較するかを説明したりする。 ・同じ容器に入った水のかさを比べ，多い少ないがわかる。 ・別の容器に入った水のかさを同じ大きさの容器に移し替えて比べ，多い少ないがわかる。 ・水がコップ何杯分かを比べ，多い少ないがわかる。	

（3）かさを比べよう ①同じ大きさの容器に入った水の量を比べる 　※2，3回繰り返す ②缶コーヒーと牛乳パック（200ml）に入った水の量を比べる方法を考える→使用する道具を選ぶ ③同じ大きさのコップに移し替えて比べる ペア→確かめる ④ワークシートで学習したことを振り返る （4）（5）（6）かさをくらべよう ①違う大きさの2つの容器を見てどちらが多く水が入っているかを予想する ペア ②どうやって比べるか，道具を選んで答える→発表 ③同じ大きさのコップに移し替えて比べる ペア→確かめる ④コップ一杯では足りないときはどうやって比べるか，意見を出し合う ⑤同じ大きさのコップに移し替えて，何杯分かを比べる ペア→確かめる ⑥ワークシートで学習したことを振り返る	・予想→比較→共有の流れを意識し，予想の時間を設ける。 ・見た目だけでは判断できないような様々な大きさの容器を用意する。

　第1次「おもさくらべ」では，手にした感覚で重さの違いがわかることや2つのものを一方を基準にして比べ，重い軽いの言葉で答えること，バケツ一杯分の基準で身の周りにあるものを実際に比べることを学べるようにしました。児童はペアで協力して，砂，落ち葉，水をバケツに示した線まで集め，3つの性質の異なるもののバケツ1杯分の重さを比べました。個々の児童が感覚的に重さの違いに気づくとともに，感じたことや思ったことを教師に伝えたり，友達と意見交換したりすることを意図しました。また，感覚的に得た2つのものの重さの違いを，見てわかる方法で確認したり，判断したりできるように，第1次「おもさくらべ」の1時では普段遊んでいるシーソーを，2時では手づくり教材の天秤ばかりを使って重さを比べる活動を設定しました。その際，重い方が下がり，軽い方が上がるというはかりの仕組みについても確かめながら指導するように留意しました。

　第2次「かさくらべ」では，比較する道具や方法を選び，実際に水を移し替えて，並べて比較する活動を通して，かさを直接比べる方法やコップ一杯を単位として，何杯分かに着目して多少を比較する方法について学べる活動を設定しました。道具選びでは，体温計，計量カップ，プラスチックコップ，定規，スケール等の身近にある道具（**写真1**）の実物を提示し，児童が実際に道具を手にしながら「何を使

写真1

えばかさを比べられるか」を予想するようにしました。児童が選んだ道具に対して、「(その道具を使って)どうやって比べるの?」と問いかけ、道具の使い方と比べる方法を発表する場面を設定しました(**写真2**)。児童がお互いに意見交換することを通して、同じ意見や違う意見を見つけられるように留意しました。

写真2

「重さ」「かさ」の指導を通して、「結果の予想を立てたり、自分の考えを表現したりする力」を育むために、予想→比較→共有の流れのある学習活動となるように意識しました。児童が学習への苦手意識や自信のなさを乗り越えられるよう、できる課題設定やわかる状況作りに加え、自分なりに考え予想すること、実際に比較して確かめること、学んだことを友達と共有することを通して少しずつ自信を積み重ねていけるようにしました。予想する活動においては、量やものの状態に注意を向け、何を基準にして判断するか、どうしたら比べられるか等を考えられるようにし、十分時間をかけて取り組めるようにしました。

さらに、ペアで意見を交換したり、比べて確かめたり、わかったことを報告し合ったりするような学び合いの機会を設定し、評価する活動として位置付けました。一人一人の評価に妥当性を持たせるために、ペアの活動においても個人で確認する機会を持つことを大切に指導しました。ペアの活動や一斉指導の声かけや確認で個々の学びが埋もれないよう予測や考えを板書し、見える化することを意識しました。実際のかさについての指導場面で、見た目で判断しづらい題材を準備し、児童が教材を手に持って比べたり、自ら手掛かりを得ようとしたりする態度を引き出す状況を設定しました(**写真3**)。

写真3

また、毎回の授業の最後に児童が学習したことを振り返る活動を設定し、ワークシートの選択問題で児童の理解度を確認できるようにしました。併せて、児童が授業を通して感じたことや気づいたことを自由に記述することを通して、自身の頑張りや気づきを確認できるようにしました。

4 資質・能力の3つの柱に基づく児童生徒の変容の姿

児童の学びの姿や学習の評価を客観的に捉え、妥当性のある評価を実施するために、指導略案をツールとして活用し、授業後に「ねらい・評価の視点」で指導の評価をするとともに、児童の学んでいた姿やつまずいていた姿を記録し

ました。併せて，毎時の授業のまとめで児童が記入したワークシートから，児童の学習内容への理解や授業を通した気づき，思いやめあてに向けた自己調整の様子等を確認しました。

　以下は，指導略案の評価及びビデオを用いて確認した児童の学習状況や学習に取り組む児童の変容です。

　第1次「おもさくらべ」の1時では，水，落ち葉，砂を線まで入れるという指示を理解し，進んでバケツに入れる姿が見られたように，目的が明確であれば積極的に活動することができました。そして，バケツを運ぶ際に重さを感じ，「おもい」と友達に伝えたり，自分のバケツをいっぱいにすると，すぐに友達の所に行って重さを比べたりする様子が見られました。2つのバケツを比べ「どっちも重い」と話したり，「砂が思ったより重かった」と予想と違ったことを報告したり，一旦バケツを置いて計り直したりする等，重さを調べよう，確かめようとする姿も見られました。「どっちも重い」ことについては，どちらが重いかを比べるためにどうすればよいかを考え，シーソーを用いて重さを比較する活動を通して，実際にシーソーが下がる様子を見て「砂の方が重い」と重さの差を確かめることができました。2時にはランドセルやテープ台等の教室にあるものを重い順に予想し，手作りの天秤教材（**写真4**）で比較しました。

比べる方法を友達と相談しながら，3つのものを2つずつ比べ，重い順を確かめることができました。積極的に天秤に乗せて重さを比べたり，予想と合っていることを確認して喜んだりする様子から，何をすべき

写真4

かの見通しが持て，主体的に活動できていること，予想したことを確かめて結果を知ろうとする意欲が持てている姿と評価しました。

　第2次「かさくらべ」では，児童が道具を選んで比較方法を考える活動の中で，道具を使って実演しながら比べ方を説明する活動に取り組みました。初めはスケールを選んでいた児童も，「それは重さを測る道具だよ」という友達の意見を聞いたり，友達の実演を見たりすることで道具を選び直すことができました。

写真5

　第2次の4時には，同じ大きさのコップに移し

写真6

第2次4時の指導略案

算数科指導略案		対象：アイスグループ		指導者：★堂野		
日時・場所		12月2日(火) 10:50〜11:35　3年生教室				
単元名		くらべよう 〜おもさ・かさ〜　4／6時間目				
単元のねらい		知・直接比較、間接比較、任意単位による比較で重さやかさを比べる。				
		思・かさを比べたり量を測定したりする方法を考える。				
		・どれが重いか、どれがたくさん入るか予想を立てたり、理由を言葉で発表したりする。				
		学・かさや量に興味を持ち、進んで比べたり測ったりする。				
本時のねらい		・水のかさを間接比較、任意単位による方法で比べる。【知】				
		・水のかさを比べる方法を考える。【思】				

活動内容	ねらい・評価の視点	キャリア	支援方法	○×	評価と改善点
1.予定の確認 2.かさをくらべよう (1)かさってなんだろう? (2)どうやって比べる? ①かさを測る道具を考え、選択肢から選ぶ ②間接比較 ③任意単位による比較 ・どれが多いか予想を立てる ［ペア］	かさ＝水の量　①選択肢から道具を選び、どのように使うか説明できる。【思】　ものさし　体温計　計量カップ　はかり　コップ		・具体物の選択肢を示し、用途や方法をイメージしやすくする	○ ABDEF　△ c	B.E 計量カップ・コップを選択　ADF…コップを選択　どの道具をどうやって比べるかジェスチャーで答えられた　スケールB選択　B に教えてもらい二度目はコップを選択
	②どちらが多いか予想を立て、言葉で表現する(見た目、持ってみる等)【思】	D-2 (自己選択)	・量に注目しやすいよう水を着色(白)する ・高さや太さで判断しにくい形状の容器を準備する ・ホワイトボードを活用する	○	2　B.E.F　高さや幅　両方に注目して予想を立てられた
・コップに移し替えて、その何杯かでかさを比べる ※時間があれば、①②の流れで繰り返す	③容器の中の水を、コップを単位として「何杯分」と捉えることができる【知】		・コップ1杯よりも多い量の水が入った容器を準備する ・児童が一人で考えたり、友達と相談したりできる状況を設定する	○	3　「うつしかえる」は皆クリア◎　1つコップが足りないとき　F「ひきわけじゃ〜」E「もうたあるよ」どちらも3杯ずつ入ったとき
3.たしかめ ・ワークシートで学習を振り返る	・質問の意味がわかり、かさに注目して答える ・わかったことや気づいたこと等を文字にして記録できる		・個別に問いの内容を確認したり、比べる基準を示したりする ・机間指導で、個別に聞き取り、思いを言葉にできるようにサポートする	○	どの児童も3杯目のコップを見比べ、多い方が答えられた　E「最後のコップ、こっちが多いよ!」

　替えて比べる間接比較の仕組みを理解した後に，任意単位による比較の学習活動に取り組みました。2つのものを比べる際に，コップ一杯分で入りきらない状況で，教師が「コップがいっぱいになりました。どうしよう？」と発問すると，児童からは「もう，引き分けしかないよ」，「いや，もう一つコップがあるよ」等，児童の意見が活発に聞かれ，話し合いを通して「コップ何杯分」という任意単位で比べることのアイディアに気づくことができました（**写真5**）。また，ほぼ同じ量が入った容器の中身を比べ，「どちらも5杯と少し」となった時に，児童全員が容器の周りに集まり，同じかさかどうかを確かめるために，目線をコップに近づけて僅かな差に注目しようとする中で，ものさしで高さを測って水の量を数値化しようとする児童の姿が見られました（**写真6**）。体験を通して，児童が数値化することのよさに気づけた姿として評価しました。

　単元を通して，予想したり，確認したりする際に，実演による発表活動を設定したことは，児童にとって言葉で表現しにくい考えやアイディアを自分のイメージした方法や手順をより具体的に説明したり，相手にわかりやすく伝えた

りすることにつながりました。報告を
見聞きする児童にとっては，友達がど
のように考えたのかを知ったり，自分
の考えと同じか違うかを考えたり，気
づいたりする機会となりました。

写真7

確認の活動として位置づけたワーク
シートの記入では，自分が学んだこと
や印象に残っている活動や学習への手
ごたえ，達成感等の感想を言葉で記入

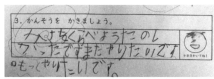

写真8

することができました。**写真7，8**は第2次3時の感想です。「（缶コーヒーと
牛乳を同じ大きさの入れ物に移し替えてかさを比べると）牛乳の方がかさが多
いことがわかった」，「またやりたい」「もっとしたい」と学んだことや楽しく
活動できたこと，次回の学習への意欲が伝わる感想を確認することができまし
た（**写真7，8**）。

5 学習評価を見据えた取組の成果と課題

単元の構想段階では，昨年度まで長さについて，直接比較や間接比較，児童
によっては任意単位による比較を学習していて，今年度は重さとかさに取り組
むことを再確認しました。授業を計画するにあたっては児童一人一人の発達段
階や興味・関心等，学びの履歴について個別の指導計画を参照しつつ，計画を
具体化する必要がありました。指導の根拠を得ることで，単元という限られた
時間で児童が「何を知り，どんなことについて考え，何ができるようになるか」
「算数のどの内容を学ぶか」を明確にするとともに，学習集団の状態を踏まえ「ど
んな活動を通して学ぶか」「どのように支援するか」「何が身についたか（評価
の視点）をどう確かめるか」を明らかにした計画を作成しました。このように
して単元の目標と指導内容，時間数に基づいて学習後の児童の姿をイメージし
ながら単元を構想しました。

学習評価のタイミングについては，6時間全ての学習を終えた後に，単元の学
習内容をまとめて確認する方法は児童にとって心理的な負担が大きいことが考え
られました。そのため，「何が身についたか（学習評価の視点）」について単元全
体での到達点を具体化した上で，授業記録として児童の発言や学習に取り組む様
子，教師の気づきを毎時の指導略案に記入したことで児童が学んでいた姿や内容
が明らかになりました。また，誤答や回答することができなかった児童の姿から

児童のつまずきや学習活動，発問等についての授業改善に取り組みました。

　特に，評価の観点として示した思考・判断・表現の項目については，児童一人一人が発問に対して考えたり，二人組で話し合って答えを見つけたり，皆の前で発表したりする時間を十分設定することが有効でした。併せて，個々の児童が思考し，判断し，表現する力を発揮できる支援が必要不可欠でした。支援の内容は個々によって様々ですが，環境設定やコミュニケーション面への支援は重要であると考えます。児童の思いを受け止め，双方向の対話を通して児童が気づき，理解することを通して算数の仕組みや考え方を自分の力として身につけてほしいと考えます。決して思考や判断が教師の押し付けにならないよう留意する必要があります。

　量感については，算数の授業の中でのみ学ぶものではなく，日常生活の様々な場面において，児童が自分で見る，さわる等の体験的活動の中で感覚を働かせて想像したり，確かめたりしながら身につけてほしい力です。本実践で取り扱った重さやかさについて，児童が今後の生活の中で学びを生かし，広げてほしいと考えます。そして，「曖昧なものをわかりやすく捉えようとする力」「形が違っても同じ等のきまりや規則性を見出す力」「結果を予想する力」等の算数で学ぶ見方・考え方を児童が身近な生活の中に見つけられるよう，教育活動全体を通して，指導を展開していくことが大切だと再確認しました。

　本グループの児童の［C測定］の内容についての今後の学習課題は，任意単位による測定及び単位の有用性に着目した普遍単位による測定となります。本単元の児童の学習評価を個別の指導計画につなげるとともに，単元の評価や指導の評価を次年度の単元指導計画や年間指導計画に生かしたいと考えます。

Comment

　単元の構想段階では，個別の指導計画を活用し，学習の履歴と習得状況を確認した上で育成を目指す資質・能力が明らかにされています。また，予想→比較→共有という学習の過程を設計し，「何が身についたか」を適切に見取るための教材の選択や操作活動の工夫，ワークシートの活用など，様々なアイディアが随所に散りばめられています。多くの特別支援学校ではティームティーチングで学習指導を行うことが多いと考えられますが，教員間で役割を分担し，必要な事項については，指導略案をベースにしてメモ書きで学習の状況を記録しておくことも資質・能力の育成状況を的確に見取るヒントになりますね!!

3 生活する力や働く力を高めるための算数科の授業づくり

「量って比べて　～まほうのジュース～」

香川県立香川丸亀養護学校教諭　西山　雅代（共同実践者：塩見　祐子，鳥井口　隆）

1 実践概要

　本校では生きる力を「生活する力＋働く力＋内面の育ち（自己肯定感・自己有用感）」と定義しており，12年間の学習指導内容を13の内容に整理したうえで，三つの学部をつないで「生活する力」「働く力」「内面の育ち」を育むことを教育ビジョンにしています（図1）。

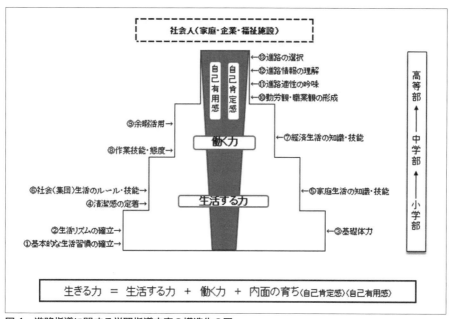

図1　進路指導に関する学習指導内容の構造化の図

　また，平成29年度に行った小学部の研究で「一斉授業の形態で進める国語・算数の授業づくりのポイント」（図2）をまとめ，授業づくりに活用しています。これは協同学習の条件（ジョンソン，D・W　ジョンソン，R・T　ホルベック，E・J，1993年）を参考としたものですが，児童の内面の育ちを促すうえでも，「主体的・対話的で深い学び」の実現のためにも大変有効な考え方となっています。その年の研究で，算数科の全ての内容においても，その学習内容を身に付けておくと，現在や将来の生活のどんな場面で役立つのかを具体的に考えたことで，算数科の

内容が「生活する力」や「働く力」と密接につながっていることが改めて確認できました。

このような本校の教育ビジョンや研究を基に，本単元を考えました。

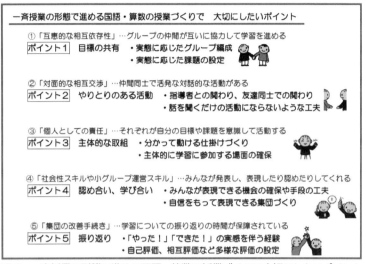

図2　一斉授業の形態で進める国語・算数の授業づくりで大切にしたいポイント

　本単元では習熟度別グループを編成し，小学部5年生の計7名の児童を対象に「量と測定」のなかから「かさ」を取り上げ，一斉授業の形態で授業を行いました。学習評価を含めた授業づくりで一番に考えたことは，児童にとって楽しく取り組みながら生活する力を付けていける「数学的活動」とはどういったものかということです。その結果，生活に即した形で課題設定を行ったうえで，自らが予想したことを友達と一緒に操作を伴った活動で確かめる，という一連の学習活動を軸に10単位時間の学習計画を立てて展開することにしました。さらに，学んだ知識や技能が生活のなかで生かせるように，他の教科等との関連を重視しながら学習を進めました。

2　単元の目標設定

　算数科の目標の改訂の要点として，実社会との関わりを意識した数学的活動の充実を図っていることがあげられます。本単元でも，数量に関わる具体的・体験的な活動を学習活動の軸にして取り組むこととし，以下の目標を設定しました。

① 直接比較や間接比較の方法を知り，ジュースの量を比較する。（知・技）
② 印の付いたコップや計量カップを使用し，正確にかさを計測する。（知・技）
③ 友達とやり取りしながら，予想したり操作して確かめたりする。（思・判・表）
④ 美味しいジュースやゼリーを作る方法が分かり，友達と一緒に取り組む。（主）
⑤ 友達の発表を見聞きして，自分の結果と比べたり良い点を賞賛したりする。（主）

「知識・技能」の目標について，①は，直接比較や間接比較の考え方を理解したうえで，実際に色水をコップに注いで操作しながら比較するまでを目標に設定しました。②も，コップに付けた印や計量カップの目盛りの意味や単位を知ったうえで，正確にかさを計測することができるかを目標にしました。知的障害のある児童は学習したことを汎化することが難しいとされていますので，実生活に即した課題や場面を設定して「分かった」「できた」という実感を伴う活動を繰り返すことで，生活に生かすことのできる真に意味のある知識や技能の獲得につながると考えました。

「思考力・判断力・表現力等」の目標は③です。本単元ではペアやグループで取り組む学習活動を中心にしたため，「やり取りしながら」という点にポイントを置きました。ここで言うやり取りは，言語によるコミュニケーションに限ったことではありません。「結果を予想して操作を伴った活動で確かめる」という一連の過程での，言葉や行動による相互の働き掛け全般を指します。自分が考えていることややろうとしていることを，言葉や直接的な行動で示しながら相手に伝え，また，相手の考えを感じ取りながら一緒に試行錯誤し，学んだことを基に予想を立て判断したり表現したりできるようになることが大切であると考えました。

「学びに向かう力・人間性等」は，「主体的に学習に取り組む態度」として④⑤に示しました。④では計量することの意味や活用方法まで理解でき，主体的に取り組む姿を目標にしています。数学的活動を楽しみながら取り組んだ先に，興味や関心が広がっていくように，児童にとっての単元のゴールを具体的なもの（計量して美味しいジュースやお菓子を作ること）にしました。⑤は，自己の言動を調整しながら集団参加することや友達と協働すること，互いに認め合う態度を育成することをねらうものです。本校で数年来取り組んできた自己肯定感や自己有用感を育てるための支援の在り方についての研究や，前述の「一斉授業の形態で進める国語・算数の授業づくりのポイント」（図2）でも大切な観点であると捉えています。

3 学習内容及び学習活動の構成と取組の実際

(1) 単元計画について

算数科の単元としては全10単位時間の学習計画で，5月～7月に実施しました。この単元で身に付けた知識や技能が「生活する力」として生かせるように，生活単元学習の年間計画と関連付けて同時期に学習を進行させました。

①算数科「量って比べて～まほうのジュース～」の単元計画

学習活動　　　　　　　　　　　　　　　　時数	1	2	3	4	5	6	7	8	9	10
物語を見聞きする	○	○	○	○	○	○	○	○	○	
量は変わるのかな　　　　　　　（量の保存性）	○	○	○							
同じコップに入れて比べよう　　（直接比較）			○	○	○					
コップいくつ分かで比べよう　　（間接比較）						○	○	○	○	
まほうのジュースを量って飲もう	○	○	○	○						
計量カップでまほうのジュースを作って飲もう						○	○	○	○	○
計量カップでまほうのゼリーを作って食べよう										○

②「量って比べて～まほうのジュース～」と関連する生活単元学習の計画

単元名	実施時期	活動内容
おもてなしをしよう1	6～7月	・お茶出しの簡単なマナーや作法を身に付ける。 ・コップに付けた印まで飲み物を注いだり，計量カップを使用して「まほうのジュース」を作ったりして友達に出す。
作って食べよう	7月	・計量カップを使って，簡単なおやつを作って食べる。
おもてなしをしよう2	10～12月	・外部からのお客様や，職員室にいる指導者にお茶や，計量カップを使用して作った「まほうのジュース」を出す。
お別れ会をしよう	2～3月	・お世話になった指導者や卒業生を招待して会を催す。 ・たくさん飲み物を作る方法を考え，大きい計量カップを使用して「まほうのジュース」を作り，つぎ分けて出す。

(2) 取組の実際

　「かさ」は目で見て多少を捉えることができ，操作がしやすいという特徴があります。かさを見比べて判断したり正しく計測する知識や技能を獲得したりすること，また，おおよその量感を身に付けておくことは，「生活する力」や「働く力」とも直結します。「まほうのジュース」の物語は，『いじわる魔女のさんすうえんほん⑤ふえるじゅうす』（長崎武明・作　加藤晃・絵　大日本図書）の物語を参考にして考えました。

　1単位時間の大まかな学習指導過程の例は，以下の通りです。

【1】プレゼンテーションソフトで物語を見聞きする

【2】パネルシアターで比較の方法とポイントを確認する

【3】色水の量を比較する（グループ別に予想・確かめ・全体での発表・確認）

【4】計量カップを使用してまほうのジュースを作る

【5】学習のまとめ

読み聞かせ　かさの概念や比較方法を分かりやすく示すために，2つの方法で読み聞かせを行いました。まず基本となる「量の保存性」についての理解を深められるように，プレゼンテーションソフトを用いてテレビ画面上で何度もジュースを移し替える様子を見せました。次に，直接比較や間接比較の方法を

理解できるように，パネルシアターで物語を進めま
した。比較するときのポイントを全員で声に出して
唱える，児童がパネルを操作する，予想する等の活
動を取り入れ，学習が定着しているかを確かめなが
ら授業を進めました。

学習課題の設定　かさの比較や計測が，生活のな
かで役立つことを実感できるようにするため，
ジュースの量を計測するという体験的な課題を中心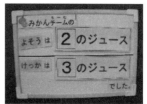
に学習を展開しました。

学習活動の設定　思考・判断・表現を伴う活発な
やり取りを促すため，ペアやグループでの活動を設
定しました。また，操作を伴う活動や，動いたり声
を出したりする活動を中心に設定することで，児童
が集中を持続させて主体的に取り組めるようにしま
した。

教材教具　物語に登場する，扱いやすい道具を準
備して意欲を喚起しました。コップを並べる升状の
箱を作成し，自分の力で操作をやり遂げ，友達と一
緒に比較することができるようにしました。また，
結果を予想するときには，カードを準備しておくこ
とで，児童同士が意思を明確に伝え合うことを支援
しました。この箱やカード等を使うと，児童がどの
ように思考し，やり取りしたのかが，指導者にもよ
く分かり支援に生かせます。さらに，児童が自信を
もって発表できるよう，予想と結果を貼るボードは，
そのまま読めば発表の文型になるようにしました。

指導者の関わり　児童同士が協力したり，一緒に考えながら試行錯誤したり
する時間を大切にし，指導者は支援や言葉掛けを必要最小限にするよう共通理
解しておきました。活動が行き詰ったときにはヒントを与え，あくまでも児童
が自分たちの力で答えを確かめられるように導きました。

生活する力につなげるために　授業の終盤には「まほうのジュース」を作っ
て飲む活動を設定し，楽しく量を比較したり教え合って計量カップを使ったり
できるようにしました。その際，大きさの違う数種類のコップを準備しておき，

コップが大きければジュースがたくさん飲めることを体感できるようにしました。この活動を観察することで，児童がどれくらいの知識や技能を身に付けているか，他の場面に生かす力が付いているか等を見取ることができました。

賞賛場面や相互評価の工夫　ジュースの計測場面では，互いに賞賛し合えるように，「ぴったり」「セーフ」などの言葉を決めておきました。指導者や友達から繰り返し賞賛される場面を設定し，自己肯定感を高められるようにしました。また，友達が注いだ量や目盛を見て正しく評価することができているかを見ることで，学習の定着度を確かめられます。

4　資質・能力の3つの柱に基づく児童の変容

　単元の目標に沿って，学習過程におけるエピソードを基に，以下の分析的な3つの観点から児童の変容について記します。

(1) 知識・技能に関すること

　初めは「かさ」を比較するという活動が難しいのではないかと感じる児童もいましたが，全員が直接比較や間接比較についての方法を理解し，その力を生かしてジュースの量を比較したり計量カップを使ったりすることができるようになりました。10単位時間の経過を見ると，「量の保存性」について得た知識を比較する際に思い出したり，直接比較ができない場合には間接比較を使おうと思考したりすることができるようになってきており，理解した知識や技能を活用しようとする姿が現れてきました。

(2) 思考・判断・表現に関すること

　コミュニケーション能力や思考力の実態差が大きいグループでしたが，どの児童も言葉やカード，行動で自分の予想を表出したり，前時の結果から予想を推測したりすることができるようになりました。小グループでの活動では，学習を繰り返すうちに，友達がジュースを注ごうとすると自分からコップを支える姿や，「もう少しだよ。」「ストップ。」と教えたり，アイディアを伝えたりする主体的な姿が見られるようになりました。単元の中盤には近くにいる指導者に答えが合っているかを聞くのではなく，友達と試行錯誤しながら答えを確かめる活動を楽しめるようになってきました。操作を伴った体験的な活動で得た結果は児童にとっても確信がもてるものとなり，発表する姿にも変容が現れました。人前で話すことが苦手だった児童も身振りを交えて伝えようとするようになり，発表の方法についてペアで役割分担を自主的に相談し実行するようにもなりました。

(3) 主体的に学習に取り組む態度に関すること

　大きさの違う器に移し替えても量は変わらないこと，器の大きさによって入る量が変わること，単位や目盛を見て正確に計量すれば美味しいジュースができること等，経験し実感しながら得た知識が生活に結び付き，「大きいコップだとたくさん飲めるよ。」と伝え合ったり「家の計量カップで測って作ってみる。」「友達にも飲ませてあげたい。」等という発言が聞かれたりするようになりました。児童の活動に対しては「やり直しができる」「間違えても大丈夫」という姿勢で支援してきましたが，安心して取り組むなかで，友達と協力しようとする気持ちや積極性が高まってきたことを言動から見取ることができました。自分が前向きに課題に取り組むことができると，同じ課題に取り組んだ他のグループの友達の発表にも，しっかりと耳を傾けて賞賛を送れるようになりました。

(4) 児童の変容についてのまとめ

　児童の生活に即した課題を設定することで児童が「数学的に」課題を認識し，予想したことを自分たちで確かめる一連の活動を，主体的で対話的に進められたことが，確かな知識や技能の習得に結び付いたのだと感じます。もともと集中を持続することの難しい児童が多いグループでしたが，話し合い活動や操作を伴う活動に取り組むことで，学習意欲が高まり最後まで集中できるようになりました。「動きたい」「話をしたい」という気持ちがうまく作用し合い，楽しく考えたり，折り合いをつけながら判断したり，伝え合ったりする力を伸ばしました。体験的な活動で得た満足感ややり遂げたことへの賞賛は自信を育み，その他の学習への積極的な姿勢へと結び付きました。

　関連して設定した生活単元学習「おもてなしをしよう」でも，計量カップで正確に水やジュースの素を量り（知・技），どれだけ作れば足りるのかを友達と相談しながら判断し（思・判・表），友達や指導者に作法を守ってふるまう（主）ことができました。

5 学習評価を見据えた取組の成果と課題

　本実践では，児童が「何ができるようになるか」を明確にしながら，そのために「何を学ぶか」という学習内容と，「どのように学ぶか」という学びの過程を考え，授業改善を繰り返しました。特に「どのように学ぶか」の観点では，課題が明確で楽しく

生活単元学習「おもてなしをしよう」

取り組める「数学的活動」をどのように設定し，「主体的・対話的で深い学び」をどのように実現していくのかの視点に立って，1単位時間ごとに振り返り検討しました。課題の設定や指導者の関わり方，教材教具に至るまで，細やかな授業改善を繰り返したことが児童の学びの質を高め，生活する力や働く力を高める資質・能力の育成につながったと考えます。

　今回の取組を通して実感したのは，学びに向かう力（主体的に学習に取り組む態度）に関する目標設定と評価の難しさです。この資質・能力の成長を見取るためには，児童の学びを当該単元のみで完結させないことが大切だと感じます。つまり，算数科の単元として設定した目標があり評価はするけれど，そこで得た知識や技能を他の教科や領域等との関連のなかで，または生活のなかで生かせる場面を設定することが重要だということです。得た知識や技能，さらには学びの過程が自分の生活に役立ったと感じることの連続で，学びに向かう力は高まってくるのだと感じます。

　そのような意味で，「学校の教育目標や教育ビジョン」→「各部の目標」→「学年目標や経営案」が密接に関連付けられていることが重要です。学校や部の到達点（目指す児童生徒像や研究テーマ）が明確であれば，学年目標や経営方針も明確になり，それに沿った年間計画を立案できます。その際，各教科等の学習内容を総合的に考えて時期や時数の計画を立て，相互に学習を関連付けながら資質・能力を育成していくことが今後ますます求められると感じます。

● 引用・参考文献 ●
・長崎武明 作・加藤晃 絵（1991）『いじわる魔女のさんすうえほん⑤ふえるじゅうす』（大日本図書）
・香川県教育センター（2019）「学びの質を高める授業づくり～主体的・対話的で深い学びの視点から～」
・ジョンソン，D・W ジョンソン，R・T ホルベック，E・J 著　石田裕久・梅原巳代子訳（2010）『改訂新版　学習の輪　学び合いの協同教育入門』二瓶社

Comment　実践のポイントと更なる学習評価の信頼性・妥当性の向上にむけて

　小学部の研究活動を通じて積み重ねられた知見である「一斉授業の形態で進める国語・算数の授業づくりのポイント」を活用した効果的な資質・能力の育成が企図されました。知的障害のある子供たちの算数科の学びが「生活する力」へとつながるように，学習課題の設定や教材教具の意図的な設計等の工夫がなされ，確かな学びの姿を単元の中で見取れるように検討された点がポイントです。学んだことがさらに生かされるように生活単元学習等と関連付けて指導・評価を行っている点も参考になりますね!!

4 すずかけ祭りの案内文を送ろう
～相手に分かりやすく事柄や気持ちを伝える手紙文の学習～

熊本大学教育学部附属特別支援学校教諭　多田　肇

1 実践概要

　本実践では，「すずかけ祭り」（以下，祭り）という学校行事と関連付けて，祭りの内容や気持ちを相手に分かりやすく伝える手紙文の学習に取り組みました。祭りを案内する手紙にどのような内容を書けばよいのか，理解を促すために，2つの例文の比較をさせたり，伝えたいことを明確にする手立てとして「連想ゲーム」を取り入れたりしました。また，手紙を通して人と関わろうとする態度を育てるために，手紙を出した相手から返信をもらうように保護者に働きかけました。これらの実践を通して，手紙の良さに気付き，手紙のやり取りを通してより相手と関わろうとする生徒の姿につながりました。

2 授業又は単元の目標設定

(1) 単元目標

単元の目標	
知識及び技能	・祭りを知らせる手紙にどのようなことを書けばよいのか理解し，適切に手紙を書くことができる。
思考力，判断力，表現力等	・相手や目的を意識して，祭りについて経験したことの中から書くことを選び，伝えたいことを明確にしながら，案内文を書く。
学びに向かう力，人間性等	・祭りの案内文を書くことを通して，積極的に人に関わったり，思いや考えをまとめたりしながら，手紙の良さに気付こうとするとともに，よりよい手紙を書こうとしている。

(2) 目標設定の理由

　本校中学部では，障がいの程度や国語の習熟度別に4グループに分け，各グループ2名の教員で指導を行っています。本実践を行ったグループ（男子3名，女子1名）は，障がいの程度は比較的軽く，漢字検定8級程度の漢字の読み書きができ，日常生活でよく使う言葉で人とやりとりができます。ただ，相手や目的を意識して，伝えたいことを明確にして書くことには課題があります。また，写真やイラストなどの視覚的な補助手段を提示することで，考えを整理して文章を書くことができます。

　本単元では，祭りの開催を知らせるだけではなく，自分の気持ちも伝えられ

る手紙の特色を活かし，どのように書くと祭りに来たいと思ってもらえるのか，手紙の内容や書き方を具体的に考え，言葉を工夫して表現することを通して，手紙を書くことの良さに気付いてくれることを願い，目標を設定しました。

　「知識及び技能」の目標は，相手に祭りに来てもらうためには，日時や場所の他にどのような情報が必要かを知り，それらを含めて手紙を書けるようになってほしいと考え設定しました。

　「思考力，判断力，表現力等」の目標は，相手に「祭りに来てほしい」という自分の気持ちをどのように伝えるのかを考え，相手が「祭りに行きたい」と思ってもらえるよう，自分なりの表現方法で書いてほしいと考え設定しました。

　「学びに向かう力，人間性等」の目標は，祭りに案内したい相手を決めて，相手が読みやすいように丁寧に書いたり，分かりやすく要件を伝えようとしたりする態度が表れ，また，手紙を書くことで，相手へ自分の気持ちを伝える手段に気付くとともに，手紙の良さに気付いてほしいと考え設定しました。

③ 学習内容及び学習活動の構成と取組の実際

　本単元は新学習指導要領特別支援学校（知的障害）中学部国語科第2段階内容〔知識及び技能〕ア（ア）と〔思考力，判断力，表現力等〕「B　書くこと」のアの項目をふまえて設定しました。

中学部　国語　2段階　内容〔知識及び技能〕

> ア（ア）日常生活の中での周りの人とのやり取りを通して，言葉には，考えたことや思ったことを表す働きがあることに気付くこと。

中学部　国語　2段階　内容〔思考力，判断力，表現力等〕「B　書くこと」

> ア　相手や目的を意識して，見聞きしたことや経験したことの中から書くことを選び，伝えたいことを明確にすること。

　単元の指導計画と評価計画は次の通りです。

（1）単元計画（計5時間）

次	主な学習活動	指導及び支援上の留意点
1	・祭りに来てもらうために，どのようなことを書けばよいのか考える。 ・手紙を出す相手を決める。	・二つの例文を比較させて，祭りに来てもらうためにはどのようなことを書けばよいのか考えさせる。 ・祭りのVTRを提示して，本題材への関心を高める。 評価場面①・②
2	・「連想ゲーム」で祭りの内容を把握する。	・「連想ゲーム」の手法を用いて，祭りの内容を全員で把握できるようにする。
3	・祭りを案内する手紙を書く。	・連想した内容や書く順序を提示する。 ・「相手に来てもらうにはどのように書くとよいか」を問いかけ，自分の気持ちを書き表すように促す。 ・一度下書きをして，書き方や表現を確認する。　評価場面③

4	・宛名書き，ポスト投函	・相手先への返信用の手紙（アンケート）を同封する。 ・郵便ポストの入れ口を確認する。	
すずかけ祭り			
5	・振り返る	・手紙の相手からの返事を読む。 ・学習を振り返り，感想を書く。	評価場面④

(2) 評価計画

		評価規準		具体的な評価規準	評価方法
知識・技能	・祭りを知らせる手紙にどのようなことを書けばよいか理解している。 ・祭りを知らせる手紙を適切に書くことができている。		A	祭りの日時や場所，内容について相手に伝わるように具体的に書くことができている。	手紙・観察
			B	祭りの日時や場所について手紙に書くことができている。	
思考・判断・表現	相手や目的を意識して，祭りについて書くことを選び，伝えたいことを明確にしながら，手紙を書いている。		A	相手や目的を意識して，相手が行きたいと思えるように，自分なりに表現を工夫している。	手紙・返信の手紙
			B	相手や目的を意識して，相手に来てほしいという気持ちを表現している。	
主体的に学習に取り組む態度	手紙の相手が読みやすいように丁寧に書いている。		A	一文字ずつ丁寧に書き表そうとする。	観察・手紙
			B	普段の記述より丁寧に書こうとしている。	
	手紙の面白さに気付くことができている。		A	手紙の良さに気付き，積極的に言葉や手紙等でやりとりしようとしている。	観察・手紙・振り返りシート
			B	手紙が相手に届くことに気付き，感想を表すことができている。	

(3) 取組の実際

〈第1次〉「手紙に何を書くといいのだろう」

目標	・手紙にどのようなことを書くと，祭りに来てもらえるか，理解する。

　導入において，祭りへの関心を高めるために，昨年度の様子を動画で振り返りました。1年生のNくんは昨年度来場していたので，その時の感想を「楽しかった」と述べました。2，3年生はこれまでの経験を基に，自分たちの作業製品がたくさん売れたことが「嬉しかった」や「食バザーがおいしかった」と話しました。4名の生徒とも，祭りへの期待感は高く，手紙で案内する学習への関心が高まっていました。Hくんは，自分自身が非常に楽しみにしている祭りを，これまで参加していない父親にもぜひ参加してほしいという思いから「お父さんに出したい」と話し，祭りの実行委員を担っているTさんは自分の頑張っている姿を大好きな親戚に見てほしいという思いから「親戚のおばちゃんに出したい」と発言する様子が見られました。（**評価場面①本単元への関心は高められたか**）

　次に，祭りに来てもらうためには，手紙にどのような内容を書くとよいか考えました。まず例文1（図1）を示し，

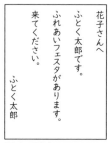

図1　例文1

花子さんへ
ふとく太郎です。
ふれあいフェスタがあります。
来てください。

ふとく太郎

「この手紙の内容で果たして相手の人は祭りに来てくれるかな？」と発問しました。Hくんは「来ることができない」と答え，その理由として「場所と時間が書いてない」と案内に必要な内容に気付くことができました（**写真1の右側**）。次に，例文2（**図2**）を提示し，最初に提示した例文と比較させました。その結果，全員がハッとした表情になり，祭りの案内文には，時間や場所だけでなく，祭りで何があるのかを書くことが必要だと捉えることができました（**写真1の左側**）。（**評価場面②祭りを知らせる手紙にどのようなことを書けばよいかに気付いたか**）

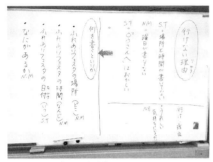

写真1　例文への気付き

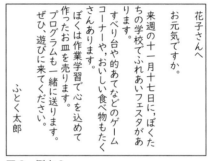

図2　例文2

〈第2次〉「手紙の内容を連想してマッピングしよう」

目標	・祭りでどんなことがあるのか把握し，手紙の材料を準備できる。

　導入では，祭りに来てもらうためには，祭りの日時と場所を書くことが必要であることと，祭りに行ってみたいと思ってもらうためには，祭りで何があるのか，祭りの内容を相手に伝える必要がある，ということの2点について前時の学習を振り返りました。祭りの内容について書くためには，祭りの全体像を把握し，その中から書くことを選び，伝えたいことを明確にしていくことが必要です。ところが，生徒たちは，祭りの経験をもとに，祭りの内容を頭の中で整理し，手紙に書く内容を選択することに課題がありました。そこで，祭りに関する「連想ゲーム」を行うことにしました。まず，本単元に入る前に学習した「連想ゲーム」のパワーポイントのスライドを提示したところ，生徒がハッとした表情に変わり，「連想ゲームだ！」と内容を考えていく手段を思いついた様子が見られました。

　ホワイトボードを用意して，中心に記入した「すずかけ祭り」を出発点とし，生徒に「○○と言うと何を思い浮かびますか？」と発問し，生徒から出された発問の答えを板書しながら教師がつないでいきました。この「連想ゲーム」により作業学習で製作している製品のことや，自分の目標，実行委員のこと，食バザー

の内容など，一人では気付けなかった祭りのさまざまな内容が出てきました。生徒の言葉をつないでいくことで，全員で祭りの全容を捉える連想マッピングが完成しました（**写真2**）。手紙に書く内容を選択し，相手に伝えたいことを明確にする準備ができました。

写真2　手紙の内容の連想マッピング

〈第3次〉「相手が来てくれるような手紙を書こう」

目標	・相手が読みやすい手紙を書くことができる。

　本時はいよいよ手紙を書いていきます。そのために，まず前時の授業で完成した連想マッピングを印刷し生徒の机上に置き，例文2を参考にして日時や場所，内容などを順番で記してホワイトボードに提示しました。また，授業で使用した例文2もテレビ画面に映し出し，手掛かりとしながら書くことができるようにしました（**写真3**）。字体を意識できるように，マス目付きの下書き用紙を準備し，まずは一度書いてみることにしました。書き始めと書いている途中で，「どんなことを書くと手紙をもらった人は喜ぶかな」とか，「手紙が届いて祭りに来てくれるといいね」などと生

写真3　第3次の教室環境

徒の期待感を高めるような言葉かけを繰り返し行い，相手に来てほしい気持ちを手紙に表現するように促しました。下書きを確認すると，祭りで何があるのかだけでなく，どんな気持ちで作業製品を作っているのか，祭りの実行委員で頑張っていることや当日の役割，来てくれると嬉しいという気持ちが書かれており，文字も丁寧に書いていました（**写真4**）。

写真4　Hくんの手紙

　生徒が書いた手紙を次に示す観点で評価を行いました（**評価場面③**）。

(1) 生徒の手紙（パフォーマンス）の評価基準（ルーブリック）

	評価の観点	評価	
知識・技能	①日時，場所，祭りがあることが（A：全ての項目）書かれている。	A	B
	②すずかけ祭りの内容が（A：相手に分かりやすく）書かれている。	A	B
思考・判断・表現	③祭りに来てもらったらうれしいなどの自分の気持ちが（A：自分なりに表現を工夫して）書かれている。	A	B
主体的に学習に取り組む態度	④（A：誤字脱字がないか，確認しながら）相手が読みやすいように丁寧に書かれている。	A	B

　ルーブリックに基づく生徒の作品（手紙）の評価は次の通りです。

(2) 生徒の手紙（パフォーマンス）の評価結果

評価の観点	Nくん	Hくん	Tさん	Mくん
①・②	A・B	A・B	A・A	A・B
③	B	A	A	B
④	A	B	B	A

　写真4に示すHくんの手紙の評価は，「知識・技能」において，時間や場所，祭りがある，祭りの内容について書かれていますが，さらに相手に分かりやすく，詳しく書くなどの改善の余地があるためB水準と判断しました。「思考・判断・表現」については，来てもらえたら「うれしい」や父親に「楽しんでほしい」という自分の気持ちを工夫しながら書いているという点からA水準としました。「主体的に学習に取り組む態度」については，相手が読みやすいように字体を整えて書いてありましたが，誤字を確認する様子が見られなかったためB評価としました。

〈第4次〉「宛先を書いて投函しよう」

目標	・手紙が相手に届く仕組みを理解し，届くことへの期待感を持つ。

　前時に手紙の文面が完成しましたが，これまで手紙をポストに投函した経験がなかったため，投函までの活動にも取り組みました。前時に手紙を書いたことで，相手のことを考えて丁寧に手紙を書こうとする意識の高まりが見られ，封筒への宛名書きでは，相手先の住所から名前まで丁寧に書く様子が見られました。切手を貼り，近くの郵便ポストへ投函に行きました（写真5）。投函後の手紙は郵便屋さんが相手に届けてくれること説明し，投函後の帰り道には，「いつ届きますか？」「祭りに来てくれるかなぁ」などと手紙を出した相手のことを気に掛ける様子や，期待感をもっている様子が見られました。

写真5　手紙を投函する様子

〈第5次〉「振り返り」

目標	・相手からの返事の手紙を読み，手紙の面白さに気付く。

　祭りの終了後，振り返りの時間までに手紙を出した相手から返事が届きました。返事が来たことに生徒たちは大変喜んでいました。返事の形式は，生徒が相手の意図を理解しやすいように一問一答のアンケート形式としました。Hくんの父親からの返信（写真6）には，Hくんから手紙をもらったことの喜びや，丁寧に書かれていたことの評価，Hくんが工夫した表現から気持ちが伝わったこと，「とても上手に書けている」という評価などが書かれており，Hくんの成長を喜んでおられました。Hくんの父親は仕事のため祭りに来られませんで

したが，父親からの手紙に喜び，「お礼の手紙を書いてもいいですか？」と再度手紙を書きたいという申し出がありました。

T さんも遠く離れた親戚の方から「丁寧な文字で，ポイントがはっきり分かるように書いてありました」「"ぜひ来て楽しんでください"という言葉に行きたくなりました」と返事があり，「よかった。次の国語でも手紙を書きましょう」と提案してきました。N くんは，祖父からの返信を読んで「温かい気持ちになった」と顔を赤らめて発言し，自分の気持ちや目的を手紙で相手に伝える良さに気付いた様子が窺えました。単に活動を振り返るだけでなく，相手から返事を受け取ることで，相手に自分の気持ちが伝わったという喜びにつながったと考えます。

本時における生徒が記述した振り返りシート（**写真7**），授業中の生徒の様子から，3 名の生徒が手紙の良さに気付き，学習後も手紙を書こうという態度が見られたと判断しました。（**評価場面④**）

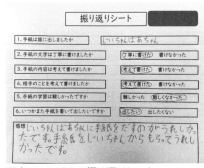

写真6　父親からの手紙

写真7　N くんの振り返りシート

4 資質・能力の3つの柱に基づく生徒の変容の姿

本単元学習後の生徒の姿を，資質・能力の3つの柱（Ⅳ（2）で示した評価計画）に基づき，以下のように評価しました。

「知識・技能」A（4 名の生徒すべて「A」評価）

自分の経験や見聞きしたことなどを，相手や目的に応じて言葉を選んで表現することに課題のある生徒たちでしたが，例文を比べる学習や，「連想ゲーム」に取り組んだことで，祭りを知らせるために手紙にどんなことを書くとよいのかを理解し，手紙を書くことができました。

「思考・判断・表現」B（2 名「A」評価，2 名「B」評価）

簡単な文や単語で自分の感想しか表現できなかった生徒たちが，「祭りに来てほしい」という自分の思いや気持ちを，自分なりに表現を工夫して書くことができました。さらに，H くんは「楽しんでほしい」という相手を思いやる気

持ちが表現できるなど，表現力の向上が見られました。

「主体的に学習に取り組む態度」A（3名「A」評価，1名「B」評価）

　普段は家庭で話したり，電話やメールで連絡したりしている家族・親戚や友達から，返事の手紙が自分に届いたことにより，手紙の良さや面白さに気付こうとしている生徒の様子が見られました。Hくんは，父親からの返信に対して，自分の気持ちを手紙に書いて，父親に渡していました。また，Nくんは手紙の仕組みに気付き，自分が投函した手紙を祖父に読んでもらえる嬉しさや，返事をもらう嬉しさを感じていました。

5　学習評価を見据えた取組の成果と課題

　本単元では，直筆による手紙を通して，自分の気持ちや目的が伝わる嬉しさなどを実感し，また，手紙を通して相手からの返事をもらうことで，電話やメールなどで気持ちを伝え合うのとは異なる手紙の良さに気付かせることにつなげられました。学校行事や他教科等と関連付けたカリキュラム上の工夫，比較や「連想ゲーム」など主体的・対話的で深い学びを実現する授業づくりがこうした成果につながったと考えます。評価規準やルーブリックを用いた評価を行ったことにより，客観的に生徒の学習状況を評価し，教師の手立てにつなげることができました。課題は，相手（友人）からの返信がもらえず，評価につながらなかった生徒がいたことです。今後，生徒の障がいの状況等をふまえ，単元のねらいを保護者に丁寧に説明するなどの手立てを講じることにより，生徒の意欲を高め，より適正な評価につなげる環境整備を行いたいと考えます。

Comment

　生徒が言葉による見方・考え方を働かせ，手紙の書き方に関する知識・技能を習得しながら，それを活用し，さらに思考を巡らせて表現内容や方法を洗練する中で，相手に自分の気持ちを伝えたいという意欲や実際に伝わる喜びを感じて，学びに向かう力を高める学習過程が設計されました。主体的に学習に取り組む態度を実際に見取るための学習活動の構成が重要なポイントですね!!

5 フットベースボールの授業から 生徒が主体的に取り組む姿を目指して
～ルーブリック評価を使った生徒の学習状況の見取り～

福井県立福井南特別支援学校教諭　大場　美樹

1 実践概要

　体育の授業で，フットベースボールを行いました。生徒の実態に合わせて本校独自のルールを設定し，生徒たちが話し合いを行って打順を決める場面を作りました。また，能力に差があるすべての生徒がゲームに参加できるように「かご係」を設定したり，「全員がボールに触ってから，ボールをかごに入れること」というチャレンジルールを実施したりしました。単元終了後にはルーブリック評価を用いて評価を行いました。ルーブリック評価表を作成したことで，授業に携わる教師が同じ視点を持って，生徒の様子を見ることができました。

2 授業及び単元の目標設定

(1) 生徒について

　対象生徒は，軽度の知的障害のある中学部の生徒 10 人です。友達や周囲の人たちとコミュニケーションを図る力を伸ばすことを目的としています。10人中 5 人はソフトボール部に所属しており，休み時間には野球の話をしていることから，野球とよく似ているフットベースボールは生徒たちにとって身近で興味を持ちやすく，意欲的に取り組めるスポーツではないかと考えました。

(2) フットベースボールについて

　フットベースボールは，攻守を交代してゲームを楽しむベースボール型の球技であり，「蹴る」「捕る」「走る」「投げる（入れる）」といった基本的な動作だけでなく，「蹴ったら走る」「捕ったら投げる」といった一連の動作が必要です。フットベースボールのルールは，一般のソフトボールを基本とし，バットやグローブを使わずに，ピッチャーがボールを転がし，キッカーがそれを蹴ってプレイし，スリーアウトで攻守を交代します。この単元を実施するに当たり，フットベースボールを楽しむことができるよう，生徒の実態に合わせた本校独自のルールを設定することにしました。本校独自のルールとは，ピッチャーは置かず，ホームベース上のボールをキッカーが蹴ります。蹴られたボールは 2

塁ベース付近に設置したかごの中に入れることでアウトになります。キッカーはかごにボールが入れられるまで進塁し，攻守は１人ずつ交代します。このようにできるだけルールを簡易化し，生徒たちに理解しやすくすることによって，自分で考えて行動したり友達と協力したりすることを目指しました。チームスポーツや勝敗のあるゲームを通して，楽しく安全に，自ら考えて行動する力が身に付けられると思い，この単元を設定しました。

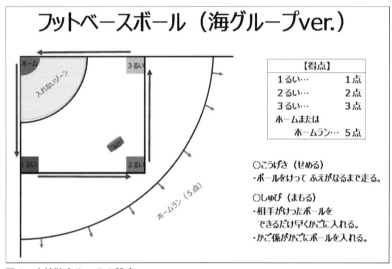

図１　本校独自ルールの設定

　この単元を通して付けたい力は，**表１**のとおりです。

表１　フットベースボールにより付けたい力

知識・技能	１段階：きまりや簡単なルールを知り，基本的な動きや簡易化されたゲームに取り組む。 ２段階：きまりや簡単なルールを守り，基本的な技能を身に付け，簡易化したゲームを行う。
思考力・判断力・表現力等	１段階：自分の目標を見付け，その達成のためのやり方を教師と一緒に考える。 ２段階：自分のチームの目標を見付け，その達成のために友達と考えたことを他者に伝える。
学びに向かう力・人間性等	１段階：教師と一緒に，場や用具の安全に留意し，最後まで楽しく運動する。 ２段階：友達と助け合ったり，場の用具や安全に留意したりして，進んで取り組む。

　体育以外の授業や日常生活の様子を見ていると，学習指導要領にある「球技

についての自分やチームの課題」は生徒たちにとってイメージすることが難しく、「勝敗を競うこと＝勝ちたい」と考える生徒が多くいます。生徒たちだけで勝つためにはどうしたらいいのか（課題）を考えるのは難しく、「勝ちたい＝目標」とした方が分かりやすいのではないかと考え、「目標」とすることとしました。また、この単元の評価規準（**表2**）は、学習指導要領の内容に照らし合わせて作成し、これを念頭に置きながら単元を展開しました。

表2　保健体育 E 球技　各段階の内容に即した単元の評価規準

○1段階
ア　球技の楽しさや喜びに触れ、その行いが分かり、基本的な動きや技能を身に付け、簡易化されたゲームを行っている。
イ　球技についての自分の目標を見付け、その解決のための活動を考えたり、工夫したりしたことを他者に伝えている。
ウ　球技に進んで取り組み、きまりや簡単なルールを守り、友達と協力したり、場や用具の安全に留意したりし、最後まで楽しく運動している。
○2段階
ア　球技の楽しさや喜びを味わい、その行い方を理解し、基本的な技能を身に付け、簡易化されたゲームを行っている。
イ　球技についての自分やチームの目標を見付け、その解決のために友達と考えたり、工夫したりすることを他者に伝えている。
ウ　球技に積極的に取り組み、きまりや簡単なルールを守り、友達と助け合ったり、場や用具の安全に留意したりし、自己の力を発揮して運動している。

（引用：特別支援学校（知的障害）中学部学習指導要領）

　単元を通して付けたい力を整理するためにルーブリック評価表を作成することにしました。ルーブリック評価表を作成することで、目標に沿ったねらいが把握できているかどうかを確認することができました。作成に当たって、例えば**表1**の「知識・技能」の部分を踏まえて、「ルールの理解・遵守」や「基本的技能」、「ゲームの動き」を評価項目としました。また、これを付けたい力である3つの観点ごとに行い、評価項目を作成しました。評価項目を設定した上で、それぞれの評価基準ごとの評価内容を作成しました。評価内容については、生徒の実態を踏まえて、学習指導要領の各段階の内容を参考に、生徒の変容を具体的に見取ることができるよう作成しました。

　作成したルーブリック評価表（**表3**）を元に、授業に携わる教師とどのような

表3　ルーブリック評価表「フットベースボール」

			評価基準			
			十分に満足できる状態	概ね満足できる状態	あと少しで目標に達成する状態	本人の更なる努力や指導・支援の見直しを必要とする状態
評価項目	知識	ルールの理解・遵守	ゲームに必要なルールを覚えて守ることができ，友達に伝えることができている。	ゲームに必要なルールを覚え，守ることができている。	ルールを知り，一つでも守ることができている。	ルールがあることが分かるが，守ることが難しい。
	技能	基本的技能	ゲームに必要な動きを考えながら，ボールの蹴り方を変えたり，友達がキャッチしやすいボールを投げたりすることができている。	人がいないところにボールを蹴ったり，飛んで（転がって）きたボールをキャッチするためにその場から動いたりすることができている。	自分でボールを置いて前に蹴ったり，目の前に飛んで（転がって）きたボールをキャッチしたりすることができている。	ボールを前に蹴ったり，転がってきたボールをキャッチしたりかごに入れたりすることが難しい。
	技能	ゲームの動き	ゲームの流れを見て，攻守の切り替えが分かり，友達が動きやすいよう，声を掛けることができている。	打順表や得点板を見て，自分の打つ順番や攻守の切り替えが分かり，動くことができている。	教師や友達の声掛けを聞いて，ボールを蹴ったり守備についたりすることができている。	ゲームに参加することが難しい。
	思考力・判断力・表現力	目標を見付ける	チームの目標を友達と相談して決めることができている。	自分の目標を考えたり（決めたり），教師と一緒にチームの目標を考えたり（決めたり）することができている。	自分の目標を考える（決める）ことができている。	教師と一緒に自分の目標を考える（決める）ことができている。
	思考力・判断力・表現力	友達とのかかわり	友達が嫌な思いをしないか考えて，みんなが楽しめるような声掛けができている。	自分から友達に声を掛けて，一緒に活動することができている。	友達からの声掛けを聞いて，一緒に活動することができている。	教師や友達の声掛けを聞いて，友達と一緒に活動することができている。
	学びに向かう力	活動への参加	準備から後片付けまでを含めた活動ができている。	友達と協力し合って，ゲームや練習に参加することができている。	教師や友達の声掛けを聞いて，ゲームの一部に参加したり，練習などに参加したりすることができている。	教師の声掛けを聞いて活動に参加したり，友達がしている様子をその場で見ていたりすることができている。
	学びに向かう力	安全面への留意	参加する全員がけがをしない（安全に気を付けられる）ような声掛けや行動をしたりすることができている。	自分がけがをしない（安全に気を付けて）で活動することができている。	教師の声掛けを聞いて，けがをしないで活動することができている。	けがをしないことの大切さは分かるが，自分や友達が危険を感じる行動をしてしまう。

場面でどういった観点で評価をしていくのか話し合い，共通理解を図りました。

3 学習内容及び学習活動の構成と取組の実際

　本校中学部では，2学期にバスケットボールやプレルボールといったいろいろな球技を取り上げています。年間指導計画に基づき，9月（2学期）から全5時間で行いました。1・2時間目で基本的技能（キック，キャッチ，走塁の練習）やルールについて行い，3～5時間目はゲームを中心とした実践を行いました。

学習環境等の設定については，以下のように工夫をしました。

(1) ゲームをする上で必要な情報の視覚化

広いグラウンドでどのように走ったり守ったりすればいいのか一目で分かるようコート図（**図1**）を拡大コピーして掲示しました。コート図以外にも得点について

写真1　かご係

や守備や攻撃についての説明文も合わせて掲示することで，生徒たちがいつでも確認できるようにしました。授業中掲示しておくことで，それを見ながら自分たちで行動したり，友達に教えたりすることができるようにしました。

(2) かご係の設定

守備をする際，一部の生徒のみがボールを捕ってかごに入れてしまうことが予想されたので，一人でゲームを進行してしまうことがないよう，かご係を設定しました。守備をしている生徒がボールを捕ったら，必ずかご係にボールを渡し，かご係がかごにボールを入れるようにしました。そうすることで，友達とのかかわりを意識し，チームでプレイする状況となるようにしました。かご係が一目で分かるよう，ビブスを着用することにしました。また，かご係の順番とボールを蹴る順番を同じにすることで，生徒たちに「ボールを蹴った後はかご係をする。または，かご係をした後はボールを蹴る。」ということが分かりやすくなるようにしました。

組	VS			組	
	1番	2番	3番	4番	5番	合計
月　日（　）					
組	点	点	点	点	点	点
組	点	点	点	点	点	点

図2　得点表

(3) 話し合いの場の設定

ゲームを通して，友達とのかかわりを意識したり深めたりすることができるよう，ボールを蹴る順番はチームごとに話し合って決めることにしました。話し合いの進め方についても，どうするかは生徒に任せることにしました。順番が決まったことが周りから見て分かるよう，得点表に顔写真を貼ることにしました。

写真2　シフト表

（4）シフト表の作成

　一人一人にシフト表を作成し，自分がかご係のときにボールを蹴るのは誰なのか確認することができるようにしました。また，顔写真を準備することで，シフト表に自分の守る位置を確認することができるようにもしました。

　取組の実際としては，3時間目にミニゲームを行ったときに，勝ちにこだわる生徒Dが一人ですべてのボールを取ってしまい，かご係に渡してしまうということが起こってしまいました。このままではルーブリック評価表にある「友達とのかかわり」や「活動への参加」についてのすべての生徒の学習が難しいと考え，チャレンジルール「全員がボールに触ってから，ボールをかごに入れること」を設定することにしました。チャレンジルールを設定したことで，生徒Dはボールを捕った後，かご係以外の友達にボールを渡したり，ボールを触っていない友達がいることを周りに教えたりするようになりました。

4　資質・能力の3つの柱に基づく児童生徒の変容の姿

（1）準備や片付けの場面での自主性の芽生え〈学びに向かう力：活動への参加〉

　授業で使う用具等を準備していたところ，生徒Jが「何か手伝います。」と言ってきました。その様子を見た他の生徒たちが準備や片付けに取り組むようになりました。教師が一つ一つ指示したり，繰り返し指示を出したりするのではなく，自主的に動くよう自分たちで気が付くまで待つことで，生徒同士で足りないものを教え合う様子が見られました。

（2）友達をまとめようとする力を発揮する場の設定
〈思考力・判断力・表現力：友達とのかかわり〉

　生徒だけで話し合いを行うと，特定の生徒がリーダーになってしまうことが見られました。そこで，教師がいろいろな生徒にリーダーを経験させようと，リーダーを指名することで，リーダーとなった生徒はみんなの意見をまとめようとする様子が見られました。また，リーダーが変わったことで，今まで言えずにいた生徒が自分の意見を言えるようになりました。

（3）ルール等の情報の視覚化や同じ形式でのゲームの繰り返し
〈知識：ルールの理解・遵守，技能：ゲームの動き〉

　ゲームに必要な情報を視覚化し，同じ形式でゲームを繰り返すことで，多くの生徒が見通しを持って活動に参加できるようになりました。ただ，ルールの理解や技能の習得はすべての生徒には難しく，差が出てしまいます。そんな中

でゲームを行ったときに，ルールを正しく理解し高い技能を持った生徒が技術的・反応的に周囲についていけない友達に対して教える様子が見られました。

5 学習評価を見据えた取組の成果と課題

　取組の成果としては，ルーブリック評価表を作成することで，授業に携わる教師の視点が一つになったことです。教師は生徒一人一人に対して個別の評価をしがちなのですが，ルーブリック評価表を作成することで，単元を通してどう生徒が変容したのかを意識して見ることができました。また，ルーブリック評価表を作成したことで，単元計画全体の中で評価ができる場面設定をしているか，授業の振り返りを行うことができ，次の授業を行う際の改善点となったり，新たなアイディアを取り入れたりすることができました。

　カリキュラム・マネジメントの視点による成果としては，ルーブリック評価表の評価項目と学部目標のつながりを整理することができ，効果的に学部目標や学校教育目標の達成につなげていくことができました。

表4　本校の中学部目標との関連

（1）心や体の調和がとれた成長を目指し，安定した気持ちで活動に取り組む。	
（2）自立的な生活に向けて必要な基礎的・基本的な知識及び技能を身に付ける。	
（3）友達や教師とのかかわりを通して，日常生活に必要なコミュニケーションの力を身に付ける。	「ルールの理解・遵守」「友達とのかかわり」
（4）活動に見通しを持って，自分なりに最後までやり遂げる力を身に付ける。	「ゲームの動き」「活動への参加」

　一方で，取組の課題としては，生徒の評価を行う際に，個人評価に引きずられてしまうことです。計画の段階で，生徒たちの実態を教師が把握していると思って作成していますが，実際，授業を行ってみると，教師の想定していたこととは違うことが起こったり見えたりします。それに合わせて授業内容を変更していったのですが，そのことによって，最初に見通した評価項目についても柔軟に変えていく方がいいのか悩みました。実際には，最初に設定した評価項目のままで評価を行いました。

　今回，初めてルーブリック評価表を作成したのですが，すべてが試行錯誤の連続でした。ただ，ルーブリック評価を行ったことで，来年度に同じ単元を行った場合，生徒たちがどのような変容を見せてくれるのか比較することができる

のではないかと考えています。単元を通してのルーブリック評価だからこそできることではないかと考えています。

表5　ルーブリック評価の結果（10人の生徒をA〜Jで表した）

	十分に満足できる状態	概ね満足できる状態	あと少しで目標に達成する状態	本人の更なる努力や指導・支援の見直しを必要とする状態
ルールの理解・遵守	D, J	A, B, C, E, H, I	F, G	
基本的技能	D, J	G, I	A, B, C, E, F, H	
ゲームの動き	D, J	A, B, H, I	C, E, F, G	
目標を見付ける		B, D, I, J	C, E, G	A, F, H
友達とのかかわり	G, J	B, C, D, I	A, E, H	F
活動への参加	B, C, D, E, G, I, J	A, F, H		
安全面への留意	D, G, J	A, B, C, E, F, H, I		

● 参考文献 ●
「特別支援学校教育要領・学習指導要領」文部科学省

Comment

　資質・能力の育成を見取るために単元レベルでの評価規準を設定し，さらにその実態を詳しく見取るためのルーブリック評価表が事前に作成されました。これにより教師の指導の意図が明確化され，教師間の共通理解のもと，授業改善を弾力的に行う取組へとつながっています。また，資質・能力をどの場面でどのように見取るのかが設計されていることも取組の特徴となっています。学習評価を核とした授業改善や単元計画の改善を行う際には，資質・能力の育成を「いつ・どの場面で・誰が・どのように」見取るのかを予め検討しておくことが効果的に取り組むためのポイントとなるようですね!!

6 ルーブリック評価を活用した自己評価の工夫

～文化祭の案内状を書こう～

千葉県立特別支援学校市川大野高等学園教諭　**脇迫　日奈子**，**中村　晋**（研究助言）

1 実践概要

　知的障害の程度が軽度の高等部2学年による国語の授業でルーブリック評価に取り組んだ実践を紹介します。本単元では，文化祭に向けてお世話になった出身中学校の教師や招待したい人に文化祭の案内状を書く授業を展開しました。ルーブリック評価を活用し，本時の「目標」「振り返り」を明確に提示したことで，自身の到達点を理解し，次時の目標や単元の見通しをもって授業に取り組むことができました。本稿では，軽度の知的障害を有する生徒にとって分かりやすい目標の設定，授業の振り返りについて焦点をあて，主体的・対話的で深い学びを目指した授業実践を紹介します。

2 授業又は単元の目標設定

　本題材は，特別支援学校高等部学習指導要領の目標「生活に必要な国語についての理解を深め，伝え合う力を高めるとともに，それらを適切に活用する能力と態度を育てる」を達成するために，内容2段階「目的や意図に応じて，書くことを決め，集めた材料を比較したり分類したりして，伝えたいことを明確にすること。」「文章全体の構成が明確になっているかなど，文章に対する感想や意見を伝え合い，自分の文章のよいところを見付けること。」を受けて以下の目標を設定しました。

【単元の目標】

(1) 案内状の文章構成や特有の語句と慣用句を知り，活用することができる。（知識・技能）

(2) 文化祭という目的に合わせて伝えたい事柄をまとめ，用件や気持ちを整理する。（思考力・判断力・表現力等）

(3) 案内文を互いに読み合い，誤字脱字に注意して読みやすく分かりやすい文章を仲間と一緒に考えたり，共有したりする。
（思考力・判断力・表現力等）

(4) 自分の気持ちを「文字」にして整理することで，相手により伝えやすくなることを知り，相手への気遣いの言葉や発する言葉から受ける自分の印象を学び，今後のコミュニケーションに生かそうとする。

（学びに向かう力・人間性等）

3 学習内容及び学習活動の構成と取組の実践

(1) 生徒の実態

　本単元は，男子3名，女子5名の計8名で構成されているクラスで実践を行いました。国語の学習において，教師の発問に対して積極的に発言する生徒や発言は少ないですが，課題に対して黙々と取り組む生徒がいました。生徒に共通していたことは，分からないということを伝えたくない，間違えをしたくないという思いを抱えているという点でした。また，何名かの生徒は，中学校では，通常の学級で学習をしていて，障害の特性からくる困難さがあるものの，配慮や支援が十分とは言い切れない中で学んでおり，学習に対する抵抗感の強さが気になりました。本クラスの授業を担当するにあたって，一番意識したのは，「分からない」を「できた」に「できた」を「楽しい」にということでした。それらを意識して，本校の国語では，「聞く・話す・読む・書く」ことについて，日常生活や生涯学習につながればということを意識し，敬語の使い方や電話でのやり取りの仕方，テーマに沿ってインタビューを行い，共感しながら聞くこと，話し手の発言を受けて質問することなどについて学習をしてきました。日々の授業の積み重ねもあり，生徒たち自身が自分たちの実際の生活場面で，国語の授業の中で扱った題材が使われていることに気づくような場面も少しずつ見られるようになってきました。

　一方で，国語の授業に限らず学校生活の中では，教師や友達とコミュニケーションをとる場面が多いです。しかし，生徒たちの中には，やはり自分の意見に自信がもてず，意見や考えがあっても押し黙っていたり，他者の発言や教師の言葉掛けを待っていたりする様子が見られます。本校の生徒は，就労を目指し，卒業後は働く生徒が多いです。円滑な人間関係を築き，社会性を広げていくためにも相手の気持ちを考えながら自分の考えや気持ちを伝えられるようになってほしいと考えました。

(2) 単元のねらいと構成

　本単元では，差出人に合わせて伝えたい事柄を考え，整理し，文化祭の案内状を書くという学習を行いました。話すときも書くときも言葉というのは，思っ

たことを表す働きがあります。自分の考えや気持ちを表す最も身近なものであり，最も手軽なツールということを改めて伝えていきたいと思いました。また，スマートフォンやＳＮＳの流行により，何気ない一言がトラブルとなるケースが増えています。本校の生徒は，相手の気持ちや立場を考えて発言をすることが苦手な生徒も多いです。本単元を通して言葉の力を再認識し，日常生活においても相手の立場や気持ちを考えて言葉を伝えることや他者を思いやる気持ちを言葉で表現する力を養ってほしいと思いました。

　これまで生徒たちは，体育祭の案内文を葉書に書いたり現場実習の礼状を実習先に書いたりと手紙を書く経験は２年生までの間に数回経験してきました。しかし，書くことに対して受動的な姿勢を示す生徒が多く，相手や目的に応じて情報を取捨選択して書くというよりは，例文の形式に倣い，「書かされている」という思いを抱く生徒もいました。また，「字が汚いから書きたくない」，「字を間違えることがプレッシャーで書けない」など個々に応じて「書く」こと自体に前向きになれない生徒も見てとれました。そのため，案内文を誰に向けて何のために書くのかという目的意識を明確化し，「日時」「場所」などの決まっている内容から，「見てほしいポイント」や「ぜひ来てください」といった自分自身の気持ちをそれぞれ順序立てて整理していきました。必要な項目の立て方を考える力を身に付けるとともに，自己の考えを明確にして積極的に文章を書こうとする態度を養いたいと考えました。

(3) 生徒の学びの評価

　中教審答申（2016）は，主体的な学びの視点として「学ぶことに興味や関心を持ち，自己のキャリア形成の方向性と関連付けながら，見通しをもって粘り強く取り組み，自己の学習活動を振り返って次につなげる「主体的な学び」の実現ができているか。子供自身が興味を持って積極的に取り組むとともに，学習活動を自ら振り返り意味付けたり，身に付いた資質・能力を自覚したり，共有したりすることが重要である。」と述べ，主体的な学びの実現に向け，授業の見通しと振り返りの重要性を指摘しています。本単元からルーブリック評価を活用し，授業の最初にルーブリック評価表に載っている目標（**表１**）をそれぞれ黒板に提示して生徒たちが本時の目標を意識した上で授業に臨めるようにしました。また，授業の最後にレベル別に色分けされたスラッシュカード（**写真１**）を使用して自己評価を行い，仲間と自己評価を共有する時間を設け，「振り返りの時間」と題して学習の目標に対する取組の振り返りを行うようにしました。評価カードには，目標に対して意識できたかどうか確認してほしいポイ

ントをレベル別に下線で見やすく示しました。この「授業の最初に目標の提示をすること」,「振り返りの時間をもつこと」の2つを柱に授業を展開し,授業の中で何を学んで何が身に付いたのかが生徒たち自身が実感できるように配慮しました。そして,本単元を通して「できた」,「分かる」という成功体験を積み重ね,自己肯定感を高めていくことが今後の生徒たちの心の成長に必要なことであり,それらが主体的な学びにつながると考えました。

表1 本単元で使用したルーブリック評価シート（意識してほしいポイントに下線を引いて提示しました。また,生徒には内容は同じですがレベル別に色分けされたスラッシュカードを配布しました。）

目標	レベル1	レベル2	レベル3	レベル4
【あいさつ文や結びの言葉を選ぶことができる】	あいさつ文の言葉を選ぶことができた。	あいさつ文や結びの言葉を選ぶことができた。	あいさつ文や結びの言葉の意味を考えて選ぶことができた。	あいさつ文や結びの言葉を、意味や相手のことを考えて選ぶことができた。

目標	レベル1	レベル2	レベル3	レベル4
【アピール文を想像し、書く】	アピール文を想像することができた。	アピール文を読む人のことを想像することができた。	アピール文を読む人のことを想像し、書くことができた。	読む人のことを考え、読みやすく分かりやすいアピール文を想像し、書くことができた。

目標	レベル1	レベル2	レベル3	レベル4
【仲間と意見を出し合って整理する】	仲間に自分の意見を伝えることができた。	仲間に自分の意見を伝え、仲間の意見を聞くことができた。	仲間の意見を聞いて内容を整理することができた。	自分の意見と仲間の意見を合わせて、内容を整理することができた。

4 資質・能力の3つの柱に基づく生徒の変容の姿

(1) 生徒による自己評価の姿と自己評価表の工夫

　授業の導入では,誰に宛ててもよいので好きな内容で手紙を書くように伝えました。両親への感謝の手紙やクラスの仲間に向けての手紙,憧れている芸能人へ好意を伝える手紙など様々な相手に向けて手紙を楽しく書く姿が見られました。授業の振り返りの際,1回目のルーブリック評価を行いました。1回目は,プリントで実施しました。本時の目標は,授業の最初に提示してありましたが,生徒たちは,ルーブリック評価を初めて行うということもあり,項目の意味をあまり考えず,目に入った項目に○を付けている印象がありました。また,教師がプリントを見て生徒の到達点や習熟度を一度に判断するという点においても分かりづらく,工夫が必要だと感じました。

　2回目の授業では,手紙を書く際の挨拶文や季語の工夫,案内文に載せるべき情報について項目を確認し,整理しました。生徒は,文化祭で販売する製品

や文化祭での役割についてアピール文を考え，実際に案内文を書いてみました。ルーブリック評価については，生徒たちに「〇」を付けてもらうのではなく，目標毎に段階別に色分けされたスラッシュカードを提示して，ルーブリック評価を行うようにしました。まだ慣れない点はありましたが，色でレベルを示されることで，生徒の興味関心をひき，目標に対する振り返りを前時よりも生徒自身が考えてカードをめくる姿が見られました。

　3回目の授業では，前時に個々で考えた案内文を持ち寄り，グループ協議を行いました。手紙というのは，個々で書くものであり，周囲の人と共有するものではないという考えも一つあると思います。ただ，今回の授業では，学校の一大イベントである文化祭を盛り上げるためによりよい案内文を仲間と意見を持ち寄って書いてほしいという教師の思いからグループ協議を取り入れました。グループ協議を取り入れることで，普段中々意見を言えない生徒も自分の意見を言う場を作ることができればと期待しました。実際の授業場面では，男子グループ，女子グループに分かれ，どちらのグループも協同で課題に向かう姿がありました。特に男子グループは，教師の援助なく自然に話し合いでの役

表2　3回目の授業の目標と評価について

	知識・技能	思考力・判断力・表現力	学びに向かう力・人間性等
本時の目標	・語句や慣用句の表現を理解し、選択肢の中から選ぶことができる。	・読み手のことを考え、読みやすく分かりやすい文章を心がけている。	・前時に書いた下書きを仲間と見合い、意見を出し合って案内文の内容を整理している。
評価規準	・語句や慣用句の表現を理解し、選択肢から選んでいる。	・読み手のことを考え、読みやすく分かりやすい文章を書こうとしている。	・前時に書いた下書きを仲間と見合い、意見を出し合って案内文の内容を整理している。
評価の場面	・案内文作成の際に正しい語句や表現を選択肢から選び作成している。（グループワーク・ワークシート）	・グループワークでは、仲間の意見を聞いて参考にしたり、自分の意見をまとめて発表したりする。（グループワーク）	・グループワークでは、仲間と意見を出し合い、内容を分かりやすく伝えるための整理をしている。（グループワーク） ・それぞれのグループの案内文を見て、良いと思った文章や言葉を見て選んでいる。（発表）

割を分担して取り組む様子が見られました。女子グループは、個々の能力は高いのですが、遠慮し合ってしまい、役割を持てない生徒が出てしまいました。生徒の実態差はありますが、生徒一人一人が役割を持って参加するという意識をもてるように、課題に向かう役割を理解したうえで、自分の考えを言えるように「グループワークのグランドルール」のようなものを設定し、相互に関わり合う授業づくりができるように今後改善していきたいと感じました。

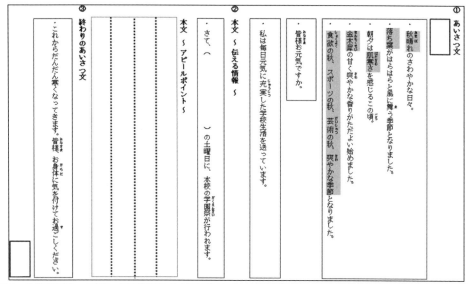

④　終わりのあいさつ文

・これからだんだん寒くなってきます。皆様、お身体に気を付けてお過ごしください。

本文　〜アピールポイント〜

②　本文　〜伝える情報〜

・さて、（　）の土曜日に、本校の学園祭が行われます。

・私は毎日元気に充実した学校生活を送っています。

・皆様お元気ですか。

・食欲の秋、スポーツの秋、芸術の秋、爽やかな季節となりました。

・金木犀の甘く爽やかな香りがただよい始めました。

・朝夕は肌寒さを感じるこの頃。

・落ち葉がはらはらと風に舞う季節となりました。

・秋晴れのさわやかな日々。

①　あいさつ文

図1　生徒がグループワークで使用した補助プリント。授業当日は、拡大印刷をして、ポスターサイズにしました。生徒が直接ポスターに書き、黒板に提示しました。

(2) 生徒の3つの資質能力育ち（3回目の授業で見えた生徒の変容）

①男子Aさんの知識技能の育ち

　Aさんは、具体的にどういった言葉が挨拶文やアピール文としてよいか【表明・提案】してくれました。以前の様子では、教師の意図とは違う解釈をしたり、話を聞いていなくて周囲についていけず、個別に対応したりすることがありました。しかし、今回のグループ活動では、目標を明確に提示することで、本人も目標を理解して取り組む様子が見られました。話し合いでは、リーダーシップを取り、案内文に合った語句や慣用句を提案してくれました。（知識技能の目標を達成した）

②男子Bさんの思考力・判断力・表現力の育ち

　Bさんは、Aさんが言った言葉に対して「もう少し小さく字を書くとマスに入るよ。」ということや相手から「何て読むの？」と質問されると「〜だよ。」と回答する様子が話し合いの中で見られ、【教示】【補足】【説明・

解説】【援助】【訂正】してくれました。相手の気持ちや場の空気を読み取るのが苦手な面がありますが，仲の良いメンバーでのグループ活動だったので楽しそうに話し合いに参加していました。また，この授業の次の日，授業で行った手紙の形式に倣って友だちに宛てた手紙を書く姿が見られました。(思考力・判断力・表現力が育まれた)

③Cさんの学びに向かう力・人間性等の育ち

　Cさんは，漢字や文章理解が苦手でしたが，穏やかな性格で，Aさん，Bさんが発言したことに対して「案内文にぴったりの言葉だね。」「字が上手だね。」と【周囲に対する評価・言葉の意味付け】の役割をしてくれました。よい意見や考えをCさんが意味付けすることでAさん，Bさんは，自信となり，Cさん自身はみんなで良いものを作り上げたという達成感のもと自己評価の向上につながる様子が見られました。(学びに向かう力・人間性等が育まれた)

　Cさんの役割というのは，自分の意見を言うことが苦手な生徒でも，友だちの意見や考えに対して褒めるという比較的容易に経験することができる立場のように思います。今後，グループワークを行う上で，主体的・対話的，互恵的・相互的なやり取りに発展させるために協同活動の場を工夫したいです。まずは，生徒たちに協同で取り組む学習場面では，Aさん，Bさん，C

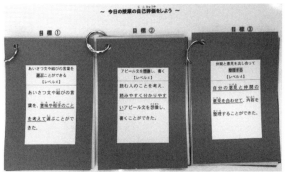

写真1　Bさんのスラッシュカードを使用した2回目（上）と3回目（下）のルーブリックによる自己評価。
　　　　3回目は，全ての項目がレベル4と一番高い評価になった。

さんのような役割（関わり方）を知ってもらい，さらに協同で取り組む経験を積み重ねることによって，関わり合う授業の面白さに気づいてもらうことを目指していきたいです。

5　学習評価を見据えた取組の成果と課題

　ルーブリック評価について，授業に取り入れたのは初めてだったため試行錯誤の中での実施でしたが，取り入れたことによって，本時の目標を生徒が理解し，どのポイントを意識すればよいのか生徒たちから声があがるようになりました。これは，今までになかった姿なので，軽度の知的障害を有する生徒にとっていかに目標を分かりやすく端的に示すことが大切かということと授業の振り返りを丁寧に行うことで内容の般化を促すことができるということに気づきました。また，振り返りの際に，次のレベルに到達するには，どの下線のポイントを意識すればよいのか次時の目標をルーブリック評価のカードを見て理解している生徒もおり，授業の回数を重ねるごとに生徒の到達点のレベルが全員上がっていきました。それは，生徒の評価と教師の評価の見方も同じであり，○△×といった評価では分からないことでした。生徒も教師もルーブリック評価という根拠のある妥当な評価がお互いできたという実感があります。これにより，ルーブリック評価を行うことで，授業の目標が達成されていくということが明確化しました。

　課題としては，ルーブリック評価を視覚的支援で提示したことはよかったのですが，自閉的傾向のある生徒には，文字面だけでは評価の内容を理解するのが難しいように感じました。生徒の実態に応じてイラストで提示したり，生徒に提示する文面を工夫したりと個々に応じた配慮について今後考えていきたいです。

Comment

　ルーブリックを活用した自己評価や相互評価の活動を授業の中に取り入れ，設定した目標の達成に向けて生徒が自己調整を繰り返す取組が行われています。また，協同学習を展開することにより，知識や技能を効果的に習得し，それらを活用して表現の工夫を行ったり，互いに伝え合うことの重要性を認識したりするなど，指導の目標・内容・方法・評価が一体化した取組が展開され，着実な資質・能力の育成へとつなげられていますね!!

7 学んだ「健康によい食習慣」の知識が，自分の食生活の改善につながるには

石川県立明和特別支援学校教諭　山本　静

1 実践概要

　この取組以前から知的障害のある生徒に対し「健康によい食習慣」や「栄養」に関する授業を実践してきました。卒業後の食生活を想定して，活用場面の多いコンビニの利用を通して「健康によい食習慣」を考えるなど，知識の習得に留まらない実際的な授業づくりを心がけてきましたが，授業で学んだ知識を実生活に生かすことの難しさを感じていました。そこで，視点を変え，自分自身の食生活を振り返る学習内容から，給食の献立作成を通して，「健康によい食習慣」や「栄養のバランス」の視点を学ぶ機会を試みました。栄養士と連携し，実際に全校児童生徒が口にする献立を作成することで，既有の知識・技能を生かしながら，「健康によい食習慣」や「栄養のバランス」について考え，「そうか！わかった！」と実感したことを「自分でもやってみよう！」に繋げる学習内容や学習評価の工夫を考えました。

2 単元の目標設定

　本校では，学校目標及び学部目標を踏まえた「つけたい力」を「つけたい力段階表」として整理しています（表1）。本単元は，「つけたい力段階表」の高等部A類型「①生活習慣・健康・体力」及び「④興味関心・余暇の充実」を「つけたい力」に位置づけながら，特別支援学校中学部学習指導要領［職業・家庭］の家庭分野2段階「B衣食住の生活」と高等部学習指導要領［家庭］の高等部1段階の目標と内容を基に次頁のような単元の目標設定を行いました。

表1 「つけたい力段階表」

「つけたい力」（育成を目指す資質・能力）段階表　　　石川県立明和特別支援学校

つけたい力（育成を目指す資質・能力）		小 学 部	中 学 部	高 等 部
①生活習慣・健康・体力	学部目標	基本的生活習慣を身に付け，健康な心と体をつくる	基本的生活習慣の確立と運動を通して，健康な心と体をつくる	社会生活に必要な生活習慣を身に付け，運動習慣を通して，健康な心と体をつくる
	産業技術			自ら規則正しい生活習慣を心掛け，適切な方法で体力の向上を目指し，健康を維持しようとする
	A類型	日常生活に必要な身辺処理等に関する知識や技能を身に付ける	日常生活に対する関心を高め，心身の健康の保持増進にすすんで取り組む	規則正しい生活習慣を心掛け，適切な方法で体力や健康を維持しようとする
	B類型Ⅱ	身近な生活に必要な身辺処理に関する基礎的な知識や技能を身に付ける	日常生活に必要な知識や技能を身に付け，自らの心身の健康に必要な事柄をしようとする	規則正しい生活習慣を知り，適切な方法で体力や健康を維持しようとする
	B類型Ⅰ	簡単な身辺処理に関する初歩的な知識や技能を身に付ける	身近な生活に必要な知識や技能を身に付け，心身の健康に必要な事柄をしようとする	正しい生活習慣を知り，適切な方法で健康を維持しようとする
	C類型			
②コミュニケーション・人との関わり	学部目標	自分の要求や思いを伝え，周りの人と関わりながら，友達を意識して集団活動に参加する	コミュニケーション手段を習得し，主体的に集団活動に参加する	コミュニケーション能力を高め，社会参加及び社会自立を目指す
	産業技術			適切な言葉遣いや態度を身に付け，社会生活における人との関わりの中で，自分の思いや考えを的確に伝え合う
	A類型	身近な人と自分の要求や思いを伝え合い，集団活動に参加する	日常生活や社会生活における人との関わりの中で，自分の思いや考えを的確に伝え合う	状況に応じた言葉遣いや態度を身に付け，社会生活における人との関わりの中で，自分の思いや考えを的確に伝え合う
	B類型Ⅱ	身近な人を知り，自分の要求や思いを伝え，集団活動に参加する	日常生活や社会生活における人との関わりの中で，自分の思いや考えを伝え合う	状況に応じた言葉遣いや態度を知り，社会生活における人との関わりの中で，自分の思いや考えを伝え合う
	B類型Ⅰ	身の回りの人に気付き，簡単な意思表示などをして集団活動に参加しようとする	身近な人との関わりの中で，自分の思いを伝え合う	状況に応じた言動を知り，社会生活における人との関わりの中で，自分の思いを伝え合う
	C類型			
③社会生活・働く生活	学部目標	学校生活に必要な知識・技能・態度を身に付ける	働くことに関心をもち，社会生活に必要な知識・技能・態度を身に付ける	勤労意欲を高め，働く生活及び社会生活に必要な知識・技能・態度を身に付ける
	産業技術			自分の適性を知り，それを生かした就労について考え，社会の一員として貢献する
	A類型	学校生活の予定やきまりがわかり，見通しをもって自分から行動する	自分の役割を理解し，様々な課題の解決に向けて，自ら考え行動する。	自分の適性を知り，それを生かした就労について考え，社会の一員として貢献しようとする
	B類型Ⅱ	学校生活の予定がわかり，簡単な見通しをもって行動する	自分の役割を理解し，様々な課題の解決に向けて，考え行動する。	自分に合った就労について考え，働くためのルールやマナーを守り，地域社会の中で生き生きと活動する
	B類型Ⅰ	学校生活の簡単な予定に気付き，行動しようとする	自分の役割がわかり，様々な課題の解決に向けて，考え行動しようとする。	働くためのルールやマナーを知り，地域社会の中で生き生きと活動する
	C類型			
④興味関心・余暇の充実	学部目標	様々な事柄に興味・関心をもち，生き生きと活動に取り組む	様々な事柄から興味・関心を広げ，意欲的に活動に取り組む	様々な事柄から興味・関心を広げ余暇の充実につなげる
	産業技術			興味・関心を広げ，必要な情報を読み取って活用し，生活や余暇を充実させていく
	A類型	いろいろな遊びや活動に興味・関心をもち，自分から取り組む	自分の興味・関心に基づいて情報を適切に取捨選択し，自ら活動に取り組む。	自分の興味・関心に基づいて，必要な情報を読み取って活用し，生活や余暇を充実させていく
	B類型Ⅱ	好きな遊びや活動を選んで，自分から取り組む	自分の興味・関心に基づいて必要な情報を集め，自ら活動に取り組む。	自分の興味・関心に基づいて，どのような方法でできるか必要な情報を読み取って活用し，生活や余暇に生かす
	B類型Ⅰ	好きな遊びや活動に気付き，取り組もうとする	様々な情報に興味・関心をもち活動に取り組もうとする。	自分の興味・関心を知り，様々な情報を活用し，生活や余暇に生かす
	C類型			

＜単元名＞食生活を見直そう～給食メニューの考案を通して～

＜単元の目標＞

知識・技能	・身体に必要な栄養について関心をもち，理解し，実践する
	・日常食の大切さや生活の中で食事が果たす役割について理解する
思考・判断・表現	・給食を題材に健康に良い食習慣について考え，バランスのとれた食事について献立などを工夫する
	・米飯を主食とした基礎的な日常食の調理について，食品の選択や調理の仕方，調理計画を考え表現する
学びに向かう力・人間性等	・給食メニューの考案を通して学んだことを生かし，よりよい生活の実現に向けて，生活を工夫しようとする実践的な態度を養う

3 学習内容及び学習活動の構成と取組の実際

この単元（総時数20時間）における「主な学習活動」及び「小単元ごとの目標」及び「評価方法・評価の観点」は，以下の通りです。

主な学習活動	目標	評価方法・評価の観点
	※同じ 数字 が目標と評価で対応	
小単元名：食事の役割と健康（4時間）		
○休日など自分で昼食を準備して食べるとき，どのようなものを食べているか書き出し，意見交換しながら現状を知る	① 自分の食生活の現状を知る【知・技】	① ワークシート 意見交換時の発言【知・技】
○給食を作っている現場の写真や野菜の量の実物を見ながら，食事を考える際に必要なことについて栄養士による講話を聞く	② 栄養士の話から生活の中で食事の果たす役割や健康に良い食習慣について知る【知・技】	② 行動観察・発言【知・技】

野菜は 1日 350g

学校給食で100～200g

家（朝と晩）で150～250gを！！

1日に必要な野菜の量について

3 献立作成で気を付けていること
①健康的な食習慣を身に付けられるようにしている
②行事食を取り入れている
③日本の食文化を取り入れている
④季節感を大切にしている
⑤変化に富んだ献立にしている
⑥友達と先生と楽しく食事できるようにしている

献立作成の視点について

小単元名：給食のメニューの考案①（8時間）		
○栄養士の話を受け，給食献立のテーマを考える 　みんながハッピー　ウィンターヘルシーメニュー ○テーマに基づいた献立を本やインターネットの情報を基に個人で考える ○意見交換して，献立を決定し，レシピを作成する	③生活の中で食事の果たす役割や健康によい食習慣の視点を考慮して給食一食分の献立を立てる 【思・判・表】	②③ 献立テーマの設定（付箋に記入，発言） 【知・技】 【思・判・表】 ③ レシピの作成・献立作成時の発言 【思・判・表】
○考えたメニューの試作調理を行い，材料や作り方等について，レシピの改善を考える ○最終的に決定したレシピの内容を栄養士に説明し，給食の調理を依頼する  ～メニュー～ 主食：ごはん 主菜：春雨入りホイコーロー 副菜：冬野菜の炒め物 汁物：スープギョウザ デザート：杏仁豆腐 ふりかけ **考案した献立①の試作品とメニュー**	④ 日常食の調理について用途に応じた食品の選択や調理の仕方，調理計画を考え表現する 【思・判・表】	④ タブレット端末による材料，手順等の撮影 【思・判・表】 ④ 栄養士に作り方を説明 【思・判・表】 
○考えたメニューが給食として提供され，それを食べた他の生徒や先生がどう思ったか，食堂前でアンケートの記入をお願いする **給食アンケート（一部）** ○アンケート結果や食べた生徒や先生の感想動画を見て，良かった点，改善点を振り返る	⑤ 生活の中で食事の果たす役割や健康によい食習慣の視点において考案した献立について振り返る 【思・判・表】	⑤ アンケート結果の考察（ワークシート） 【思・判・表】 ⑤ 感想動画視聴時の発言 【思・判・表】

小単元名：給食のメニューの考案②（6時間）		
○栄養士の話や前回の献立の振り返りを受けて次の給食献立のテーマを考える みんなが感動する　春のさわやか風邪予防メニュー ○テーマに基づいた献立を個人で考え，それを基に意見交換し，献立を決定し，レシピを作成する	③生活の中で食事の果たす役割や健康によい食習慣の視点を考慮して給食一食分の献立を立てる【思・判・表】	②③ 献立テーマの設定【知・技】【思・判・表】 ③ レシピの作成・献立作成時の発言【思・判・表】
○考えたメニューの試作調理を行い，材料や作り方等について，レシピの改善を考える ○最終的に決定したレシピの内容を栄養士に説明し，給食の調理を依頼する  ～メニュー～ 主食：ごはん 主菜：ニラと鶏肉の炒め物 副菜：菜の花のお浸し 汁物：小松菜と豆腐きのこのすまし汁 デザート： 春のフルーツポンチ **考案した献立②の試作品とメニュー**	④ 日常食の調理について用途に応じた食品の選択や調理の仕方，調理計画を考え表現する【思・判・表】	④ タブレット端末による材料，手順等の撮影【思・判・表】 ④ 栄養士に作り方を説明【思・判・表】
○考えたメニューが給食として提供され，それを食べた他の生徒や先生がどう思ったか，食堂前でアンケートの記入をお願いする ○アンケート結果や食べた生徒や先生の感想動画を見て，良かった点，改善点を振り返る	⑤ 生活の中で食事の果たす役割や健康によい食習慣の視点において考案した献立について振り返る【思・判・表】	⑤ アンケート結果の考察（ワークシート）【思・判・表】 ⑤ 感想動画視聴時の発言【思・判・表】
小単元名：卒業後の自分の昼食について考える（2時間）		
○単元の冒頭で書き出した休日等の昼食を改めて見返し，良い点，改善点等を考える ○卒業後，どのような食事をしたいか，今後作れるようになりたい料理などについて考え，次の単元（みんなの得意料理レシピ集を作ろう）に繋げる	⑥ 給食メニューの考案を通して学んだことを生かし，よりよい生活の実現に向けて，生活を工夫しようとする【主】	⑥ 休日等の昼食についての発言・今後の自分の食生活等についての発言・ワークシートの記入【主】

4　資質・能力の3つの柱に基づく児童生徒の変容の姿

　食物分野における今までの単元構成は，生徒の興味関心の高い「調理実習」を中心に据えていたため，調理実習の時間が単元全体の70～80％を占めていました。その結果，ねらいが「技能」に偏りがちで，「知識」を活用し「思考する」場面は少ない状況にありました。そこで本単元では，「知識」を元に他者を意識しながら「思考する」場面を多く設定しました。結果的に調理実習は，考案した献立の試作の時だけになり，単元全体の20％となりました。調理実習の割合が少なくなることで，生徒の意

図1　家庭の授業についてのアンケート【事前】

欲が低下することが懸念されましたが，「給食の献立作成」という明確な意図が功を奏して，単元を通して全般的に生徒たちの意欲は高い状況を保つことができました。

　また今回，単元の事前と事後に上図1のような「家庭の授業についてのアンケート」を実施しました。その中の項目で良い変容のあった部分に注目し，取組が生徒の資質・能力の変容にどのような効果をもたらしたのかについて考察しました。

(1) 生徒Aについて

○変容のあった授業アンケートの項目	
「⑥家でも自分でメニューを考え，調理をしたい」 事前 1　まったくそうおもわない→事後 3　まあまあそうおもう	
「②自分の課題をみつけて，食生活について考えてみたい」 事前 3　まあまあそうおもう→事後 4　とてもそうおもう	
「2-①家庭科の勉強は好きだ」 事前 2　あまりそうおもわない→事後 3　まあまあそうおもう	

育成を目指す 資質・能力	生徒 A の実態及び変容
知識及び技能	・栄養素の種類や食品に含まれる栄養素などの知識はある。 ・「家で母親が嫌いな物ばかり出す」と言い，栄養に関する知識が実生活に生かされていなかった。 ・テーマに合わせた献立作成を通して，「好きな物ばかり食べていたら体に悪いから，母さんは嫌いな物を出すんだ」と言うようになった。
思考力，判断力，表現力等	・献立作成時の話し合いで「みんながそのメニューがいいなら，苦手なしいたけが入っていても食べるよ」とみんなと折り合いをつけながら健康やバランスを考えていた。 ・1回目の最初に高等部生徒に取ったアンケートを見返し，「菜の花のお浸しにもやしを入れたらもやしが苦手な人はいないかな。もやしが嫌いな人はいなかったので，もやしも入れよう。」と他者を意識しながら2回目の献立を工夫していた。
学びに向かう力，人間性等	・2回目の給食アンケートは，こんな風に直してみんなの意見をもっと聞いてみたいと自ら進んで申し出た。 ・事後には「休みの日の昼に，月2・3回は，自分で調理してみたいと思った。調味料の分量をしっかり把握したいと思った。」と授業アンケートに書いた。

〇単元を通しての評価

・この取組以前は，食事は母親が準備をすることを前提に話をしていたが，「家でも自分でメニューを考え，調理をしたい」という意識が持てるようになった。

・調理に関する意欲は以前より向上しているので，栄養等に関する具体的な知識を生かしながら食生活の改善について考える力を身に付けることがより良い態度の形成につながると考えられる。

(2) 生徒 B について

〇変容のあった授業アンケートの項目

| 「質問④家庭の授業で学習したことは，将来社会に出たときに役に立つ」
事前 3 まあまあそうおもう →事後 4 とてもそうおもう

「質問 2-①家庭科の勉強は好きだ」
事前 2 あまりそうおもわない →事後 3 まあまあそうおもう |  |

育成を目指す資質・能力	生徒Bの実態及び変容
知識及び技能	・調理の経験は少なく，知識や技能はあまり身に付いていないが，調理関係の就労を希望し，「料理学校で勉強したい」と授業アンケートに書いた。 ・授業アンケートでは事前事後ともに「調理がうまくなりたい」の項目に 4 とてもそうおもう と答えていた。
思考力，判断力，表現力等	・1回目の献立作成時に「ヘルシー」にするためには，野菜が多めにあるとよいと考えていた。 ・1回目の給食後の振り返りでは，「ヘルシー」でなかったところについて炒めものが多かった点をあげていた。
学びに向かう力，人間性等	・ワークシート等の記入はあまり意欲的ではないが，栄養士の話の後の休憩時間に友達との雑談の中で「ラーメン屋に行ったとき野菜ラーメンが苦手でチャーシュー麺ばかり食べる。それで腸の働きが悪い」と自分の生活を振り返っていた。

○単元を通しての評価

・野菜の必要性を理解し，バランスを考えて食品を選択する意識が高まった。給食では，自分の好きな皿しか取らなかったが，野菜の多い小鉢も手を付けるようになるなど実生活も少しずつ変化してきている。

(3) 生徒Cについて

○変容のあった授業アンケートの項目

「①これからの食生活について大切なことについてくわしく知りたい」
事前 3 まあまあそうおもう →事後 4 とてもそうおもう

「②自分の課題をみつけて，食生活について考えてみたい」
事前 3 まあまあそうおもう →事後 4 とてもそうおもう

「2-①家庭の勉強は好きだ」
事前 2 あまりそうおもわない →事後 3 まあまあそうおもう

「2-②家庭の授業の内容はよくわかる」
事前 3 まあまあそうおもう →事後 4 とてもそうおもう

育成を目指す資質・能力	生徒Cの実態及び変容
知識及び技能	・栄養士の話を聞いた後，授業中に感想を求めても何も答えなかったが，その日の終礼時にクラスで担任に「野菜の大切さがわかった」と述べた。 ・考案したメニューの試作調理では，2回ともタブレット端末の撮影を希望した。1回目は，何をどのように撮影すればよいかわからなかったが，2回目は，「みんなが考えたメニューを，栄養士に伝え，給食の調理をお願いする」という目的がわかり，自ら進んで，接近した画像を撮るなど，材料の切り方や手順等を意識し，工夫して撮影する様子が見られた。
思考力，判断力，表現力等	・1回目の給食後のアンケート結果を見て，「おいしいと答えた人が多くてうれしかったが，ホイコーローの味を子供のために少し味をうすく優しい感じの味にした方がよいと思った」と小学部の児童のことを考えた改善点を述べていた。 ・2回目の1月の献立は，「春のおしゃれメニュー」にしたらよいと「旬」などを意識したテーマを考え，提案した。
学びに向かう力，人間性等	・事前のアンケートに「友達が遊びにきた時に昼ご飯を作ったり，自分の大好きなおかずを作って楽しむようにしたい」と記述した。

○単元を通しての評価

・元々偏食などはなく，給食をいつも大盛りにして食べる程であるが，食事の果たす役割や栄養バランスなどの知識面について単元冒頭では，あまり興味関心がないように見受けられた。しかし，単元が進み，本人の中で目的等が明確になるにつれ，「みんなが喜ぶメニューを考えたい」と知識を活用しようとする姿が窺えた。

5 学習評価を見据えた取組の成果と課題

　今回，単元のまとまりの中で育成を目指す資質・能力の3つの柱を意識し，実践しました。対象が高等部3年生であったことから，卒業後の健康面や余暇の充実につながることを意識しつつ，敢えて自分の食生活を振り返るのではなく，間接的な方法で意欲を高め，既有の知識の活用を図った点は効果的であったと思われます。一方で，以下のような課題も見えてきました。

(1) 効果的な単元構成や3年間の指導内容の計画について

　給食献立の考案を同じ単元内で2回繰り返し行いました。繰り返し行うことで，2回目はスムーズにできましたが，学びの深まりという点では，高等部3年間の中で期間をあけて行った方が良かったのではないかと考えています。1回目の献立考案の後，今まで興味のなかったグルメ番組や食に関するニュース

等に目を向けるようになった生徒がいました。そういった部分が「学びに向かう力・人間性」に繋がると思われるので，学んだことを，実生活の中で自ら考え，実践してみる時間を考慮する必要があると感じました。また，どの時期に繰り返すのがよいのか，効果的な単元配列や指導計画の検討の必要性を痛感しました。

(2) 生徒の変容の評価場面，評価方法等について

　生徒の変容は，授業時間中，校内の他場面（クラスでの発言，休憩時の友達との会話，給食の様子等），更に家や実習先などの校外等様々な場面で見取る必要があることがわかりました。これらの変容を適切に見取るためには，授業担当者のみならず，他教科等担当者，担任，更に保護者や実習先など，計画的な連携が必要です。また，評価方法は，ワークシートへの記入に留まらず，献立テーマを付箋に書きだしたり，レシピを作成したりすることやタブレット端末の活用等様々な方法を計画しましたが，どうしても行動や発言の観察が中心となってしまいました。そのような場合，エピソードの蓄積や育成を目指す資質・能力ごとにどのように分類・整理すればよいのかなど，効果的な評価方法については，今後も考えていく必要性を感じました。

● 引用・参考文献 ●
長澤由喜子・木村美智子・鈴木真由子・永田晴子・中村恵子（2017）『早わかり＆実践 新学習指導要領解説　中学校技術・家庭　家庭分野』開隆堂
特別支援学校学習指導要領　小学部・中学部　　高等部　　（文部科学省）

Comment

　資質・能力の三位一体的な育成を意図して，栄養士との協働やアンケート情報の収集・分析を中心に，「思考力・判断力・表現力等」の育成を核とした取組が展開されています。

　その中でICTを効果的に活用した指導や学習評価に関わる情報収集も丁寧に行われ，観点毎の資質・能力の見取りが的確に行われています。単元目標－指導内容－指導方法－3観点による評価が一体的に検討・実施された点が最大ポイントですね!!

Column ①

児童生徒による授業の評価を教育課程改善に生かす

教育政策研究会「特別支援教育部会」　武富　博文

　前ページに掲載された石川県立明和特別支援学校高等部：山本静先生の実践では生徒に対して「家庭科の授業についてのアンケート」が実施されました。

　アンケート項目の内容構成をよく見てみると，前半の6項目は家庭科で実際に取り組む「単元」のことについて，どのような意識をもっているかを尋ね，単元の前後で生徒の意識の変化を捉えようとしています。

　また，後半の5項目は「家庭科」という教科そのものに対する意識を尋ね，当該単元を学ぶ前後で家庭科に対する意識がどのように変化したのかを探ろうとしています。こられに加えて，学習に対する期待や感想，学習後に目指す姿を自由記述で回答してもらうことにより，学びに向かう姿がどのように変容するのかを見取る工夫の1つとしても活用されようとしています。

　さて，資質・能力の育成は単元や題材など内容や時間のまとまりを見通しながら取り組んでいくことが重要とされていますが，「単元の質の改善」については，それまで同様の単元において「調理実習（実際の調理活動）」の比率を70～80%にしていたところを全体の20%にまで縮減し，給食メニューの改善検討という生徒の「思考」や「判断」等に係る学習活動を中心とする単元構成に大胆に変更されています。果たしてこのことが生徒の資質・能力をよりよく育成する上で「功を奏した」と言えるかどうかの検証を行うためには，やはり目標に照らし合わせて，生徒の「学習状況の評価」を客観的に行うことはもとより，「子供たちの姿や地域の現状等に関する調査や各種データ等」を活用する視点が必要になると言えるでしょう。

　中教審答申第197号では，カリキュラム・マネジメントの側面の1つとして「教育内容の質の向上に向けて，子供たちの姿や地域の現状等に関する調査や各種データ等に基づき，教育課程を編成し，実施し，評価して改善を図る一連のPDCAサイクルを確立すること。」が提言されていました。生徒による授業評価の取組の導入は，まさにこの提言とも関わっており，授業改善に資する直接的な取組であると同時に生徒の学習状況を的確に捉えることにもつながる貴重な取組であると言えます。

　本文中には，3名の生徒の事例を抽出してレーダーチャートが示されていましたが，やはり全体的な状況が気になるところです。そこで，本単元に参加した12名全ての回答を基に，

各項目で平均を求め, 単元の事前・事後でどのような変化があったかを確認しました (図 1)。

	質問項目	事前平均	事後平均	事前総合	事後総合
1 単元に対する意識	① これからの食生活で大切なことについてくわしく知りたい	3.25 →	3.50		
	② 自分の課題をみつけて, 食生活について考えたい	3.50 ↘	3.42		
	③ みんなが喜ぶ給食の献立作成に取り組みたい	3.58 ↘	3.50	3.46 →	3.46
	④ グループの友達と協力して, 給食の献立考案や調理実習に楽しく取り組みたい	3.50 ↘	3.42		
	⑤ 調理がうまくなりたい	3.67 ↘	3.58		
	⑥ 家でも自分でメニューを考え, 調理をしたい	3.25 →	3.33		

	質問項目	事前平均	事後平均	事前総合	事後総合
2 家庭科に対する意識	① 家庭の勉強は好きだ	2.92 →	3.33	3.22 →	3.48
	② 家庭の勉強は大切だ	3.25 →	3.58		有意差が認められた
	③ 家庭の授業の内容はよくわかる	3.25 →	3.42	Wilcoxon の符号順位和検定 検定統計量[a]	
	④ 家庭の授業で学習したことは, 将来, 社会に出たときに役に立つ	3.58 →	3.67	事後総合評価 − 事前総合評価	
	⑤ 家庭の授業で学習したことを, 普段の生活の中で生かしている	3.08 →	3.42	Z −2.257[b] 漸近有意確率 (両側) 0.024 a. Wilcoxon の符号付き順位検定 b. 負の順位に基づく	

図 1　単元の事前・事後における生徒の授業に対する意識の変化　（アンケート実施日：2019 年 11 月 8 日, 同 12 月 20 日）

　単元に対する意識は, 各項目によって数値が上昇したり下降したりする様子が伺えましたので, 単元全体での変化の様子を総合的に捉えるために全項目を平均した総合指標を比較してみましたが, 顕著な変化は見られませんでした。

　一方, 家庭科に対する意識に関しては, 全ての項目で数値が上昇しています。こちらも全項目を平均した総合指標を比較してみたところ, 事後の方が有意に数値（評価）の上昇が認められ, 「家庭科」という教科に対する意識の肯定的な変化が見られたと考えられます。観点別学習状況の評価に加え, これらの授業アンケートの結果からも学びのプロセスづくりが功を奏して資質・能力が育まれたと言えるのではないでしょうか。

　この結果を基にしながら, 特に下位項目の回答状況を手掛かりにして, 単元に対する意識をより一層高めるための工夫を検討しようという授業者側の授業改善意欲にもつながっています。また, 生徒個々にどのような指導や支援が必要であったのかについて, 個別の指導計画の改善とも関連付けた検討が行われた点も重要なポイントだと考えます。

　学校や学部・学年等の状況によって実施の可否や方法等の検討も必要でしょうが, 可能な範囲で児童生徒による授業評価を上手く活用していくことも, 学習状況を客観的に捉え, 教育課程改善へと効果的に結び付けていく取組であると言えるでしょうね!!

8 「祭りだ，わっしょい！」
～評価表を活用して～

広島県立庄原特別支援学校教諭　藤田　博史，松本　和裕

1 実践概要

　本単元は，小学部第5学年（5名）が，小学部全体で行う「お祭り」に向けた行事単元です（全14時間）。生活経験が不足している児童たちが，豊かな地域生活を送っていくことを願って設定しました。

　本校では，「児童生徒が自ら考え，自ら動く授業づくり～思考力，判断力，表現力の育成～」を研究テーマに掲げ，授業づくりを進めています。令和元年度は，研究仮説を，「課題発見・課題解決学習の場面を授業の中で設定し，評価表を作り，個々の授業の達成目標を明確に設定した授業づくりを行えば，思考力・判断力・表現力の育成ができるであろう。」とし，研究を重ねました。従前から，知的障害教育の学習評価に関しては，評価が曖昧であったり，指導者の主観が重視されすぎたりすること等が課題として挙げられることが多いと考えられます。今回の評価表の取組は，それらの課題に対して，有効な方策の一つであることが明らかになりました。

2 単元の目標設定

　本校では，全教員が一年間に1回は学習指導案を作成しています（一人1回研究授業）。学習指導案作成，研究授業，協議会の流れは以下の通りです。

ア　授業実施にあたっては，単元計画の観点別評価で「思考力・判断力・表現力等」を選択している授業を選択する。

イ　本時の目標に児童生徒が自ら考え，自ら動く姿についての目標を立てる。また，「思

考力・判断力・表現力等」に係る段階別評価規準を作成する。

ウ 授業実施にあたっては評価表に次の3点をあらかじめ記入しておく。

　①単元を通しての課題発見・課題解決の場面を具体的に設定する。

　②学習状況を把握し，児童生徒の現状把握を丁寧に行った上で，児童生徒が目標を達成できるよう手立てを講じたり，その後の学習を促したりする。

　③評価表を用いて，児童生徒それぞれの目指す姿を段階的に設定する。

エ 授業後，評価表に目標達成度を記入する。

オ 研究協議会で次の2点について協議する。

　①単元を通して課題発見・課題解決の場面を設定することで，思考したり，判断したり，目的を意識して行動したりする児童生徒の姿を引き出すことができていたか。

　②評価表を用いて児童生徒それぞれの目指す姿を段階的に設定したことで，児童生徒の変容がみられたか。

　本単元では，屋台の準備（メニューや看板を作る）や屋台ごっこを通して友達と一緒に取り組んだり，役割に応じて活動したりすることを中心的な活動としました。

　そこで，特別支援学校小学部学習指導要領の，知的障害者である児童生徒に対する教育を行う特別支援学校の各教科等の「生活」「国語」から，次の内容を取り扱いました。

生活3段階	・身近な人との簡単な応対などをするための知識や技能を身に付けること。（人との関わり（イ）） ・身近な人と自分との関わりが分かり，一人で簡単な応対などをしようとすること。（ア）
国語3段階	・姿勢や口形に気を付けて話すこと。（ア（イ）） ・挨拶や電話の受け答えなど，決まった言い方を使うこと。（A（エ））

　また，単元全体で，資質・能力の3つの柱に即した目標設定を行うために，以下の「単元の評価規準」を作成しました。（本校では，「思考力・判断力・表現力等」をより身近な言葉で考えることができるようにするため，「分かったことをよく使える」という用語を使用しています。）

表1 単元の評価規準

	知識・技能	思考・判断・表現	主体的に学習に取り組む態度
第一次			①お客役として，お祭りごっこに参加している。
第二次		①作りたい物や作る物を言葉や身振りで表現している。	②言葉や身振りで表現しようとしている。
第三次	①用具を使って作ることができている。	②用具を使って自分なりに工夫して作っている。	③用具や色を選んで作ろうとしている。
	②手順表通りに取り組んでいる。	③指導者の言葉掛けや手順表を手掛かりにして，役割の活動に取り組んでいる。	④役割の場面で自分から取り組んでいる。
第四次	③役割に応じて，一人で活動に取り組んでせいる。	④役割や状況に応じて自分から取り組んでいる。	⑤役割に応じて，自分から取り組んでいる。
第五次	④聞かれた事に対して答えたり，用具や材料を自分で決めて，振り返りカードを作ったりしている。	⑤自分なりの言葉や身振り，材料や道具を使って表現している。	⑥自分から答えたり，選んだりして取り組んでいる。

＊太枠は，今回取り上げる内容です。

３ 学習内容及び学習活動の構成

　「単元の評価規準」を基に，「指導と評価の計画（全14時間）」を作成しました。（広島県では，コンピテンシーの育成を目指した主体的な学びの充実に向けて，広島版「学びの変革」アクション・プランを策定し，県全体で取組を進めています。その取組の中で，「課題発見・解決学習」は主体的な学びを促進するための一つの方策として取り上げられています。紙面の都合上，詳細については，広島県教育委員会のホームページを参考にしていただきたいと思います。）

次	課題発見・解決学習	時数	学習内容	知	思	主	評価方法
1	課題の設定情報の収集	1	・指導者が用意したお祭りを小学部全員で体験する。【写真1】			①	・行動観察
2	課題の設定情報の収集	1	・お祭りの計画を知り，作る物や屋台のイメージをもつ。		①	②	・行動観察・言葉等の表現
3	整理・分析まとめ・創造・表現	10	・屋台の準備をする。	①	②	③	・行動観察・作品
			・屋台の練習をする。	②	③	④	・行動観察・評価表
			・クラスでお祭りごっこをする。				
4	実行	1	・小学部全員でお祭りごっこをする。【写真2】	③	④	⑤	・行動観察・評価表
5	振り返り	1	・画像や動画を通して，お祭りを振り返ったり，振り返りカードを作ったりする。	④	⑤	⑥	・行動観察・作品

＊太枠は，今回取り上げる内容です。

写真1　お祭り体験をしている様子

写真2　小学部全体での活動の様子

4 取組の実際と資質・能力の3つの柱に基づく児童生徒の変容の姿

	これまでの様子
A児	練習したこと以外の場面や相手によっては，恥ずかしがったり，気持ちが高ぶったりするために言葉が雑になることもあるが，言葉カードを確認しながら適切な言葉を言うことができるようになってきた。
B児	自分の思い通りの物を選んでしまうことはあるが，指導者が手順表やメニュー表を見るように促すことで，応じた物を選んで一人で取り組むようになってきた。

　今回は，自分の役割を一人で取り組む場面で，二名の児童が変容していく姿を紹介したいと思います。まず，授業前に，これまでの様子を整理しました。

　その後，これまでの様子を踏まえて，A児は「お客さんにメニューを聞く役」，B児は「かき氷を作る役」を主に任せることにしました。役割を考慮した上での，評価表は以下の通りです。

＜ 評価表 ＞

　　　　　　　　　　　　　　　　　　小学部　　氏名　藤田　博史

　この評価表は，授業者が，授業の中心となる目標（規準）に関して，評価基準を段階ごとに具体的に設定したうえで授業を行うためのものです。また，授業後，協議会を行う際，実際に行った授業について振り返りやすくするためのものです。

　研究のまとめ，研究報告の参考資料にもさせていただきますので，具体的な記入にご協力をお願いします。

1．研究授業の対象

| 学部等　　（小学部　第5学年　教科等「生活単元学習」）
学部等　　（小学部　第5学年　教科等「生活単元学習」）
単元名等　（祭りだ，わっしょい！） |

2．単元を通しての課題発見・課題解決について

①下に示した「課題発見・課題解決」の過程を単元を通して取り入れる。

1次	課題の設定 情報の収集	1時間	・指導者が用意したお祭りを小学部全員で体験する。
2次	課題の設定 情報の収集	1時間	・お祭りの計画を知り，作る物やお店のイメージをもつ。
3次	整理・分析 まとめ・創 造・表現	10時間	・屋台の準備をする。
			・屋台の練習をする。
			・クラスでお祭りごっこをする。
4次	実行	1時間	・小学部全員でお祭りごっこをする。
5次	振り返り	1時間	・画像や動画を通して，お祭りを振り返り，振り返りカードを作る。

②本時では，店員役での課題発見・課題解決を設定する。

・自分の役割を一人で取り組む場面。

・お客役の教員が，これまでの練習でほぼ取り組んだことがないことを要求する場面。

3．本時の目標（「思考力・判断力・表現力等」に関する目標を記入）

A児：役割に応じて，適切な言葉で相手とやり取りをすることができる。

B児：手順表やメニュー表等を手掛かりにして，コップを選んだり，かき氷を作ったりする等の役割に取り組むことができる。

4．目標達成するために行った形成的評価の工夫について

□活動ごとに評価する　　　　■考えたことを動きで表現させる

□動きのモデルを示す　　　　■声掛けで注意を促す

■ポイント毎に軌道修正する　□_____

■良い点を即時評価する　　　□_____

（※■は該当する工夫を示します。）

5．段階別評価規準

＊4段階で評価規準を定めます。児童生徒の姿を，できるだけ具体的に記

入してください。

Ⓢ高い目標であるにもかかわらず，指導者の想定を著しく上回っている状態

ⒶⒷ児童生徒が，目指す像

Ⓒ児童生徒の現在の姿（否定形ではなく，「〜な状況だ。」等の書き方で記入）

A児	Ⓢ役割に応じて，相手に聞かれたことに対し，適切な言葉で返したり，手順表に書いていない適切な動きをしたりして，相手とやり取りをしている。 Ⓐ役割に応じて，適切な言葉で相手とやり取りをしている。 Ⓑ役割に応じて，手順表や言葉カードを少し確認しながら，はっきりとした言葉で相手とやり取りをしている。 Ⓒ役割に応じて，手順表を見たり，言葉カードを読んだりしながら，相手とやり取りをしている。
B児	Ⓢメニュー表を手掛かりに，コップを選んだり，かき氷の量を調整したりしながら，かき氷を作ったりする等の役割に取り組んでいる。 Ⓐ手順表やメニュー表等を手掛かりにして，コップを選んだり，かき氷を作ったりする等の役割に取り組んでいる。 Ⓑ指導者の少しの指差しや言葉掛けで，手順表を手掛かりにすることで，コップを選び，かき氷を作る等の役割に取り組んでいる。 Ⓒ指導者の指差しや手順表を手掛かりにすることで，コップを選び，かき氷を作る等の役割に取り組んでいる。

＊以下は授業終了後に記入

6．目標達成度別の児童生徒人数

Ⓢ（ 2 ）人　　Ⓐ（ 0 ）人　　Ⓑ（ 0 ）人　　Ⓒ（ 0 ）人

7．形成的評価を取り入れたことは，目標達成に有効でしたか。

（有効だった　・　まあまあ有効だった　・　やや有効だった　・　あまり有効ではなかった）

8．協議会を受けて（今後の授業で生かしたいこと等）

・授業の最初に，児童に目標を提示し，児童が目標を意識できるようにして活動し，授業の最後に，児童が自分の評価をするようにする。

・児童の動きをしっかりと待つようにする。

・児童同士で確認する場面を設定する。

※協議会後，一週間程度で教育研究部に提出してください。

【A児（お客さんにメニューを聞く役）の変容】

当初

　当初は，恥ずかしがったり，気持ちが高ぶったりしがちな実態もあり，相手の顔を見ずに，手順表と言葉カード（台詞）だけを見てお客役に応対していました（**写真3**）。店員役に慣れるまでは，手順表と言葉カード（台詞）をよく見るように伝え，役割を任せました。

後半（S段階）

　言葉カード（台詞）を覚え，店員役の活動に自信がでてきたのか，お客役の顔を見ながら，応対できることが増えていきました。また，言葉カード（台詞）には無い言葉（「どちらにいたしますか。」「お待ちください。」「○○がお勧めです。」等）をお客役に伝えたり，相手がメニューを確認しやすいように，動き（メニューを指さす）で伝えたりすることができるようになりました（**写真4**）。

写真3　手順カードだけを見て応対する様子　　写真4　お客役に対して分かりやすく伝える様子

【B児（かき氷を作る役）の変容】

当初

　当初は，自分の思い通りのサイズを選んでしまうことがあり，求められていないサイズのかき氷を作ってしまうことがありました。間違った行動が起こった際には，言葉で注意を促すのみでなく，メニュー表を用いて，視覚的に注意を伝えました。

後半（S段階）

　繰り返しの活動の中で，見通しがもてたり，メニュー表を自分で確認したりすることで，自分の思いのサイズを選ぶことは無くなりました。店員役を経験する度に成長してきたB児でしたが，友達の役割にも気を配りながら臨機応変に対応することもできるようになりました（**写真5，6**）。

写真5　友達が作るメニュー表に注意を向けている様子

写真6　メニュー表を手掛かりにかき氷を作る様子

5 学習評価を見据えた取組の成果と課題

　A児，B児ともに，単元当初は，C段階でした。指導者は，次の段階を想定しながら，単元全体でさまざまな指導・支援の工夫を行いました。そして，単元終了時点で，二人ともS段階に到達できました。知的障害教育の学習評価に関しては，評価が曖昧であったり，指導者の主観が重視されすぎたりすること等が課題として挙げられることが多いと思います。本校の評価表の取組は，それらの課題に対して，有効な方策の一つであると考えます。今後は，評価表の精度をさらに高めていくためにも，指導者の実態把握能力の向上に努めていく必要があると考えています。

Comment

　生活単元学習の取組の中で，知的障害者である児童に対する教育を行う特別支援学校の各教科である「生活」や「国語」の目標・内容と関連付けた単元が構想されています。単元の評価規準を作成し，どの時間で何を見取るのか，また評価方法は何を対象として，どのように見取るのかの検討を含め，学びのプロセスと連動した丁寧な評価計画が立案されていますね!!

9 たかい・ひくいをみつけよう
～小学部高学年「ことば・かず」～

筑波大学附属大塚特別支援学校教諭　髙津　梓，中村　晋（研究助言）

1 実践概要

　本実践の対象学級は，軽度から重度の知的障害と，自閉スペクトラム症またはダウン症候群を併せ有する5年生4名，6年生4名で構成され，児童は言語や認知，運動の発達等において多様なニーズをもっていました。算数の学習内容の内，「測定」を扱った学習として，高さを比較する活動を組み込んだゲーム的活動を題材に，ものの高さの名称や特性を知ることをねらった繰り返しの学習を行いました。また，ゲーム的活動を通して得た知識をもとに，身の回りのものの量に気づいたり捉えたりする力を養うことをねらいとし，校内にある様々な高さにある物を探して比べ，それを友達と一緒にまとめて発表する学習を行いました。児童の達成度については，学習指導要領を参照した3観点3段階ごとのルーブリック評価表等をもとに評価を実施しました。結果，各児童の「測定」についての知識の向上および，身の回りにある「量」への関心の高まりが窺えました。また，授業以外の場面で教員や友達，家族と数や形，量を活用した会話や遊びをする場面も見られるようになりました。

2 単元の目標設定

①「算数（測定）」に関する目標
・「高い」「低い」の大きさを理解し，ものの高さを比べる。【知識・技能】
・大きさの違いに気づき，「高い」「低い」の用語を使って表現する。【思考力・判断力・表現力等】
・身の回りにあるものの「高い」「低い」に興味を持ち，ものの高さを比べたり，「長い・短い」「重い・軽い」「広い・狭い」などの量の大きさに関心を持ったりする。【学びに向かう力・人間性等】
②協同的な学習（生活・自立活動）に関する目標
・高さに関する学習や役割を介して友達と関わりながら，同じ目的をもって活動する。【思考力・判断力・表現力等】

③振り返り（国語）に関する目標

・学習したことを振り返り，発表したり書いたりする。【学びに向かう力・人間性等】

3　学習内容及び学習活動の構成と取組の実際

(1)「ことば・かず（「算数」の内容に関する学習）」年間指導計画

　年間を通して，数学的な見方・考え方の基礎となる，数量や図形の名称を理解すること，ものとものとを比較することで形や量の大きさの違いを理解し，測定する技能を身につけること，さらにはそれらの知識を日常生活で活用できるようにすることを目指しました。

Table 1　「算数」に関する学習指導要領上の学習内容との対応

単元名	期間（時数）	学習指導要領上の主な学習内容	その他取り上げている「算数」の学習内容			
			数と計算	図形	測定	データの活用
「かたちをみつけよう！」	5〜6月（6h）	「図形」1〜3段階	1〜2段階	左記	1段階	2〜3段階
「まとあてひょうをつくろう！」	6〜7月（3h）	「データの活用」2〜3段階	1〜3段階		1段階	左記
「たかい・ひくいをみつけよう！」	9〜10月（6h）	「測定」2〜3段階	1〜3段階	1〜3段階	左記	2〜3段階
「ながい・みじかいをみつけよう！」	11〜12月（6h）	「測定」2〜3段階	1〜3段階		左記	2〜3段階
「みのまわりのさんすう」	1月〜3月	上記4単元の振り返り				

その他　学習指導要領上の学習内容との対応（各単元共通）
国語：　「書くこと」1段階-ア、3段階-ウ　　「聞くこと・話すこと」1段階-ウ、2段階-ウ
生活：　「人との関わり」1段階〜2段階
自立活動：「人間関係の形成」

(2)　本単元のねらいと構成

　学級の児童の数の認知についての実態として，並んだ具体物を教員と指さしをしながら数えられる児童や，3，5，10までの数をおおよそ数えられる児童，簡単な加減乗除の計算を行う児童がいます。また，量の大きさについては，用語を用いて量を比較することのできる児童，用語を聞き感覚的に比較し答えることができる児童，量の概念について未獲得な児童がいます。実態は多様ですが，基本的にどの児童も数の学習についての興味・関心が芽生えてきているため，数や形，様々な量の大きさに触れ，算数を学ぶことの楽しさを感じながら学習できる題材を取り入れることとしました。

　これまでの単元では，ゲーム的な活動を行った後に校内の探索をすることにより，基礎知識の繰り返し学習を行った上で，日常生活の中での気づきを促し，友達と共有するよう機会を設定しました。本単元においても，これまでの単元で児童が積み重ねてきた学習のフォーマットを活用することを検討しました。児童が興味・関心を高くもって取り組んでいるゲーム的な活動を題材とし，偶

然性のある勝負や友達とのやりとりを楽しみながら学習に取り組めるよう機会を設定し，高さを直感的に比べたり比較したりしながら「高い」「低い」の用語について繰り返し学ぶことをねらいました。また，校内にある様々な高さのある物を探して比べ，それを友達と一緒にまとめて発表する学習を取り入れ，身の回りのものの量に気づいたり捉えたりする力を養うことをねらいました。

第一次「つむつむゲーム」は，ウレタン製の積み木を用いてブロック積みを行い，二種類の高さを直感的に比べる活動です。様々な色の立方体，直方体，三角柱，円柱を使用し，過去の単元で児童が学び興味を示した「形」を引き続き活用しました。積み上げたブロックの「高さ」を競うのみでなく，「高い」「低い」を示すくじを活用し，勝敗の基準が最後に決定されるようにすることで，ゲームの偶然性を高め，同時に「低い」への意識も促すように設定しました。第二次「学校のたかさしらべ」は，2グループに分かれて校内を探検し，高さの異なったものを見つけて写真に撮りまとめる活動です。写真に写ったものに「高い」「低い」のラベルを付けたり，特徴を話し合ったりしてまとめたシートをもとに発表を行いました。グループで役割分担をしたり，話し合いながら取り組んだりすることで，身の回りには様々な高さのものがあることを共有し合う機会としました。第三次は，再び「つむつむゲーム」に取り組み，これまでの学習の確認と定着を図りました。さらに，毎時の振り返りでは，各児童の実態に応じた振り返りシートを作成し，個々の児童の目標に応じた数の学習や表および棒グラフの作成を通して，学習を補完しながら振り返るようにしました。また，自己評価や今の気持ちを記入する欄を設けることで，自分の行ったことを想起し，それに伴う気持ちを表現する力を身につけることをねらっています。

児童が友達と同じ目的に向かって活動に取り組み，数量や測定の基礎的・基本的な概念を身につけることで，新しいことを知ろうとする意欲を高め，一人一人が数学的な見方・考え方を働かせて数や形を日常生活で活用していくきっかけとしたいと考え，本単元を設定しました。

Table 2 「たかい・ひくいをみつけよう！」単元指導計画

次	時数	目標・学習内容	
一	2h	「つむつむゲーム」 ①ブロックを積み上げ，ものの高さを比べる。 ②役割に取り組みながら，友達とゲームに参加する。 ③学習したことや気持ちを振り返りシートに記入する。	【知・技】 【思・判・表】 【学び】
二	2h	「学校のたかさしらべ」 ①身の回りにあるものの高さを比べ，写真に撮ったり特徴を調べたりして表現する。 　　　　　　　　　　　　　【知・技】【思・判・表】 ②役割分担をしたり，話し合ったりしながら，シートを作成する。【思・判・表】 ③学習したことを振り返り，発表する。【学び】	
三	2h	「つむつむゲーム」 ①ブロックを積み上げ，高さを比べ，「高い」「低い」の言葉を使って表現する。【知・技】 ②役割に取り組みながら，友達とゲームに参加する。【思・判・表】 ③学習したことや気持ちを振り返りシートに記入する。【学び】	

（3）学習の実際

①つむつむゲーム

	学習活動	活動の様子・教材教具	指導上の配慮事項
導入 5分	1．はじめのあいさつ 2．学習内容と目標 ・活動内容と目標を確認する。 ・チームの発表を聞き、名前を呼ばれたら返事をする。	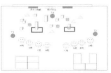 配置図	・スライドを用いて活動内容を簡潔に伝え、児童が活動への期待感をもてるようにする。 ・目標を視覚的に提示しながら伝える。 ・目標の異なる2人の児童でチームを構成し、目標に対応する役割を設定する。
展開 20分	3．つむつむゲーム ・順番の児童ペアが前に出る。 ・順番外の児童はT1と「3.2.1スタート」の号令をかけ、音楽を流す。 ・ブロックを積み上げる。 ・終わりの合図を聞いて終了する。 ・積み上がったブロックを見て、対応する形パネルを選び、ペアに渡す（BEFG児）。 ・受け取った形パネルをグラフ台紙に貼る（ACDH児）。 ・形パネルを見て、高さを計算しグラフ台紙に記入する（F児）。 ・ボールくじを引いて、書かれている文字を読み上げる。 ・ブロックの高さを比較し、「高い」または「低い」方を答える。 ・教員と一緒に「こっちの方が高い（低い）」と声に出して確認する。 ・勝敗の発表を聞く。 ※上記の流れで4回行う。 ・得点（丸マグネット）の数を数え、対応する得点カードを選んで貼る（AD児）。 ・優勝チームの発表を聞く。 ・優勝チームはメダルを受け取る。	 ブロック積み木を積む  対応する形パネルを貼る  高さを計算して記入する  高さを比較する	・T2、T3は、積み上げの補助や、チームの児童同士で誘い合うよう促す。 ・対応した形パネルを選べるよう、対応するブロックを指したり、確認するよう言葉がけをしたりするなど、段階的な支援をする。 ・形パネルを貼り付ける場所をペアの児童に教えるように促したり、状況によって指さしや身体ガイダンスで支援したりする。 ・T1は見学の児童に対し、同じチームの児童を応援したり、ブロックの形を教えたりするように促す。 ・児童がチームの児童へのアドバイスや援助をした際には、過剰でない限りはそれを止めず、望ましい関わりを賞賛する。 ・くじは「高い」を2個、「低い」を1個設定し、「低い」への意識を促す。 ・T1は、一度の確認につき2、3人の児童を指名して「高い」「低い」を答えるよう促し、正しく答えた場合は賞賛する。児童が誤った方を指そうとした場合、正しい方を伝え、「こっちの方が高い（低い）ね」と確認する。 ・高さの比較が難しい場合は、ブロックを近くに寄せたり、上部に棒を渡したりして、視覚的に確認できるようにする。 ・「高い」「低い」を一緒に声を合わせて確認できるよう、教員はゆっくりとした口調と一定のリズムを取りながら伝える。 ・得点カードが選べるように、状況に応じて、数字を再度伝える、数字を見せる、正解カードのある範囲を指す、正解カードを指す等、段階的な支援を行う。 ・負けたチームに対して、「くやしい」「残念」などの気持ちを言語化し、一緒に表現する。
まとめ 15分	4．振り返り ・グループに分かれて着席する。 ・振り返りシートに記入する。 ①グループ（BEFG児） 高さの表の作成、グラフの作成、高さの間接的な比較/3つ以上のものの比較/単位に換算した比較、自己評価、感想・気づきの記述、気持ちの選択、学習プリント（F児） ②グループ（ACDH児） ブロックの個数数え、数字の記入、高さの直感的/直接的な比較、自己評価、気持ちの選択、感想の記述（D児） ・担当の教員に報告する。 ・終わった児童は片付けをする。 ・全員が終わったら、着席する。 ・1～2人感想発表をする。 ・目標について振り返りをする。 5．おわりのあいさつ	 得点を数えてカードを貼る 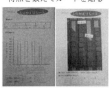 振り返りシート  振り返りシートへの記入	・児童の実態に応じて4種類のシートを用意し、段階的に支援する。 ①グループ：グラフ台紙を移動用ホワイトボードに並べて近くに提示し、得点を記入しやすいようにする。また、対応する高さ（三桁の数字）を指し示すなどの支援を行う。 児童の実態に応じ、3つ以上のものの高さの比較や、高さの順位付け、離れた所にあるものの比較をするように伝え、間接比較や単位に換算した比較の方法を支援する。 ②グループ：グラフ台紙を写真に撮ってシートに貼り付け、手元で個数を数えられるようにする。「高い」「低い」ものを選ぶように促し、正しいものをさせた場合は賞賛する。間違えそうになった場合は、正しいものを一緒に指し、「こっちが『高い』ね」とゆっくりと伝えてから、ラベルを貼るよう促す。 ・気持ちやがんばったことなどを聞き取り、文章化して表出したり、コメントを返したり、同意や賞賛をしたりする。 ・まとめとして、「高い」「低い」の言葉や、その性質について確認をする。

②学校のたかさしらべ

	学習活動	活動の様子・教材教具	指導上の留意点
導入 5分	1．はじめのあいさつ 2．学習内容と目標 ・活動内容と目標を確認する。 ・チームの発表を聞き、名前を呼ばれたら返事をする。		・活動内容を簡潔に伝え、活動への期待感を持てるようにする。 ・目標を視覚的に提示し、伝える。 ・ゲーム活動でのチームを2つずつ合わせてチーム編成する。
展開① 30分	3．学校の「高さ」さがし ・チームで学校を歩き、高さの異なる2つのものを探す。 ・見つけたものを比べる。 ・「高い」「低い」の用語を使って友達に伝える。 ・タブレットで写真を撮る。 ・色や形、大きさや数などの気づいたことを友達や教員に伝え、メモをする。	自分や友達と「物」とを比較する 物と物との高さを比較する	・チームの中で、写真係、メモ係等の役割を設定する。役割交代しながら取り組むようにし、児童の参加機会を確保する。 ・児童の自発的な発言がない場合、教員が「これとこれとはどっちが高い？」「これより高いものはあるかな」など発問し、気づきを促す。 ・児童からの気づきが挙げられた場合は承認し、他の友達にも伝えるように促したり、代弁をしたりする。 ・高さ以外に、色や形、大きさ、数などについても問いかけ、様々な特徴に気づき、言語化する機会を作るようにする。
展開② 25分	4．「学校の高さ」まとめ ・チームで机を合わせる。 ・撮った写真を印刷して切り取り、用紙に貼る。 ・高さを比べて「たかい」「ひくい」のラベルを貼る。 ・特徴を話し合って書く。	物がある位置の高さを比較する	・写真に写った2つの物を指し、「どっちが高い（低い）」と発問し、選択を促す。 ・選択ができる児童については、「○○の方が○○よりも高い（低い）」と表現するように促し、比較を表す言葉の定着を促す。 ・書字の実態に合わせ、視写やなぞり書きができるように、手本を書き込む。
まとめ 20分	5．発表 ・まとめたものをチームごとに発表する。 ・自分たちの気づきや、他チームの気づきを聞いて、1〜2人感想発表をする。 ・目標について振り返る。 6．おわりのあいさつ	まとめシートを作成する チームごとに発表し合う	・児童の実態に合わせて、読む場所を指す、読みのモデルを示す、写真を見ながらコメントを引き出すなどの支援を行う。 ・発表について、発見したことや写真の撮り方、まとめ方など、様々な面から賞賛をする。 ・発表を聞いている児童のつぶやきや発言は制止せず、気づきとして拾い上げ、教員が繰り返して全体に伝える。

③おうちのたかさしらべ（家庭学習）

　家庭での高さ調べ学習のプリントを配布し，希望した児童が家庭で実施するようにしました。

(4)　児童の学びの評価

①「算数（測定）」に関するルーブリック評価

　「算数（測定）」に関する単元目標のうち，「知識・技能」「思考・判断・表現力等」「学びに向かう力（主体的に学習に取り組む態度）」の3つの観点ごとに，学習の達成度を示したルーブリック評価表を作りました。授業観察および下記の活動機会での評価から，担任が3段階の達成度を評価しまし

Table 3　「算数（測定）」に関する単元目標のルーブリック評価表

		未獲得	レベル1	レベル2	レベル3
知識・技能			○高さの基準に対して「同じ」「違う」を区別する。 ・同じ高さの具体物を指し示す。	○一方を基準にして「高い」「低い」がわかる。 ・基準を示す手がかりによって一方を指し示す。 （手がかりを与えたときにわかる）	○具体的な二つのものを比べる方法が分かる。 ・一人で二つのものを並べて比べる。 （合わせてみる、基準を自分で設けることができる）
		AD	CEGH	BF ACDH	BEFG
思考・判断・表現			○言葉や文字カードを用いて「高い」「低い」の用語を表現する。 ・支援を受けながら「同じ」「違う」に気づく。	○一方を基準にして「高い」「低い」の用語を用いて、表現する。 ・手がかりによって「高さ」の基準に気づき、比べる。	○身の回りにあるものの「高さ」「低さ」に着目して比べたり、表現したりする。 ・一人で、「高さ」の基準について気づき比べる。
		ACDGH	BE ACDH	BG	EF
主体的に学習に取り組む態度			○学習場面の「高さ」「低さ」に関心をもつ。	○学校生活のなかで、 ・身の回りにあるものの「高い」「低い」に関心をもち、探したり、比べたりする（比べようとする）。 ・高さ以外に長さ、重さ、広さなどの量の大きさにも関心をもつ。	○家庭生活のなかで、 ・身の回りにあるものの「高い」「低い」に関心をもち、探す、比べたりする（比べようとする）。 ・高さ以外に長さ、重さ、広さなどの量の大きさにも関心をもつ。
		ABCDEGH			
		AC	D	F	BEFGH

※アルファベットは児童名　上段：単元前の実態　下段：単元後の実態

122

た。主に授業において評価をしますが，「主体的に学習に取り組む態度」のレベル3については，家庭学習や保護者からのエピソードも含めて評価しました。

②活動機会の設定と参加レベルによる評価

　授業を課題分析し，各児童の活動機会を表した「活動機会一覧・チェック表」を作成しました。この作成過程で，単元目標および各児童の個別の指導計画の目標に該当する活動が組み込まれているかを確認します。さらに，児童の実態およびルーブリック評価表による達成基準を参照し，活動のレベルを調整して設定し，授業に反映しました。例えば，ルーブリック評価表の「知識・技能」の欄でレベル2を目指す児童については，「活動機会一覧・チェック表」では，「教員の言葉に応じ高い（低い）方を選んで指す」という機会を設定し，レベル3を目指す児童については「高さを比較する方法を提案する」という機会を設定しています。各授業における直接観察および授業動画の視聴を通して，6段階の支援レベルを評価基準にし，3名の担任が評価を行いました。

Fig.1　活動機会一覧・チェック表（一部抜粋）

4　資質・能力の3つの柱に基づく児童生徒の変容の姿

　全体的に児童の「測定（高さ）」についての知識の向上がみられ，身の回りにある「量」への関心の高まりが窺えました。また，学級集団で学習をすることにより，学級の他児童の姿を真似て新しい課題に取り組もうとする姿や，授業以外の場面で教員や友達，家族と数や形，量を活用した会話や遊びをする場面も見られたことから，仲間との協同的な学習によって個々の学びを引き上げたり，生活での活用に結び付きやすくなったりするのではないかと考えます。

　E児（男児，中度知的障害）は，新規の学習や個別の学習への抵抗があり学習機会の少なさが窺えた児童でした。量についての直感的な差異はわかるものの，それを表す用語についての知識は未獲得でした。本実践を通して，友達とゲーム的な活動を行うことで，勝敗への意識やゲームの楽しさをきっかけに，授業に意欲的に参加するようになりました。振り返りシートの自己評価では，

常に「よくできた」の高得点と「楽しかった」と気持ちを選択していましたが，後半になると詳しい感想を述べるようになり，「たかい」「ひくい」を自らひらがなで書こうとする姿が見られるようになりました。学校や家庭で自発的に様々な高さを比較し，教員や家族，友達に紹介するようになり，その姿は単元後も続きました（学びに向かう力）。また，活動の中で積極的に発言をし，徐々に「高い」「低い」の用語を獲得し（知識・技能），それを用いて文章で表現をすることができるようになりました。さらに，友達が行った「近くに寄せる」「棒を渡して傾きを確認する」という高さを比べる方法を見て，次の機会に自らその方法を提案しました（思考・判断・表現）。測定に関する学習経験が少なかった児童に対し，3つの柱から学びの機会を提供し評価することにより，学びに向かう力の成長から知識を獲得し，それを活用し，さらに生活に反映する姿が見られるようになった事例でした。

　A児（男児，重度知的障害，自閉症）は，量に関する用語や直感的な差異についての知識が未獲得でしたが，障害特性から自発的に学習に取り組むことが少なく，知識の獲得に困難さがみられる児童でした。本単元においても役割や各活動を通して授業への参加はあるものの，身の回りにある「高さ」への関心を窺えるエピソードは確認できませんでした（学びに向かう力）。しかしながら，繰り返しのゲーム活動や学校探検のフォーマットの中で，友達との協同的な活動に取り組むことで，高さに関する活動に自ら参加し，それによって高さの直感的な比較ができるようになり（知識・技能），校内にある異なった高さの物について，高さを表す用語を用いて表現できるようになりました（思考・判断・表現）。振り返りシートの「自分でできた」「友達とできた」については，初回では「もっとがんばりたい」を選択していましたが，後半は「高い低いがわかった」の評価も合わせて「できた」「よくできた」の高い評価を選ぶようになりました。A児のように，学習内容によっては興味・関心を持ちにくい児童については，すでにある興味・関心を生かした題材や，見通しを持ちやすい枠組み，繰り返し学習の中で主体的に学習に取り組める設定や，友達と参加する活動を設定することが有効となるのではないかと考えました。さらにそれをその他の場面で活用するための機会を提供していくことが，今後の課題です。

5 学習評価を見据えた取組の成果と課題

　本実践では，「知識・技能」「思考・判断・表現」「学びに向かう力（主体的に学習に取り組む態度）」の３つの観点ごとの学習の達成度を示したルーブリック評価表と，各児童の単元目標および個別の指導計画の目標に該当する活動を示した「活動機会一覧・チェック表」を活用し，授業づくりおよび評価を行いました。この２つのツールを行き来しながら，児童の実態を評価し，次の目標の段階を確認して活動に反映することで，児童の確実な育ちに繋がる授業が実施されました。また，ルーブリック評価表で３つの柱について分けて考えていくことで，児童の実態や学び方に合わせて３つの力のどこから育ちを促すかを検討し，より教育効果の高い手立てを提供できる可能性が示唆されました。

　また，児童の学習の補完と自己評価ツールとしての機能を持った「振り返りシート」は，児童が自分の体験や気持ちを言語化することで，学んだことをより深め，シートを介して教員や家族からポジティブな評価を得ることで，自分自身の育ちを実感できるものとなったと考えます。児童が「次はここを頑張ろう」と考えて授業に取り組み，それを想起して生活の中で活用し，さらに他者から承認されることは，授業と児童自身，生活とを繋ぐものとなります。

　課題としては，一つ一つの授業においてチェック表やルーブリック評価表を細かく作成することの手間が挙げられます。しかしながら，一つの授業において評価と手だての設定の手続きを丁寧に行いトレーニングすることで，他の授業も同様の見方をもって実施していくことができるのではないかと考えます。

付記　本実践は，田中翔大教諭，仲野みこ教諭と共同で行った実践である。

> ## Comment
>
> 　本単元の実践では，「活動機会一覧・チェック表」と「ルーブリック評価表」が効果的に活用され，資質・能力の育成状況について丁寧な見取りが行われています。学習活動の課題分析に基づくチェックとその検証は，一人一人の児童への丁寧な教育的働き掛けにつながるとともに，ルーブリックと連動した信頼性の高い学習評価の実施へとつながっていますね‼

10

指導と評価の一体化を目指した「マイチャレンジ（生活単元学習）」の取組

～指導目標と評価の観点を明確にした単元計画で「天気と気温」を学ぶ～

山梨県立わかば支援学校教諭　原　満登里

1　実践概要

　本校では「たくましい力 ゆたかな心」を教育目標に，系統性，一貫性，発展性のある教育課程を編成し，指導と評価の一体化を図っています。本稿で紹介する中学部の生活単元学習では，生徒の興味や関心をもとにした体験的な学習を通して，学んだことを実際の生活に生かすことができるように年間指導計画を作成しています。しかし，行事に関連する学習など学年全体で行う内容と，「マイチャレンジ」と呼ばれる実態別グループで実施する内容という二つの授業形態で実践しているものの，指導と評価との関連の検討が不十分であり，生徒の学びの姿についての評価が担当教諭に任されている現状がありました。

　そこで，本実践では「マイチャレンジ」の授業において，生徒の実態や生活上の課題を踏まえて，生徒にとって自然な流れやまとまりのある一連の活動になるように年間指導計画及び単元計画を設定しました。単元目標は，学習集団全体を対象とした目標から，生徒個々に対して段階的な達成目標を設定するとともに，評価の観点を授業者全員が共有できるようにし，生徒が主体的に学べるようにしました。その結果，生徒は自分の考えや感じたことを自発的に表現できるようになり，天気や気温に対する意識が高まり日常生活での行動の変化がみられるようになりました。本稿ではその実践を紹介します。

2　単元の目標設定

（1）　生徒の実態

　中学部3年生の「マイチャレンジ」は，中学部3年生16人を実態別2グループで編成して取り組んでいます。第1グループは男子5人，女子5人の合計10人，第2グループは男子5人，女子1人の6人で構成されています。全員の生徒が会話でのコミュニケーションが成立し，生徒同士や教師とのやりとりを楽しんだり，簡単な質問に対して自分の意見を発表したりすることができます。しかし，休日や放課後などの過ごし方に課題がある生徒が多く，生活経験

が少ないことから，学習で得た知識や授業の中で経験したことを日常生活で生かすことが難しい課題がありました。これまでの生活単元学習では，生徒の興味・関心を広げ，経験を増やすために，校外学習などと関連づけて様々な学習や体験的な活動に取り組んできました。そのような活動の中で，特に第1グループの生徒はうがい・手洗いの方法や身だしなみの整え方などの技能やどうすれば健康になるのかなどの知識を身につけてきました。しかし，身の回りの現象について「どうしてそうなるのか」という疑問をもつことや，多くの情報の中から自分に必要なことを選択して解決するといった学習経験が少なく，既知のことでも教師に確認をとったり，暑くても長袖を着ていて教師から指示を受けて着替えたりするといった課題が見られました。

(2) 単元の目標

　本単元はすべての生徒が日常的に触れることのできる「天気と気温の変化」を設定しました。「晴れ」「雨」という天候への関心だけでなく，天気予報などから必要な情報を収集したり，雲や太陽の様子，気温計などを観察したりすることで，観察や情報収集の初歩的な技能を身につけることができると考えました。また，生徒同士で天気や気温といった身の回りの現象について話し合い，時間の経過に伴う差異点や，お互いの意見を聞くことで友達の意見との違いや共通点などに気づき，天気や気温について疑問点をもつことができるのではないかと考えました。さらに，気温の変化に合わせた衣服の調整や住まい方などに実践的に取り組むことで身の回りのことに関心をもって，生活に生かすことができるようにしました。なお，本単元の目標として以下の3点を設定しました。

・天気と気温の変化について気づき，観察，実験などに関する初歩的な技能を身につける。〔知識及び技能〕

・天気と気温の変化について，時間の経過における違いや共通点に気づき，疑問をもつ。〔思考力，判断力，表現力等〕

・天気と気温の変化について進んで調べ，学んだことを日常生活に生かそうとする。〔学びに向かう力，人間性等〕

(3) 単元で働かせる「見方・考え方」

　知識・技能を活用し，思考・判断・表現しながら，学びに向かう力や人間性を一体的に育成するための単元を貫く「問い」として，「快適な生活をもたらすために，天気や気温とどのように関わっていけばよいか？」という「問い」を立てました。その「問い」を解決していく過程で，生徒に対して「天気や気温について関心をもち，天気予報などの情報から自分の生活に生かすことがで

きる力」「天気や気温の変化について疑問をもち，調べたり実験したりしようとする力」「天気や気温についての語句を理解する力」を育むこととしました。また，特に特別支援学校学習指導要領中学部理科の「B 地球・自然」を主として踏まえ，問題解決の過程において働かせる「見方・考え方」として，自然の事物・現象を時間的・空間的な視点で捉えることや，「比較する」「関係づける」という考え方を働かせることで，資質・能力を効果的に育成できるようにしました。

3 学習内容及び学習活動の構成と取組の実際

（1）年間指導計画の見直し

　学年始めの計画では，2 年生までの活動内容を考慮し，これまで扱っていなかった学習内容や中学部卒業までに身に付けてほしい力を設定しました。しかし，学習内容が多く，生活単元学習における活動が各教科の内容を指導するた

表1　4月当初の年間指導計画

単元名	学習内容	指導目標（評価項目）	主な支援
○重さを比べよう	・形と重さ ・質量 ・身の回りの重量	ア物の重さの比べ方を知り，適切に道具を使って重さを量ることができる。 イ物の形を変えたときの重さや，物の体積を同じにしたときの重さを比較して仮説をもち，表現できる。 ウ物の形や体積と重さの関係に興味・関心をもち，進んで物の性質を調べようとすることができる。	・身近な事象を取り上げ，主体的に取り組めるようにする。 ・自分で経過や結果が分かるように，体験的で実際的な活動を設定する。 ・生徒からの発信を受け止め，必要に応じて言い換えたり言葉を加えたりして，表現活動を促す。
○日本を知ろう	・山梨の文化と気候 ・各地方の文化と気候，特色 ・地図の学習	ア各地方の地形や土地利用などに着目して，様子をとらえることができる。 イ交通や人口，生活などの違いに着目して生活の様子を考え，表現することができる。 ウ地域社会の中で生活することの大切さについて自覚する。	・他の授業や生活と関連させて，既知のことを生かせるようにする。 ・経験談や映像を用いて，違いに着目できるような教材を設定する。 ・興味のあることを自分で調べられるような機会を設定する。
○世界を知ろう	・世界の位置 ・世界の文化 ・世界の気候	ア文化や風習の特徴や違いを知ることができる。 イ世界各国で暮らす人々の生活などに着目して，日本との違いを考え，表現することができる。 ウ外国語活動などに自主的に取りくむことができる。	・山梨や日本のことを学習した後に設定し，違いが分かりやすいように掲示する。 ・外国語や食べ物など違いが分かりやすい点を着目するように促す。 ・学習内容を共有して，学校生活で諸外国のことを話題にする。
○太陽と気温	・日なたと日影 ・温度と湿度 ・惑星や衛星について	ア栽培した作物の加工の方法太陽と地面の様子について気づき，観察，実験などに関する技能を身に付ける。 イ太陽と地面の様子から，主に採点や共通点に気づき，疑問をもつことができる。 ウ太陽と地面の様子について進んで調べ，学んだことを日常生活に生かそうとすることができる。	・映像や実食など，体験的な活動を行い，加工の仕方を考えるきっかけを作る。 ・他授業で計量の学習などを設定し，自分の経験から考えられるようにする。 ・身近な人へ贈れるようにして，感謝される経験をする。
○住みやすい住居	・空調と生活 ・家具の配置 ・快適な環境づくり	ア快適な住まい方や，安全について理解し，実践できる。 イ季節の変化に合わせた快適な住まい方に気づき，工夫することができる。 ウよりよい生活の実現に向けて，生活を工夫し考えようとする気持ちをもつ。	・季節や自分の気持ちに合った住まい方を考えることができるように，選択肢などを用意する。 ・防災と関連させて安全な住まいを考える機会をもつ。
○将来の生活	・将来の生活 ・生活に必要な収入 ・消費 ・職業についてなど	ア生活に必要な物の選び方，買い方，計画的な使い方などについて知り，実践できる。 イ自分の成長を振り返り，生活に必要な物を選んだり，将来の生活について考えたりして表現することができる。 ウ将来の生活に期待感をもち，生活を改善しようとすることができる。	・買い物など自分の経験を振り返り，こづかい帳など実践的な学習を行うようにする。 ・将来のことだけでなく，自分の成長を振り返る機会をもち，時間の経過を実感できるようにする。 ・適切な金銭感覚を身に付けられるように，実際の金額や職業の収入を調べる機会を設ける。

めの学習となっており，教科別の学習を単に寄せ集めた内容となっていました（**表1**）。そこで，学年の教員や授業担当者で検討を行い，一単元での学びがより深められるように，他の授業や行事と関連させたり年間で一連の流れができたりするよう学習内容を精選し，「学びの文脈」を形づくる観点から年間指導計画を修正しました（**表2**）。

表2　修正した年間指導計画

	生活単元学習		3年		
			生単	マイチャレンジ	
	学部行事	全校行事		1G	2G
4	新入生歓迎会	1学期始業式 入学式 身体計測	新入生歓迎会 山梨について（近県含む）	重さを知ろう	
5	交通安全教室	なかよし会総会	山梨について（近県含む） 分校の友だちと一緒に活動しよう	天気と気温の変化	
6	分校との合同学習 林間学校（2年）		修学旅行に行こう		
7	御勅使中との交流（2年） 櫛形中との交流（1年）	1学期終業式 夏季休業	修学旅行に行こう 自分の頑張ったことを振り返ろう 行事について振り返ろう	世界を知ろう	
8		2学期始業式			
9	修学旅行（3年） 避難訓練		校外学習（買い物学習）	世界を知ろう	
10	宿泊学習（1年） 早川中との交流（3年） 学部集会	引き渡し訓練 福祉村まつり	福祉村まつり（買い物学習） 学芸会で発表しよう		
11		学芸会	学芸会で発表しよう		
12	マラソン記録会	2学期終業式 冬季休業	卒業に向けて	将来の生活	
1	冬の教室（1、2年）	3学期始業式			
2	分校との合同学習 なかよし会役員選挙 卒業生を送る会 ふれあいタイム発表会	なかよし会総会 おたのしみ会			
3		高等部入試 修了式 3学期終業式			

(2) 単元計画

　衣替えや梅雨入りする時期に「快適な生活をもたらすために，天気や気温とどのように関わっていけばよいか？」という問い設定し，その解決に向かう学習内容や学習活動を整理するためのツールとして「フィッシュボーン・ダイアグラム（以下「フィッシュボーン」と示します。）」を用いました。これは，「単元のねらい」に沿った具体的な活動を設定するために，どんな活動や内容があるとよいのか，生徒の体験的な活動があるかなど多くの意見を出して整理していくものとしました。「フィッシュボーン」を用いた検討の結果，学習活動として天気予報の読み取りや日なたと日かげの気温の観察，気温に応じた衣服や住まい方について学習することが整理されました（**図1**）。

(3) 目標設定と検証可能な学習課題の設定

　目標設定では，学年全体の生活単元学習の年間指導目標から「知識及び技能」「思考力，判断力，表現力等」「学びに向かう力，人間性等」の3つの柱に沿ったグループ全体の単元目標を設定しました。また，単元を通してつけたい力から生徒個別の主となる単元目標を設定することとしました。これは，生徒個別

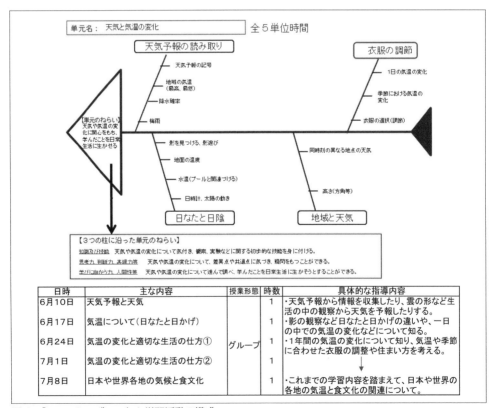

図1　「フィッシュボーン」と学習活動の構成

の実態や課題を考慮した支援や配慮を考え，個別の指導計画と関連づけて生徒個々の「学びの文脈」を工夫していくためです（表3）。

　さらに，単元目標から活動内容に合わせた，より具体的な毎時間の目標を設定しました。表4では，3時間目の「気温の変化と適切な生活の仕方①」における学習評価表を掲載します。この評価表は，生徒個々に対して検証可能な学習課題を設定し，一授業時間内での活動場面において達成できたかどうかを「A：達成できた」「B：一部達成できた」「C：達成できなかった」の3段階で評価するものです。この評価表を授業に関わった教員全員が記入し，生徒が知識やスキルを活用して行動できていたかを評価し，授業改善へつなげることとしました。留意点として，一人の教員が全部を埋めようとするのではなく，担当する班や特定の生徒のみの評価でも良いこととし，参観者にも気軽に評価してもらえるようにすることで，より客観的な生徒の変容と授業評価ができるようにしています。

（4）主体的・対話的で深い学びの視点からの授業づくり

　生徒が主体的に学べるように，実感を伴った体験活動を取り入れることや興味・関心のもてるような教材の工夫を行いました。対話的な学びをするために，多様な考え方を認める雰囲気づくりをすることや，生徒同士が協同的に活動できるように学習内容に応じたグルーピングを工夫することなどを行いました。

表3　単元目標の設定

単　元　計　画　・　評　価			
学部	中学部　　学年　　3年	生活単元学習1グループ	単元時間　5／年間授業時数　35
年間指導目標	ア：社会の様子、自然の仕組み、家庭生活に必要な知識や技能を高め、よりよい生活を築くことができる。／イ：実際的、体験的な活動を通して、課題を解決しようとする判断力や表現力を身に付ける。／ウ：生活に基づいた目標や課題を達成するための一連の活動を友達と協力しながら自主的に取り組むことができる。		
主たる教科・領域	理科、数学、職業・家庭		
単元名	「天気と気温の変化」		
単元目標	・天気と気温の変化について気付き、観察、実験などに関する初歩的な技能を身につける。／・天気と気温の変化について、時間の経過における差異点や共通点に気づき、疑問をもつ。／・天気と気温の変化について進んで調べ、学んだことを日常生活に生かそうとする。		
単元を通してつけたい力	・天気について関心をもち、天気予報などの情報から自分の生活に生かすことができる力／・天気や気温の変化、太陽の動きについて疑問をもち、調べたり実験したりしようとする力／・天気や気温についての語句を理解する力		

生徒名	主とする単元目標	支援・配慮	生徒の変容
A	天気や気温の変化やそれに応じた改善点を見つけ、生活に生かす	本人の関心の高い運動など生活上の過ごし方に関連させて考える機会をもつ	季節や気温の変化に応じて、運動時の衣服の調整や運動に適した時間帯などについて考え、自分で調整できるようになった。
B	天気と気温の変化に気づくための観察の初歩的な技能を身につける	気温計や天気予報など初歩的な情報収集の方法を実践的に行う	教室に設置してある気温計を見て気温を読めるようになり、気温に応じて校内着を着替えることができるようになった。

表4　本時の学習評価表

日時場所	令和元年6月24日(月)13:15〜14:30 多目的室	指導者	○a ・ b ・ c					
学部学級等	中学部3年生	指導形態	生活単元学習	授業形態	1グループ			
単元名	天気と気温の変化			時数	3時間目/5時間			
本時の目標	・一年間の気温の変化について気付き、気温や季節に合わせた衣服や住まい方を知ることができる。 ・衣服や生活家電などの働きを生かした生活の仕方について考えたり工夫したりすることができる。 ・気温に合わせた生活の仕方に関心をもち、自分の生活と比較することができる。	評価		目標設定		支援		

個々の評価		評価項目	場面	評価		
	A	一年間の気温の変化や適した衣服について発言できたか	発表・振り返りの場面		評価	
		気温に合わせた衣服や家電を考えて、パネルを置いていたか	グループ活動の場面			
		気温に合わせた生活の仕方について発表することができたか	発表・振り返り・まとめの場面			
	B	暑さに対して適した衣服や家電について発言できたか	発表・振り返りの場面			
		夏に適した衣服や家電を考えて、パネルを置いていたか	グループ活動の場面			
		夏の生活の仕方について発表することができたか	発表・振り返り・まとめの場面			
	C	一年間の気温の変化や適した衣服について発言できたか	発表・振り返りの場面			
		気温に合わせた衣服や家電を考えて、パネルを置いていたか	グループ活動の場面			
		気温に合わせた生活の仕方について発表することができたか	発表・振り返り・まとめの場面			
	D	寒さに対して適した衣服や家電について発言できたか	発表・振り返りの場面			
		冬に適した衣服や家電を考えて、パネルを置いていたか	グループ活動の場面			
		冬の生活の仕方について発表することができたか	発表・振り返り・まとめの場面			
	E	一年間の気温の変化や適した生活の仕方について発言できたか	発表・振り返りの場面			
		衣服の働きや家電の置き方を考えて、パネルを置いていたか	グループ活動の場面			
		気温に合わせた生活の仕方の違いについて発表することができたか	発表・振り返り・まとめの場面			
	F	一年間の気温の変化や適した衣服について発言できたか	発表・振り返りの場面			
		気温に合わせた衣服や家電を考えて、パネルを置いていたか	グループ活動の場面			
		気温に合わせた生活の仕方について発表することができたか	発表・振り返り・まとめの場面			
	G	一年間の気温の変化や適した生活の仕方について発言できたか	発表・振り返りの場面			
		衣服の働きや家電の置き方を考えて、パネルを置いていたか	グループ活動の場面			
		気温に合わせた生活の仕方の違いについて発表することができたか	発表・振り返り・まとめの場面			
	H	暑さに対して適した衣服や家電について発言できたか	発表・振り返りの場面			
		夏に適した衣服や家電を考えて、パネルを置いていたか	グループ活動の場面			
		夏の生活の仕方について発表することができたか	発表・振り返り・まとめの場面			
	I	暑さに適した衣服を選ぶことができたか	グループ活動の場面			
		自分が選んだ、夏に適した衣服や家電について発表できたか	発表の場面			
		夏の生活の仕方について興味をもち、集中していたか	発表・振り返り・まとめの場面			
	J	一年間の気温の変化や適した生活の仕方について発言できたか	発表・振り返りの場面			
		衣服の働きや家電の置き方を考えて、パネルを置いていたか	グループ活動の場面			
		気温に合わせた生活の仕方の違いについて発表することができたか	発表・振り返り・まとめの場面			

評　　　価：A達成できた　　　　B一部達成できた　　　C達成できなかった
目標設定：A目標は適当であった　B目標が高すぎた　　　C目標が低すぎた
支　の　援：A有効であった　　　　B一部有効であった　　C適切でなかった

また，深い学びにつなげるために，他の授業との関連をもって各教科等を合わせた指導の特性を生かしたり，生徒が考える場面と教師が教える場面のバランスを調整したりしました。具体的な例として，3・4時間目の「気温の変化と適切な生活の仕方」における工夫を示します。実感を伴った体験活動として「夏の部屋」「冬の部屋」での暑さ寒さの体験をした後，人形や模型を用いて「暑い」「寒い」「涼しい」の設定における着せかえや家庭電化製品・家具の配置を行いました。また，多様な考え方を認める雰囲気づくりとして，暑い季節，寒い季節だけでなく涼しい季節での衣服や家庭電化製品・家具を考える班を設定しました。この班は，話し合い活動がより対話的になるように生徒の言語力や意見を認め合える生徒同士を考慮してグルーピングしました。学んだことを日常生活へつなげて総合的に活用できるように，分かったことを吹き出しに記入する活動を取り入れ，学習したことを掲示しておくことによって振り返りを行い，気温による校内着などの衣服の調整や家庭での衣替えができるようにしました。

4　資質・能力の3つの柱に基づく生徒の変容の姿

　「暑いときは半袖を着る」など知識として理解しているものの，生活の中で
自発的に着るものを選べない生徒が多かったので
すが，気温という言葉や「暑い」「寒い」という
概念を観測や体験活動を通して「何℃になったら
暑い」など実感を伴って習得することができまし
た。また，話し合い活動において「快適な生活を
もたらすために，天気や気温とどのように関わっ
ていくか」について具体的な衣服の調整の仕方や
生活の工夫を考えることができました。

　生徒のコメントと授業後の変容を紹介します。
暑いときにＴシャツ一枚で過ごしていた生徒Ｃ

写真1

は「肌着はランニングシャツを着る。汗をかいたらランニングのシャツを着替
えるように」と書き（**写真1**），その後はランニングシャツを着てきて，運動
後に自発的に着替えるようになりました。冬でも半袖で過ごしていた生徒Ｄは，
「さむいから下ぎをきた。（中略）さむいからながそでワイシャツにした。」と
書き（**写真2**），教室に設置されている気温計を見て20℃以下の時は長袖の校
内着を着られるようになりました。

写真2

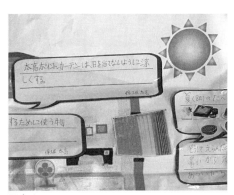

写真3

　ルーティンとしてカーテンの開け閉めを行っていた生徒Ｅは，「カーテンは
日を当てないように涼しくする」と書き（**写真3**），天気によってカーテンの
開閉ができるようになりました。

　本単元を通して，日常生活の中で天気や気温，服装や住まい方に関して気づ
いたことを発言することが増え，「なぜ衣替えが行われるのか？」などの疑問

をもち，自分から教師や友だちに質問したり行動してから感想を求めたりと，自発的に生活する姿が増えたと学部教員から感想が出ました。

5 学習評価を見据えた取組の成果と課題

　成果として，単元を通した目指す姿を念頭に置いて目標設定・評価を行うことで，具体的な授業改善を行いやすくなり，生徒の変容や興味などから柔軟に学習活動を設定することができたことが挙げられました。課題として，指導計画などの変更を行う際には，どのような理由で変更したのかをわかりやすく記録していき，より系統的で発展的な中学部3年間を見通した学習を構想していくことが挙げられました。そこで，学習評価をより充実させてカリキュラム・マネジメントを行うために，学校行事と学部行事及びこれまで学習してきた中学部3年間の生活単元学習の内容を一覧にして検討を行いました（**写真4及び表5**）。

　意見として「1年単位での学習の系統性は考慮していたが，3年間のつなが

りを考えることは難しい。」「『どのように社会と関わりより良い学校生活を送るか』の視点をもって，すべての授業を関連づける必要がある。」などが出されました。今後は，すべての授業において学習内容を整理し，指導と評価がより一体化した授業づくりを行っていきたいと考えています。

写真4

表5　3年間の生活単元学習の内容一覧

	生活単元学習		生活単元学習							
			1年			2年			3年	
	学部行事	全校行事	生単	マイチャレンジ		生単	マイチャレンジ		生単	マイチャレンジ
				1G	2G		1G	2G		1G	2G
4	新入生歓迎会	1学期始業式 入学式 身体計測	行事について知ろう 校内・校外探検をしよう	身近な社会についてしろう 学校の周辺を探検しよう		行事について知ろう 自分を知ろう 友だちを知ろう	目指せ！さわやか男子＆女子②	忘れるきれいにしよう（洗濯、清掃）②	新入生歓迎会	重さを知ろう④
5	交通安全教室	なかよし会総会	「交通安全」について知ろう 分校の友だちと一緒に活動しよう	植物の生長	野菜の栽培	「交通安全」について知ろう 分校の友だちと一緒に活動しよう			山梨について（近県含む） 山梨について（近県含む）	天気と気温の変化⑤
6	分校との合同学習 林間学校（2年）		交流を楽しもう（籠加中）		野菜の観察	林間学校（森の教室、分校） 交流を楽しもう（籠加中）	山梨県について知ろう②		修学旅行に行こう	修学旅行に行こう
7	籠形中との交流（2年） 籠形中との交流（1年）	1学期終業式 夏季休業	自分の頑張ったことを振り返ろう 行事について振り返ろう 学年お楽しみ会	調理をしよう	買い物学習 野菜の調理	自分の頑張ったことを振り返ろう 行事について振り返ろう 学年お楽しみ会			修学旅行に行こう 自分の頑張ったことを振り返ろう 行事について振り返ろう	世界を知ろう⑥
8		2学期始業式								
9	修学旅行（3年） 避難訓練		学校に泊まろう 校外学習（買い物）	人の体、動物の体 学校の地図		校外学習（買い物） 防災学習	公共交通機関を利用しよう③（バス、電車）		校外学習（買い物学習）	世界を知ろう⑥
10	宿泊学習（1年） 早川中との交流（3年） 学部集会	引き渡し訓練 福祉村まつり	交流を楽しもう 校外学習（公共施設の見学） 学芸会で発表しよう			学部集会 福祉村まつり 学芸会で発表しよう			福祉村まつり（買い物学習） 学芸会で発表しよう	
11		学芸会	学芸会で発表しよう	磁石について		学芸会で発表しよう			学芸会で発表しよう	
12	マラソン記録会	2学期終業式 冬季休業	自分の頑張ったことを振り返ろう 行事について振り返ろう 学年お楽しみ会			自分の頑張ったことを振り返ろう 行事について振り返ろう	4Rってなんだろう②	栄養を知ろう②	卒業に向けて	将来の生活⑥
1	冬の教室（1、2年）	3学期始業式	「冬の教室」事前学習			「冬の教室」事前学習	栄養と健康⑥			
2	分校との合同学習 なかよし会役員選挙 卒業生を送る会 ふれあいタイム発表会	なかよし会総会 おたのしみ会 3年生を送る会		路線バスに乗ろう		友だちのいいところ				
3		高等部入試 修了式 3学期終業式	校外学習（公共交通機関） 自分の頑張ったことを振り返ろう 行事について振り返ろう			校外学習（公共交通機関） 行事について振り返ろう 進級に向けて				

● 参考文献 ●
石川馨（1956）特性要因図
特別支援学校学習指導要領解説各教科等編（小学部・中学部）2018，文部科学省。

Comment

　文脈のある学びの設計と学習状況の評価を関連付け，個別の指導計画の活用を含めた単元づくりが行われています。フィッシュボーン・ダイアグラムの活用は，単元のねらいやそれを達成するために立てられた「単元を通じた主たる問い」の解決に向けて，どのようなことを学習内容として盛り込むのか，またどのような学習活動を通して解決していくのかの丁寧な整理に寄与するとともに，資質・能力を見取るための効果的なツールとして活用されています。学んだことが学校生活や日常生活にどのように生かされているのかを，当該単元以外の学習場面や生活シーンで見取っていることも参考になりますね‼

11

単元指導計画と評価規準に沿った記録表を活用した ティームティーチングによる学習評価

作業学習　革工芸班「小学部のみんなに買ってもらおう!」

埼玉県立草加かがやき特別支援学校教諭　阿部　央憲

1 実践概要

　特別支援学校（知的障害）中学部の作業学習において，単元指導計画（埼玉県教育委員会，2020）を用いて育成を目指す資質・能力の３つの柱に基づいた目標設定の共通理解を図ったうえで，日々の授業ごとに生徒担当者が評価規準に基づいた記録表に文章で記入していくことで学習評価を行いました。

　記録を重ねていくことで，生徒担当者自身が特定の観点について意識できていなかったことや，授業づくりをする上で不十分な箇所に気づくなど，ティームティーチングをしながら授業づくりについて再考することができました。

2 授業又は単元の目標設定

(1) 生徒の実態

　中学部作業学習革工芸班は，１年生３名，２年生５名，３年生３名の計11名で構成されており，そのうち３名は重複学級に在籍しています。学部の基本方針により，ほとんどの生徒が１年ごとに違う作業班に所属しています。全生徒の主たる障害は知的障害であり半数程度が自閉症スペクトラム障害（およびその関連の障害）の診断を受けています。

　知的障害の程度など，集団内での実態差は大きいものの，言語理解においてはどの生徒も起立・着席等の簡単な言語指示を聞いて行動することができます。また，言語表出においては５人が文章の形で会話をすることができ，３人が１〜２語文で意思を伝えることができます。作業面においては，両手に別の器具を持って作業を行うことができる生徒も多いですが，個別の身体的支援を必要とする生徒も約半数在籍しています。

(2) 目標設定

　本校中学部では従来“学部のねらい”として「働くことへの関心」「役割の遂行」「挨拶，報告，協力」「作業手順，道具の使い方，安全」の４つの観点で整理していました。学習指導要領の改訂を受けて，革工芸班ではこの“学部の

ねらい”を職業・家庭の目標と内容を基本としながら資質・能力の３つの柱によって以下のように再整理を行いました。

> ・手順や道具の使い方を理解し，安全に作業することができる。（知識・技能）
> ・自分の役割やするべきことを考え，出来上がりや不明点を判断し報告・相談をすることができる。（思考力・判断力・表現力等）
> ・作業活動を通して働くことの喜びを知り，目的意識をもって作業に取り組む態度を養う。（学びに向かう力・人間性等）

図1　革工芸班の年間目標

　学習指導要領解説の作業学習に関する記述から，働く意欲を培うことが将来の生活の基盤となる資質・能力を育むうえで土台となっていると捉え，上記の目標のうち“学びに向かう力・人間性等”を達成するための文脈を作ることが重要であると考えました。そこで本単元では，他者に見てもらう・買ってもらう経験を増やす目的で，小学部低学年の児童を招待して頒布会を開くこととしました。

　単元目標については，上述の年間目標をもとに下図のように設定しました。

> ・自分のやるべきことや道具の使い方，手順などを理解し，安全に活動に取り組む。（知識・技能）
> ・製品の頒布を行う際に必要な挨拶やマナーを理解する。（知識・技能）
> ・工程表を見てやるべきことを確認したり，出来上がりや不明点を判断して教員に報告や相談をしたりする。（思考力・判断力・表現力等）
> ・小学部の児童に買ってもらうという目的意識をもって作業に取り組む。（学びに向かう力・人間性等）

図2　本単元の目標

　なお，本単元に含まれる学習指導要領の内容・段階を職業・家庭科の中学部第１段階（働くことの意義，職業），社会科の中学部１段階（産業と生活），道徳科（自らの将来の生き方を考え主体的に社会の形成に参画する意欲と態度を養うこと）としました。

（3）評価規準の設定

　単元目標の達成状況をみるための評価規準を以下のように設定しました。

表1　本単元における評価規準

	評価規準
知識・技能	・自分が担当する工程を理解し，正しい道具の使い方や手順で作業を行っている。【職・家】 ・自分や周囲の人が怪我をしないやり方で活動に取り組んでいる。【職・家】 ・頒布の際に必要な挨拶や商品の受け渡しなどを行っている。【職・家】

思考・判断・表現	・工程表や手順表を見てやるべきことを確認し，判断している。【職・家】 ・出来上がりや不明点を判断して教員に報告や相談をしている。【職・家】 ・小学部の児童に買ってもらうために，頒布する製品やデザイン，作り方等を考えている。【社会】
主体的に学習に取り組む態度	・決められた時間や量が終わるまで，作業に取り組んでいる。【職・家】 ・上手くいかないことがあっても，やり方を工夫したり相談したりすることで作業に取り組み続けている。【職・家】 ・小学部の児童に買ってもらう目的意識をもって，製品の完成度を高めようとしたり招待状づくりや頒布の挨拶などを行ったりしている。【社会】

　なお，本単元を計画するにあたり，埼玉県教育委員会（2020）の様式を参考に単元指導計画を作成し，単元目標や評価規準，主体的・対話的で深い学びの視点による指導・支援の手立てについて担当者間で共通理解を図りました。

＜記載項目＞
・単元名
・単元目標
・関連する学習指導要領の内容・段階
・学習計画
・評価規準
・目標達成のための指導・支援の手立て
　（主体的・対話的で深い学びの視点から）
・課題・改善策（単元終了後に記入）

図3　本単元で作成した単元指導計画

3 学習内容および学習活動の構成と取組の実際

（1）学習活動の設定について

　単元を通して授業の初めに必ず「小学部のみんなに買ってもらうために製品を作る」ということを確認することで，生徒たち自身が目的意識をもって活動に取り組めるようにしました。

　単元の初回授業で教員が考えた候補の製品を試作してから「どの製品なら買ってもらえるか？」という視点で実際に作る製品を考えて決めました。製品づくりの際にも「小学部のみんなに買ってもらう，喜んでもらうためには？」という視点で考えられるように説明や言葉かけを意識して行いました。さらに，招待状をつくって直接小学部の児童に手渡すことで，より具体的に買ってもらう相手のことを考えられるようにしました。

　頒布会は3回行うことで"1回限りのイベント"としてではなく，経験と振り返りを通して生徒たちが考えながら活動に取り組めるようにしました。

表2　本単元の学習計画

学習内容・学習活動	時数	重点を置く資質・能力		
		知	思	学
・小学部向けの頒布会を開くことを知る。 ・各製品の製作体験をする。 ・「小学部のみんなが買ってくれそうな製品」を選ぶ。	2時間×1回		○	○
・製品づくり	2時間×4回	○	○	○
・招待状の制作	1時間×1回		○	○
・製品づくり ・招待状の手渡し ・反省会等で簡単な頒布練習	2時間×4回	○		○
・頒布会の準備・実施	2時間×3回		○	○
・振り返り	1時間×1回		○	○

総時数　26時間

　また，基本の活動となる製品づくりを行う際のタイムスケジュールは図の通りです。はじめの会でその日の作業内容や目標等を確認し，作業をして片づけを終えた後，テーブルごとに振り返りを行い，反省会を行います。

10：45	はじめの会
10：55	作業（前半）
11：25	休憩
11：35	作業（後半）
11：55	片付け・振り返り
12：05	反省会
12：15	授業終了

図4　タイムスケジュール

　単元目標を達成するための指導・支援の手立てとして，主体的・対話的で深い学びの視点から以下のような工夫を行いました。

＜主体的な学び＞
・小学部の児童に買ってもらうという目的を丁寧に説明することで，活動に興味・関心を持てるようにする。
・振り返りノートをクラスに持ち帰って学級担任に見せることで，具体的な賞賛を得られるようにする。
・工程表をもとに分担を説明することで，"どの工程を行うのか"を分かりやすくしたり，工程間のつながりを意識しやすくしたりする。
＜対話的な学び＞
・1つの工程を終えるごとに担当教員が一緒に確認する機会を設ける。
・一定量の作業が終わったら，次の工程を担当する教員に渡しに行くことで報告したり賞賛を受けたりする機会を設ける。
＜深い学び＞
・個々の作業内容を確認するときに，前回の反省を確認して活かせるような問いかけ・言葉かけを行う。
・振り返りノートによる反省や，グループ代表による頑張ったことの発表により，その日の活動を振り返ることができるようにする。
・作業開始前に3つの目標から頑張りたいことを選択する。

(2) 評価方法について

①授業記録表（評価規準に基づいた授業ごとのエピソード記録）

本校中学部の作業学習では，学期単位の目標・評価については学級担任が大まかに立てた目標について，作業班で直接生徒を担当している教員が確認・調整を行い，学期末の評価をして学級担任に返しています。

令和元年度より，革工芸班では各生徒の記録表を作成し，授業終了後に回覧して担当教員に記入してもらうことにしました。

前単元までは記入の際に観点等を設けていなかったので，作業の技能面か授業に最後まで取り組めたか否かといった情報がほとんどでした。そこで，本単元から評価規準ごとの枠を作成し，授業終了後に“特筆すべき事項”について簡単に書き足していく方式に変更しました。

革工芸班「小学部のみんなに買ってもらおう」　記録　　生徒名　○○ △△

評価の観点	評価規準	記録・評価　→該当項目の番号と日付を併記する
知識・技能	①自分が担当する工程を理解し、正しい道具の使い方や手順で作業を行うことができたか。 ②自分や周囲の人が怪我をしないやり方で活動に取り組むことができたか。 ③頒布の際に必要な挨拶や商品の受け渡しなどを行うことができたか。	①9/4　自分が穴あけ担当であることを理解し、自分で道具の準備を行っていた。
思考・判断・表現	①工程表や手順表を見てやるべきことを確認し、判断することができたか。 ②出来上がりや不明点を判断して教員に報告や相談をすることができたか。	

・毎回、全ての項目について書く必要はありません。
・枠が足りなくなったら裏面をご利用ください。

図６　授業記録表

②振り返りノート（授業ごとの自己評価）

前年度より革工芸班では，「振り返りノート」というものを作成しています。今日やったこと，全体目標に対する記号での自己評価，担当教員のコメント（主に学級担任向け）を書いています。

知的障害の程度が重度である生徒にとって，文章による目標の理解については難しさがありますが，今日やったことの工程写真を貼ることによる振り返りと，ノートの紙がたまっていくことの達成感を得ることを目的として使っています。

また，授業終了後にファイルを持ち帰り，担任にがんばったことなどを賞賛してもらうよう呼びかけています。

③進捗チェックラベル（分業の際の工夫）

分業で作業を行っているため，自分が作っ

図７　振り返りノート

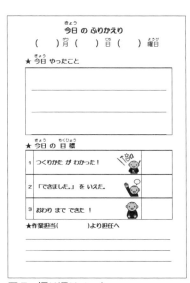

たものが手元に残らないことを考慮し，一つ一つの製品を小袋に入れ，誰がどの工程を担当したか書くことで，あとから「○○さんがこの部分を頑張ってたね」などと評価できるようにしました。

④写真による振り返り

作業中にタブレットで写真を撮っておき，振り返りノートを記入しているときにテレビでスライドショーとして見ています。ノートを書き終わった教員が近くの生徒に向けてコメントしています。

写真1　振り返りの様子

4 資質・能力の3つの柱に基づく児童生徒の変容の姿

(1) 知識・技能の観点から

製品づくりにおいては，革の穴あけ作業など，既に道具の使用については経験していることも多かったため，作る製品が変わっても早い段階で多くの生徒が目印を見て正確な場所に穴を開けることができるようになりました。

また，頒布活動においては練習の成果や前回頒布の経験を発揮して自発的に「いらっしゃいませ」「ありがとうございました」といった挨拶を言えるようになった生徒が複数名見られるようになりました。発語のない生徒についても製品を袋に入れてお客さんに渡すという流れを何度も経験するうちに，渡された製品を自分で袋に入れて渡そうとするなどの様子が見られるようになりました。

次単元の授業においても，工程ごとの必要な道具を理解して自分から準備を進められる生徒が増えました。

(2) 思考・判断・表現の観点から

キーリングを製品に取り付ける工程を担当する生徒やカシメ打ち（革のパーツを金具でつなぐ）の工程を担当する生徒については，当初金具がずれてしまったり自分で修復できない状況になったりしても教員に相談できずに止まってしまったり，教員の方から早々に手助けしてしまったりする様子が見られました。そこで，生徒にどのような状況になったら助けを依頼すべきか具体的に伝えるとともに，教員もすぐに手助けせずに①まずは様子を見る，②生徒が自分から伝えられないときは「困ったことがあったら教えてね」と伝えるようにしました。すると，徐々に自分から教員に相談できるようになり，どのように困っているのかも説明できるようになってきました。

(3) 主体的に学習に取り組む態度の観点から

　単元開始当初は小学部の児童が買いに来ることを説明してもイメージしきれない生徒が多く，誰が来るのか問いかけても答えられない生徒が多く見受けられました。しかし，招待状を直接手渡しした頃から「この子たちが買いに来るんだ」ということを理解したようで，作業中にも「これなら小学部の子買ってくれるかな？」といった発言が聞こえてくるようになりました。また，自分から「女の子に買ってもらうのを作る！」とさらに具体的なイメージをもって作業に取り組む生徒もいました。

写真2　作業中の様子　　　　写真3　招待状の手渡し　　　　写真4　頒布会の様子

5 学習評価を見据えた取組の成果と課題

(1) 取組の成果

　革工芸班の担当者間で単元指導計画を用いて単元の振り返りを行ったところ，下表のような反省が挙げられました。当初のねらい通り，他者に見てもらう・買ってもらう機会を設定することで，頒布会当日だけでなく製品づくりにおいても目的意識をもって作業に取り組める生徒が増えたことが印象的でした。

　教員にとっても，目標設定及び評価規準において小学部の児童に買ってもらうことに対する目的意識を明記したことで，授業記録表に目的意識が読み取れる記述が見られるようになったほか，授業中の担当教員の声かけ等にも好影響が見られました。一方で，生徒を担当している教員が授業記録を書いているうちに，発語がない生徒の「思考・判断・表現」の枠に評価を書くことが難しいという意見が挙がりました。この意見は学習活動や評価規準の設定のあり方を見直すための貴重な意見として，次単元に活かしていきます。

　また，ノート記入やスライドショーによる振り返りを継続的に行うことで，製品を作る技能だけでなく，作業に取り組む姿勢や報告・相談などについてフィードバックをしたり生徒自身が振り返ったりすることができるようになってきました。

表3　単元指導計画での振り返り

	学習内容・目標設定	指導・支援の手立て	時数，授業形態等
課題・ 改善策	・頒布会当日だけでなく，招待状を届けたときや製品の製作段階においても，「お客さん＝小学部のお友達」を意識できていた生徒が多かった。 ・招待状を直接届けることでイメージを持ちやすくなった。 ・(文化祭と比べて) 小規模の頒布会を文化祭の前に実施できたことで，丁寧に頒布の進め方について指導を行うことができた。	・前単元の製品に比べて製品づくりの流れが確立していなかったこともあり，分業の進め方や工程表の準備が難しかった。 ・各製品を同一テーブル内で作っていること，工程数が少なかったことなどが影響し，工程間の受け渡し・報告の機会を多く作れなかった。 ・招待状を直接届けたことで，実際に買いに来てもらう人のイメージを持ちやすかったと思われる。 ・生徒一人ひとりに合わせた振り返りノート(目標設定)ができるとよい。	・グループ編成を変えたことで多くの生徒・教員と関わる機会を設けることができた。 ・製品づくりの終盤で，少し慌ただしくなってしまった。もう少し作業回数があるとよかった。 ・頒布を複数回行うことができたため，お金や商品の受け渡しを多くの生徒に経験させることができた。

(2) 今後の課題

　今回は革工芸班の共通のものとして設定した目標や評価規準をもとに，各生徒担当者が生徒一人一人の実態や個別の指導計画の目標を踏まえて具体的な行動を見取ってきました。より生徒一人ひとりの実態や教育的ニーズに合わせた授業評価を行うためには，共通の目標と評価規準を受けて各生徒の評価規準を明記する必要があると感じました。

　また，より客観性のある評価を行うためには評価基準を段階的に設定し，担当者間で確認し合うことが望ましいと思われます。授業ごとの評価するポイントを絞った導入を検討していきます。

● 引用文献 ●
埼玉県教育委員会 (2020) 埼玉県立特別支援教育教育課程編成要領 (1) 特別支援学校編【教育課程編成・指導計画作成のための資料】

Comment

　資質・能力の育成に関わって，観点別の評価規準を設定し，授業記録表を活用しながらエピソード記録が蓄積され，生徒への学習評価の還元や授業改善が図られています。本作業学習では職業・家庭の目標や内容が核となっていますが，社会科についても目標設定や評価規準の設定が行われ，資質・能力の育成状況を見取っている点がポイントです。振り返りノートのポートフォリオ的な活用も効果的ですね!!

12 生活単元学習「協働活動（地域清掃）」の単元における実践の紹介

東京都立臨海青海特別支援学校教諭　**飯嶋　ちづる**

1 実践概要

　本校は平成31年４月，東京都の臨海地区に新設された小・中学部を設置する知的障害特別支援学校です。周辺に住宅地はなく多くの観光施設に接し，日本だけでなく世界各地から多くの人々が訪れる場所にあります。生徒たちは，昨年度までとは違う学校に通学することになったため，年度当初，学校の周辺地域は生徒たちにとって馴染みが薄い場所でもありましたが，理科・社会を始めとする各教科の学習や生活単元学習などの授業で，地域を歩いたり施設を訪問したりすることを通して，学校周辺のことについて少しずつ学ぶ機会を増やしてきました。

　本校の中学部では，生活単元学習を週４時間設定しています。このうち２時間続きの授業は学部全生徒17名で行っています。あと２単位時間（１コマ50分ずつ）に関しては，自閉的な傾向のある６名の生徒が「社会性の学習」，他の11名の生徒が生活単元学習に取り組んでいます。ここでは，11名の生徒を対象に行った「地域清掃　～学校周辺のゴミ拾いをしよう～」という単元についての紹介をします。この単元では，生徒がこれまでに付けてきた知識や技能，コミュニケーションの力を活かしたり，自分で考え判断したりする力をさらに高めていけるよう「地域清掃」を協働活動の課題として設定しました。この「協働活動」は学習指導要領改訂の要点である「主体的・対話的で深い学び」を実現する方法の一つであると考えました。また，本単元における目標・内容は，国語科や社会科，職業・家庭及び日常生活の指導でも扱うものでもあり，この学習で身に付けた力は，将来的には，特別支援学校高等部の教科学習や作業学習における基礎的な力にもつながるということを意識して設定しました。さらに，この単元の中では，新学習指導要領の目標及び内容が資質・能力の３つの柱で再整理されたことを踏まえて設定された「知識・技能」「思考・判断・表現」「主体的に学習に取り組む態度」の観点で学習内容を整理し，学習評価を実施しました。

　単元の第1時では，地域清掃に使う道具の名称や使い方，軍手の扱いやゴミの分別に関する基本的な学習をした後，設定された室内で友達とペアを組んでゴミ収集と分別の活動を行いました。実際に，地域清掃に出た際に落ちていると想定される様々なゴミを用意して場面設定を行い，生徒たちは道具（掃除ばさみ）を使ってゴミを収集し，分別してバケツに入れた後，分別が正しくできたかどうかを全員で確認しました。ゴミの分別は，「燃えるゴミ」「燃えないゴミ」の2種類で，生徒が分別を迷った際には，自分自身で判断できるよう少しでもビニールが付着しているものは，「燃えないゴミ」にするという基準を設定しました。これは，生徒がゴミをよく見て，分別に関して正しく理解をしているかを適切に評価することにもつながりました。軍手の扱いや道具を使ったゴミ収集などの技能的な面に関して課題がある場合は，教員がその場で支援し，ゴミの名称や分別に関する知識面の確認は，授業の最後に教員がバケツからゴミを1つずつ出しながら紹介することで，生徒たちが正しい分別ができたかどうかを自分自身で判断するようにしました。

第1時：ゴミ収集の練習

第1時：ゴミの分別の学習

　第2時から第8時までは，学校周辺に出て2～3人で編成されたグループでの清掃を行いました。第2時から第4時までは役割分担や場所をあらかじめ設定し，第5時から第8時は役割分担や場所を生徒たちが相談して選択するようにしました。役割分担については，1単位時間のうちにゴミ収集とバケツを持つという両方の役割に1回は取り組むという設定で行いました。また，毎回，活動前後には清掃場所を見渡してゴミが落ちている状態とゴミがなくなった状態を確認する時間を設定し，生徒たちがきれいになったことを目で見て確認をし，違いが評価できるようにしました。この活動を設定することで，「自分たちが活動をしたことで変化した。美しくなった。」という実感につなげることができました。さらに，毎回，授業の振り返りでは，生徒たちが収集した物を

提示しながら，どんな物が落ちていたのか，分別が正しくできていたのかを確認し，次回の学習につなげるようにしました。

　単元全体を通して，活動に取り組む際の生徒のグルーピングは，生徒の実態や関係性に加え，各々に設定した目標が達成できるよう配慮して行いました。学年を超えてグルーピングをすることにより，教えたり教えられたりすること，正しい道具の使い方や言葉遣いなどに触れることなどが体験でき，新しい知識や技能を習得するだけでなく，既に知っていることやできることを新しい場面でも活用する方法も身に付けることができると理解できました。

校外での清掃活動の様子

活動後の分別の確認

2 単元の目標設定

　本単元の目標と指導内容を学習指導要領に示された資質・能力の3つの柱に即して設定しました。

○知識及び技能
（目標）
・清掃道具の正しい名称や扱い方を覚え，道具を安全に使用することができる。
（指導内容）
・使用する道具の名称
・道具（掃除ばさみ）を扱う際の手指の使い方，力の入れ方，2つのバケツの持ち方
・軍手の扱い方や正しい着け方と外し方，軍手の必要性
（関連する教科の内容との関係）
＜国語＞
・知識及び技能　1段階ア（ア）身近な大人や友達とのやり取りを通して，言

葉には，事物の内容を表す働きや，経験したことを伝える働きがあることに気付くこと。

・知識及び技能　2段階ア（ア）日常の生活の中での周りの人とのやり取りを通して，言葉には，考えたことや思ったことを表す働きがあることに気付くこと。

・知識及び技能　2段階ア（エ）理解したり表現したりするために必要な語句の量を増し，使える範囲を広げること。

＜職業・家庭＞

職業分野（A　職業生活）

・1段階　イ　職業

（ア）職業に関わる知識や技能について，次のとおりとする。

㋒作業課題が分かり，使用する道具等の扱いに慣れること。

㋔作業の持続性や巧緻性などを身に付けること。

〇思考力・判断力・表現力等

（目標）

・燃えるゴミ，燃えないゴミを正しく分別してバケツに入れることができる。

・清掃場所に関して，前後の状況の違いを正しく評価し，伝えられる。

（指導内容）

・正しいゴミの分別

・活動前後の確認

（関連する教科の内容との関係）

＜国語＞

・A　聞くこと・話すこと

1段階イ　話す事柄を思い浮かべ，伝えたいことを決めること。

＜社会＞

・ア　社会参加ときまり

1段階　（イ）　社会生活に必要なきまりに関わる学習活動を通して，次の事項を身に付けることができるように指導する。

㋐家庭や学校でのきまりを知り，生活の中でそれを守ることの大切さが分かること。

㋑社会生活ときまりとの関連を考え，表現すること。

○主体的に学習に取り組む態度

（目標）

・友達と相談して役割を決め，分担，協力してゴミ収集をすることができる。

・質問，依頼，報告ができる。

（指導内容）

・分担の決め方，話し合い活動の方法

・質問，依頼，報告時の正しい言葉遣いやタイミングの理解

（関連する教科の内容との関係）

＜国語＞

・Ａ　聞くこと・話すこと

　２段階　オ　物事を決めるために，簡単な役割や進め方に沿って話し合い，考えをまとめること。

＜社会＞

・ア　社会生活ときまり

　１段階（ア）社会参加するために必要な集団生活に関わる学習を通して，次の事項を身に付けることができるように指導する。

　㋐集団生活の中で何が必要かに気付き，自分の役割を考え，表現すること。

＜職業・家庭＞

　職業分野（Ａ　職業生活）

・１段階　ア　働くことの意義

　働くことに関心をもち，作業や実習等に関わる学習活動を通して，次の事項を身に付けることができるように指導する。

（イ）意欲や見通しをもって取り組み，自分の役割について気付くこと。

（ウ）作業や実習等で達成感を得ること。

3　学習内容及び学習活動の構成と取組の実際（単元計画）

		ねらい	学習内容・学習活動	・評価規準　○評価方法
	第１時	・道具の名前やゴミの種類を知り，覚える。 ・掃除ばさみの使い方を知り，正しい方法で扱うことができる。 ・ゴミを正しく分別できる。 ・友達と一緒にゴミ収集ができる。	・視覚支援教材（パワーポイント）を使った説明を聞く。 ・ゴミ当てクイズに答える。 ・ペア学習によるゴミ拾いの練習を行う。	・道具の名前を正確に答えたり，正しい道具を選んだりしている。 ・燃えるゴミ，燃えないゴミを正確に分別している。 ・自分のペアの友達と離れずに活動しようとしている。 ○授業への姿勢 ○発言への意欲 ○発問に対する発言内容

			○道具の扱い方の観察 ○友達との関わり方，依頼の方法
設定の 工夫	・実際のゴミ収集で落ちていると予想されるゴミを用意する。 ・ゴミ分別の際の判断基準に関する説明を行う。 ・ペアの組み合わせを工夫する。		
第2時 ～4時	・軍手を正しくはめ，清掃道具を正しい方法で扱うことができる。 ・収集したゴミを分別でき，分からない時には質問をすることができる。 ・指定された場所を理解して清掃を行うことができる。 ・グループの友達を意識して活動できる。 ・清掃前後の違いに気付ける。	・身支度を整え，清掃に必要な道具を安全に持って移動する。 ・道具を正しい方法で扱い，指定された分担の活動を行う。（バケツまたは掃除ばさみ） ・友達と一緒に移動しながら清掃を行う。	・清掃道具を持った際の安全な移動方法や扱い方について理解している。 ・ゴミの分別について理解している。 ・分からないことを質問している。 ・清掃場所が分かり，必要に応じて移動しながら清掃している。 ・一緒に活動するグループの友達を意識している。 ○授業への姿勢 ○道具の扱い方や取り組み方の観察 ○友達との距離感，関わり方，問題解決の仕方
設定の 工夫	・道具を持って移動する場面設定をする。 ・正しい扱い方の手本を提示する。 ・活動に取り組む中で，友達と離れないように指導する。 ・ゴミの分別が分からなかったり，迷ったりする場合は，一緒のグループの友達に質問，相談をするように事前に伝える。 ・生徒たちが収集したゴミについて，分別の確認をする時間を設定する。 ・清掃前後に，清掃場所を確認，評価する時間を設定する。		
第5時 ～8時	・清掃に必要な道具を友達と分担して運ぶことができる。 ・友達と相談し，清掃場所や担当する役割を選び，決めることができる。 ・道具を正しい方法で扱い，収集したゴミを正確に分別できる。 ・自分の役割を意識して活動に取り組める。 ・必要に応じて，依頼，質問，報告ができる。 ・清掃前後の違いに気付ける。	・自分の考えを表したり伝えたりする。 ・道具を正しい方法で扱い，自分の仕事に最後まで取り組む。 ・道具の扱いや分別を正確に行う。 ・友達と一緒に移動しながら清掃を行う。 ・自分の役割や仕事内容を理解して活動する。	・清掃に必要な物が分かり，安全かつ正確に使用している。 ・友達との相談場面に参加しようとしている。 ・以前の学習を生かしてゴミを分別している。 ・清掃場所や自分の役割を理解し，友達と一緒に移動しながら清掃している。 ・分からないことを質問し，解決しようとしたり，自分の考えを伝えようとしている。 ・清掃前後の違いを伝えている。 ○授業への姿勢 ○相談場面の観察 ○道具の扱い方の観察 ○移動や分別の方法 ○友達との関わり方，問題解決の仕方 ○発問に対する発言内容
設定の 工夫	・清掃場所や役割を選ぶ話し合いの場面を意図的に設定する。 ・正しい言葉遣いで依頼や質問をした生徒や言葉遣いを紹介する場面を設定したり，報告の時間を設けたりする。 ・清掃前後に清掃場所を確認したり，伝え合ったりする時間を設定する。		

4 資質・能力の3つの柱に基づく生徒の変容の姿

　生徒11名の中には，肢体不自由を併せ有する生徒（A児）もいます。A児は，

ゆっくり歩行すれば，バケツを持って歩いたり，掃除ばさみを教員と一緒に操作してゴミを収集したりすることができます。グルーピングの際には，A児と動きやペースを合わせることができるB児をペアにしました。当初，A児が掃除バサミを使う際には，ゴミを入れるバケツを入れやすい場所に差し出すのみであったB児が，「こっちだよ。」と言葉をかけながら差し出すようになりました。B児は，言葉かけをした時の方が友達がゴミをうまく入れられるということに自ら気付き，活動の際に有用なコミュニケーションの方法を見付けたと捉えることができました。また，第5時の頃からA児には，バケツを持つ役割に取り組む際，バケツを自ら友達の方に差し出す動きが見られるようになりました。学習を積み重ねることで，自分で考え，判断したことを行動で表した結果であると言えます。

　第5時から第8時まで設定した「清掃場所の選択」では，生徒たちがより多くのゴミが落ちている場所を選択する傾向が強く見られ，生徒たちの「ゴミをたくさん収集すること」に対する意欲の表れが感じられました。また，生徒たちは，普段，目にする機会が少ないゴミを収集することやフェンスの近くや植え込みが入り組んだ場所など，拾いにくい所にあるゴミを収集することにも意欲を高めていきました。これらは，既に身に付けている知識・技能をこの活動の中で使っていきたいという意識の表れであると思われました。その際，道具をより工夫して使うだけでなく，分別が難しいゴミに関して友達に聞いたり，自分の意見を言ったりすることで自然と友達とのやり取りの機会を増やしていました。

　また，「分担決め」では，始めに自分が希望する役割を主張し，道具を真っ先に手にしていた生徒が「やってもいいですか。」とグループの友達に交渉できるように変化する場面も見られました。「○○をしたい」でなく「○○してもいいですか。」と表現できるようになったことは，否定される可能性も受け入れる準備ができたと考えられ，人との関わり方の幅を広げたことが分かりました。

5　学習評価を見据えた取組の成果と課題

　今回，学習指導要領の資質・能力の3つの柱に即した目標を，「地域清掃」という協働活動の中で設定して指導を行ったことで，この3つの柱は相互に関係しあいながら力を育成していくということが分かりました。生徒たちは各々の役割を担当しながら活動することを通して，知識や技能を習得し，それを活用，応用していく様子が見られましたが，それらの過程の中で，私たちは，生

徒たちが自分で考えたり，判断したり，伝えたりすることを生徒の発達段階や一人一人の個性を十分に考慮しながら評価していく必要があります。

　今回，この単元の目標や学習内容を他教科（国語，職業・家庭，社会）の内容と関連付けて示しましたが，これらの教科担当者と指導計画の内容や学習評価に関して相互関連を図ることが今後の課題として考えられます。各教科の担当教員が生徒の状況を正しく捉えて評価をし，さらに教員間で共通理解をしていく必要があります。そうすることで，生徒が既有の知識を基に更に学習を積み重ねること，思考や判断を促すこと，学びを今後の生活に生かそうとする力につなげることができると思われます。

　また，今回の「地域清掃」の単元における学習場面を基に，本校の地域性を生かして，地域の人々との関わりをより一層緊密にして設定することも考えられます。今回の単元での活動を通して，生徒たちが，一緒に活動している友達や教員にも自分が既に知っていること，新しく知ったこと，できるようになったこと等を分かってもらいたい，生かしていきたいとする様子が多くの場面で見られました。今後はそれらをさらに，地域の人々にも広げ，よりよい社会を築いていく必要があります。本校付近に数多く存在する様々な施設で，生徒たちが身に付けてきた知識や技能を生かせる活動を設定することができれば，地域で暮らす人々との関わりを通じた「対話的な学び」につながります。

　現在，理科・社会の教科学習の際に連携して学習を支援していただいている施設（日本科学未来館）や訪問している社会施設で，生徒たちが清掃活動を行うような設定をすることで，今まで身に付けてきた技能や方法に加え，例えば施設で働く人々の意見や要望を受け入れることなど，更に学習を深めることができると考えられます。地域性を生かした課題設定を考慮し，学習評価を見据え，学習内容を整理した単元設定に改善を図っていきます。

Comment

　よりよい学校教育を通してよりよい社会を創る地域学校協働活動を標榜した「地域清掃」の学習が展開されました。各教科等を合わせた指導の形態の中で，各教科の目標・内容との関連付けを丁寧に整理した資質・能力の三つの柱が，「三位一体」のものとして設定されるとともに，評価規準の設定や学習環境の設定の工夫が行われ，資質・能力を見取る工夫も随所になされていますね!!

13

学校の教育目標から一貫した単元の目標設定と学習評価の工夫
「自分から自分で」精一杯働くことで培う資質・能力

山形県立米沢養護学校教諭　栗田　朋寛

1　本校の授業づくり

　本校では，「自分から自分でする人間を育てる」という学校の教育目標の下，各教科等を合わせた指導を教育課程の柱とし，授業においても児童生徒が自分の力を精一杯発揮しながら，自立的，主体的に活動に取り組む姿を目指しています。高等部では，「粘り強く進んで働く人」を育てるために，将来の働く生活に向けて，作業学習を教育課程（**表1**）の中心に据えています。

表1　高等部の日課表

時　間	月	火	水	木	金
			登校　8:45		
8:50〜9:40			日常生活の指導（着替え・朝学習等）		
9:40〜10:00			体力づくり		
10:00〜12:15			作業学習 ※月曜日は生徒会活動（10:00〜10:35）		生活単元学習 ／作業学習
12:20〜12:55			日常生活の指導（給食）		
12:55〜13:25			歯磨き・昼休み		
12:25〜13:45			清掃		
13:45〜14:35	生活単元学習／音楽／保健体育／作業学習				生活単元学習 ／作業学習
14:35〜15:00			下校準備		
			下校　15:00		

※　金曜日の生活単元学習は、年3回のバザー単元期間中は作業学習となる。
※　13:45〜は時期によって生活単元学習や音楽、保健体育となり、バザー単元中は作業学習となる。

　本校では，ある一定期間の生活上の目標や課題のことを「（生活の）テーマ」と呼んでいます。それは，教育課程上大きく位置づく生活単元学習や作業学習の単元名のことでもあり，児童生徒にとっては，単元のめあてと言うことできます。各単元においては，この単元のテーマを実現することを目指して日々の授業が展開されています。本実践は，作業学習において個別の育成を目指す資質・能力を明確化し，PDCAサイクルで授業改善を図ることで，生徒へのより良い支援につなげ，さらに，主体的で自立的な姿を目指して取り組んだ実践

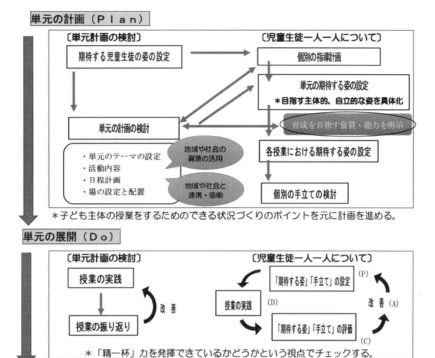

図1　令和元年度授業づくりのプロセス（令和元年度研究の概要より）

です。

　本校では，どの学部においても授業づくりのプロセス（**図1**）に沿って，授業づくりを行うことを基本としています。単元全体，各授業においても PDCA サイクルで，授業改善に取り組んでいます。この授業づくりのプロセスは，児童生徒が自立的に主体的に活動できるように，本校がこれまでの学校研究をとおして確立してきたものです。令和元年度からは，生徒一人一人の育成を目指す資質・能力を踏まえて授業計画をすることに取り組み始めました。**図1**の中段，「単元の展開」における PDCA サイクルについては，各学部で創意工夫をしながら取り組んでいます。

2 教育目標からつながる目標設定と育成を目指す資質・能力

　本校の授業づくりにおける目標設定は，児童生徒が主体的に活動する具体的な様子を「期待する姿」として示しています。児童生徒一人一人の期待する姿は，「めあて」として実現できそうなことを具体的に設定していますが，その際，教師の一方的なねらいではなく児童生徒自身の願いやこれまでの様子，保護者の願いなどを考慮して設定しています。

　本校の学校研究における「育成を目指す資質・能力」の考え方は，各教科等の目標や内容を習得することのみをねらいとして先に考えるのではなく，児童生徒が精一杯，主体的に取り組むことをとおして，生活に必要な知識や技能，思考力・判断力・表現力等を身に付けていくと考えて実践しています。それらを踏まえた個別の期待する姿と資質・能力の関係は，**表2**のとおりです。

　今年度の学校研究では，資質・能力の3つの柱の一つである「学びに向かう力・人間性等」について，観点別評価を考慮して「主体的に学習に取り組む態度」と言葉を置き換えて表記しています。「学びに向かう力・人間性等」のうち，観点別評価になじまないと言われている「感性や思いやりなど」については，通知表に文章で記載していく方向で取り組んできました。また，個別の指導計

表2　個別の単元の期待する姿と資質・能力の関係（令和元年度研究部だより第1号より）

名前	単元の期待する姿	テーマ実現の中で育成を目指す資質・能力		
○さん（○学年）性別	・単元において、児童生徒が「自分から」「自分で」主体的に活動する具体的な活動の様子。	＜知識・技能＞ ・期待する姿が実現されたときにどんな知識・技能が身に付くと考えられるか。 ＜思考力・判断力・表現力等＞ ・期待する姿が実現されたときにどんな思考力・判断力・表現力等が身に付くと考えられるか。 ＜主体的に学習に取り組む態度＞ ・期待する姿が実現されたときにどのような主体的に学習に取り組む態度が見られると考えられるか。 ＊以下の点も参考にして捉える。 　①　興味や関心を持って積極的に取り組む 　②　見通しを持って粘り強く取り組む 　③　学習を次の学習につなげようとする 参考「主体的な学びの視点（中教審答申 2018年12月）」		
本単元に関わる支援内容	個別の指導計画（1年間の支援方針より）	主な各教科との関連	学習指導要領より	

画や各教科等との関連が図られるように，本校の個別の指導計画や学習指導要領の各教科の目標及び内容についても関連させながら単元の活動内容の設定や支援に生かせるようにしています。以下，高等部作業学習縫製班の具体的な取り組みについて紹介します。

> 作業学習　縫製班
> Ａさんの学習評価の取り組みについて

(1)　単元名　「米沢織を使った新製品を販売しよう」

(2)　本単元の期待する姿（単元全体）

　・新製品の作り方を覚え，新製品作りに意欲的に取り組む姿。

　・製作，販売，宣伝などの自分の役割に責任を持って取り組み，友達や教師と協力して新製品を販売する姿。

(3)　単元の概要

　・本単元は，これまでの縫製班の製品に米沢織を取り入れたり，米沢織を使った新製品を作ったりして，販売会をしようというものです。

　・販売会前の新製品発表会や販売会当日を目指し，新製品を作ることに意欲的に取り組んだり，友達や教師と協力したり，責任感を持って取り組んだりする姿を期待しました。また，新製品に関わる新たな製作工程を担当し，

表3　Ａさんの単元の期待する姿とテーマ実現の中で育成を目指す資質・能力
（個別の指導計画「学習の記録」より）

名前	単元の期待する姿	テーマ実現の中で育成を目指す資質・能力	
（３学年）性別　女	・新製品発表会や販売会を目指して、バッグとカードケース作りの役割に責任を持って、意欲的に取り組む。 ・難しい場面など、必要な場面で丁寧な言葉で教師に伝える。	＜知識・技能＞ ・米沢織ポケットバッグを裏返す作業に繰り返し取り組むことで、まちの角をしっかりと出して次の工程の仲間にバッグを渡すことができるようになる。 ・米沢織カードケースを製作することを通して、より長い距離の直線縫いができるようになる。 ・カードケースを製作する工程を担当することで、返し縫いの技能が身に付く。 ＜思考力・判断力・表現力等＞ ・まち縫いとカードケースの2つを担当することで、製作物に応じてミシンの縫い方を選択することができるようになる。 ・困ったときなどの場面で「お願いします。」「〜してください。」など丁寧な言葉で教師に依頼することができるようになる。 ＜主体的に学習に取り組む態度＞ ・めあての数の完成を目指して、意欲的に作業に取り組み、めあての数を完成させようとする気持ちが育つ。 ・新製品発表会や販売会に取り組むことで、製作することや売れることに喜びを味わうことができる。	
本単元に関わる支援内容	①②③④⑩⑪⑫	主な各教科との関連	・国1段階（2）ア（ア） ・社1段階（2）ア（ア）⑦ ・職1段階（2）Aイ（ア）⑦⑨② ・職1段階Aイ（イ）⑦ ・家1段階（2）Bエ（ア）

販売することで，新しいことにも積極的に取り組もうという気持ちを持つことや，より良い製品を作ろうとする姿を期待して取り組みました。さらに，地元の伝統産業である「米沢織」について知ったり，地域の方々とも連携したりすることで，伝統産業の理解を持つきっかけや，地域の方々との協力する良さや喜びを味わい，これまで以上に働くやりがいを感じることができると考えました。

(4) 生徒Aさんについて

Aさんの本単元での主な役割としては，米沢織ポケットバッグのまちを，ミシンを使って3重縫いで縫う工程と，米沢織カードケースの表地と裏地を直線縫いで縫い合わせる工程を担当することになりました。**表3**に示すとおり単元の期待する姿は，Aさんのこれまでの様子や個別の指導計画など踏まえて設定しました。各教科との関連については，本単元でAさんについて考えた「テーマ実現の中で育成を目指す資質・能力」や単元の活動内容でAさんの活動に関わる各教科の目標及び内容です。

3 単元の学習（活動）内容と評価の実際〜Aさんの姿を中心に〜

(1) 意欲的に取り組めるように（表4「単元計画」参照）

表4　単元計画

月　日	2・3・4校時の活動内容	昼休みなど
8月27日（火）	・単元の導入 ①2学期の予定を知る ②新製品を作ることを知る ③「米沢織」について知る（動画等）	
28日（水）	・担当工程を知り、新製品作りの練習をする。	
29日（木）	・製品作り（めあてを決める）	
9月2日（月）	・製品作り	
3日（火）		
4日（水）	・織地の購入（米織会館）	
5日（木）		
9日（月）		
10日（火）		
11日（水）	・米沢織物工業組合理事長、事務局長来校。 （製品作りの視察、地域団体商標の申請）	
12日（木）		
17日（火）		
18日（水）	・新製品発表会、販売会導入（役割分担）	・実行委員会
19日（木）	・前半：製作 ・後半：発表会、販売準備	
24日（火）	・前半：製作 ・後半：発表会、販売準備 　　　：発表会リハーサル	
25日（水）	・発表会リハーサル、 ・新製品発表会（11：00〜11：30）	
26日（木）	・新製品販売会 ・売り上げの計算、単元のまとめ	

　単元の導入は，その後の単元に見通しや意欲を持つためにとても重要な学習です。新しい製品作りを行う本単元では，米沢織についての理解を深め，製作に意欲を持てるように，米沢織の歴史について触れたり，米沢織が織物になるまでの様子を動画で見たり，また，米沢織がどのように使われているかなどについて学習したりしました。特に，実際に袴などの織り地に触ることで米沢織の品質の良さや価値を知り，今後の活動への意欲が高まるようにしました。

　導入後から単元中盤にかけては，めあてを意識しながら進んで働くことができるように自分の担当する工程に繰り返し取り組むことができるように計画しました。また，単元の途中には，新製品を作ることや販売することへの意欲が高まるように，米沢織物工業組合の方に視察をして励ましていただいたり，アドバイスをいただいたりする活動を設定しました。

　単元の中盤では，繰り返し取り組むことで新製品作りに見通しが持てるようになり，自信を持って製作ができるようになると予想し，さらに目的を明確化し，目的に向かってやりがいを持って働くことができるように，製作活動と並行して，新製品発表会や販売会の準備活動を取り入れました。その際も，全員が単元のテーマ実現を目指して必要感を持って取り組めるように，「発表会・販売会実行委員」や「会場係」「販売係」と役割を分担しました。

(2) 学習内容への支援

　期待する姿を実現し学習内容を習得するために，一人一人に応じた最適な手立て（「できる状況づくり」）を取ることを意識しました。本校では，個別の手立ての観点を定め「見通しやめあて」「場の配置」「教材や用具」「工程や手順」「友達や教師との関り」「活動の選択」という6点から個別の手立てを考えるようにしています。Aさんについても，必要で最適な手立てを取ることを心掛けました。

(3) 評価の取組の実際

　本単元では，生徒一人一人を評価するにあたって，評価計画（**表5**）に従っ

表5　本単元の評価計画

いつ	誰が	誰の	何を
毎日	作業担当者	担当する生徒	毎日の期待する姿
単元途中2回	縫製班教員6名	抽出生徒	単元の期待する姿 テーマ実現の中で育成を目指す資質・能力
単元終了後	縫製班教員6名	抽出生徒	単元の期待する姿 テーマ実現の中で育成を目指す資質・能力
最終評価	作業担当者	担当する生徒	単元の期待する姿

て以下の取組を行いました。

① 学習の記録の活用について

　学習の記録（**表6**）は，本校の個別の指導計画に記載している単元ごとの児童生徒一人一人の日々の記録です。毎日の活動内容に即して，その日の期待する姿や手立てを設定し，児童生徒の様子を記録しています。この記録の積み重ねを，最終的に単元の期待する姿を評価する際の根拠としています。

表6　Aさんの学習の記録（抜粋）

月日	学習内容	本時の期待する姿	手立て	生徒の姿
8/29	製品作り	・バッグ4枚分のまち縫いとまち縫いと後のバッグの裏返す工程を正確にする。 ・カードケースの縫い方が分かる。	・まち縫いでまっすぐ縫いやすいように，布を折りたたんで用意し，線を引く。（見通しやめあて） ・カードケースを縫うためのミシンの番号や止める位置などを隣で伝える。（見通しやめあて）（工程や手順）（友達や教師との関り）	・まち縫い4枚分まっすぐ縫うことができた。 ・カードケースでは，返し縫をすること，ミシンは0番で縫うことを確認した。返し縫や返し口を開けて縫うことなどは難しい様子であった。1枚だけの練習となった。やろうとする意欲は高かった。
9/10	製品作り	・バッグ4枚分のまち縫いとまち縫いと後のバッグの裏返す工程を正確にする。 ・困ったときに丁寧な言葉で教師に依頼する。 ・返し縫いを正確に行い，カードケースを縫う。	・バッグのまちをまっすぐ縫いやすいように線を引く。（見通しやめあて） ・分からないことを伝えられるように，見守り，必要に応じて言い方を伝える。（友達や教師との関り） ・返し縫いを意識できるように返し縫をする箇所をシールで示す。（見通しやめあて）	・バッグのまち縫い，裏返しは，正確さ，自主性ともに完璧であった。糸の調子などが悪くなることがなかったため，今日は報告などの場面はなかった。 ・カードケースでは，縫い初めの返しい縫いは，9割以上できていたが，縫い終わりの返し縫ができていないときがあった。その都度教師と確認することで，できた。1枚分作ることができた。

② 作業班会による複数でのチェック

　本単元では，作業班会において縫製班教員による中間評価（**表7**）を2回行いました。中間評価では，それまでの学習の記録を基にして，単元の期待する姿の実現状況と，それを受けてテーマ実現の中で育成を目指す資質・能力についての評価を行いました。高等部では，達成状況を「A 達成した（達成度80％くらい）」，「B おおむね達成した（達成度50〜80％）」，「C 達成できなかった（〜50％）」の3段階で評価し，BやCの項目がついたものについては，手立ての見直しや活動内容の妥当性などについて話し合いを行い，次時の授業に生かすようにしました。

表7　Aさんの中間評価（Aさんの学習の記録より）

期待する姿について成果や課題	
・まち縫いの工程では，見通しを持って取り組み2時間の作業時間では，バッグ4枚分のまち縫いと，バッグの裏返しをすることができるようなってきました。まち縫いで，片方縫った後に，縫いやすように折りたたむところでは，今までは教師が行っていたのですが，教師のやり方を見て覚え，自分で折りたたむことができるようになりました。 ・カードケースでは，まち縫いの3重縫い（10番）からミシンを直線縫い（0番）に自分で判断して代えることができるようになりました。返し縫いをする場所がまだ正確に分からない様子が見られるときがありました。縫い初めは，カウントするようにアドバイスをしたところ自分で「1，2，3」と数えて縫い始められるようになりました。 ・糸が抜けるなど困った様子があったときには，「糸」「抜けた」など単語で伝えることが多かったのですが，その都度言い直すことで，「糸抜けました。」と言える場面が増えてきました。	

期待する姿について成果や課題	評価
＜知識・技能＞ ・米織ポケットバッグを裏返す作業に繰り返し取り組むことで，まちの角をしっかりと出して次の工程の仲間にバッグを渡すことができるようになる。	A
・カードケースを製作することを通して，より長い距離の直線縫いができるようになる。	B
・カードケースを製作する工程を担当することで，返し縫いの操作や技能が身に付く。	B
＜思考力・判断力・表現力等＞ ・まち縫いとカードケースの2つを担当することで，製作物に応じてミシンでの縫い方を選択することができるようになる。	A
・困ったときなどの場面で「お願いします。」「～してください。」など丁寧な言葉で教師に依頼することができるようになる。	C
＜主体的に学習に取り組む態度＞ ・めあての数の完成を目指して，意欲的に作業に取り組み，めあての数を完成させようとする気持ちが育つ。	B
・新製品発表会や販売会に取り組むことで，製作することや売れることに喜びを味わうことができる。	未

※未…まだ学習（活動）に取り組んでいないため，評価できなかったという意味。

＜中間評価を受けて＞

テーマ実現の中で育成を目指す資質・能力	手立ての改善
・カードケースを製作する工程を担当することで，返し縫いの操作や技能が身に付く。	・スタートの返し縫いはできるが，終わりの返し縫いを忘れてしまうときがある。シールなどの視覚的な支援は有効であると考えらいれるので，縫い初めをより正確にできるように，返し縫を始める箇所にシールを貼る。終わりは意識できるように声掛け等を続ける。

写真1　カードケースを縫うAさん

③　単元のまとめ

単元のまとめでは，中間評価同様に単元の期待する姿についての評価を行い，それを受けて，テーマ実現の中で育成を目指す資質・能力についても評価をしました。それらを単元の成果や課題として単元の最終的な評価としてまとめ，その成果や課題を基に通知表を作成することになります。テーマ実現の中で育成を目指す資質・能力については，評価後は次単元の活動内容や手立てに反映するようにしました。

4 資質・能力の３つの柱に基づく生徒の育ち

　Aさんは本単元のテーマを実現することを目指して，日々の活動に取り組むことで，**表8**に示すような育ちが見られました。

　各授業においては，Aさんが意欲を持って精一杯，主体的に作業に取り組む姿を一番に考え支援をしてきました。例えば，返し縫いをするときには手掛かりとしてシールを使ったことで，返し縫いができるようになったり（知識・技能），直線縫いと３重縫いのミシンの設定を自分で考え・判断して切り替えられるようになったりしました（思考力・判断力）。それらは，Aさんの自立的な姿であるとともに，単元のテーマを実現するためにも欠かせない必要な力が身に付いたと考えています。

表8　テーマ実現の中で育成を目指す資質・能力と生徒の育ち

テーマ実現の中で育成を目指す 資質・能力	生徒の育ち
＜知識・技能＞ ・米織ポケットバッグを裏返す作業に繰り返し取り組むことで，まちの角をしっかりと出して次の工程の仲間にバッグを渡すことができるようになる。	・バッグを裏返すときに，支援がなくてもまちの角をしっかりと出すことができるようになった。
・カードケースを製作することを通して，より長い距離の直線縫いができるようになる。	・カードケースの縦の長さ約26cmは，縫い代の線があることで，線のとおりに直線縫いができるようになった。
・カードケースを製作する工程を担当することで，返し縫いの操作や技能が身に付く。	・シールを貼っておくことで，それを手掛かりに縫い初めの返し縫いができるようになった。
＜思考力・判断力・表現力等＞ ・まち縫いとカードケースの２つを担当することで，製作物に応じてミシンでの縫い方を選択することができるようになる。	・ミシンの３重縫いの設定と直線縫いの設定を覚えて，製品によって自分で判断ができるようになった。
・困ったときなどの場面で「お願いします。」「〜してください。」など丁寧な言葉で教師に依頼することができるようになる。	・下糸や上糸が抜けたときに「糸抜けました。」「お願いします。」と教師に伝える場面が増えてきた。
＜主体的に学習に取り組む態度＞ ・めあての数の完成を目指して，意欲的に作業に取り組み，めあての数を完成させようとする気持ちが育つ。	・作業部屋に来るとすぐに自分からめあての数を確認して，声掛けなどがなくても自分から作業に取り組めた。朝の時間から，「今日も作業頑張る。」との言葉が聞かれるようになった。
・新製品発表会や販売会に取り組むことで，製作することや売れることに喜びを味わうことができる。	・発表会では，「カードケース」の紹介を担当し，教師の後に続いて，堂々と紹介の言葉を話すことができた。製品を取材陣の前に見せるときには，誇らしげな表情で見せていた。「いらっしゃいませ」と大きな声を出しうれしそうに販売した。
＜その他＞ ・単元でできるようになったこと。	・まちを縫いやすいように，バッグを折り畳んで洗濯ばさみで止めることができるようになった。

5　まとめ

　生徒一人一人について資質・能力を考え，評価する取組を行ったことで，単元でこうなってほしいという具体的な姿をイメージして，毎日の支援もより具体的に考えることができるようになったことは成果であると考えます。また，次の単元では「○○のような姿を期待したい。」という次に実現したい姿も具体的に考えやすくなりました。課題は，各教科との関連を図りながらさらに日々の活動（学習内容）の質を高めていくことや，より取り組みやすい評価の方法を考えていくことです。本校が目指す「自分から自分でする人間」を育てるため，今後も実践を積み重ねたいと思います。

● 参考文献 ●
独立行政法人国立特別支援教育総合研究所編著（2016）：「育成を目指す資質・能力をはぐくむための知的障害教育における学習評価の実践ガイド第2章第5節岩手大学教育学部附属特別支援学校の実践」ジアース教育新社
各教科等を合わせた指導（作業学習）における学習評価の工夫

Comment

　高等部の作業学習において，テーマ設定のもとに，その実現を目指して「職業」を核とした学習内容が構成されました。単元レベルにおける形成的評価では「いつ，誰が，誰の，何を」評価するのかという評価計画が立てられ，日々の学習の記録を積み重ねることで評価の妥当性や信頼性を高めるよう意図されています。今後は関連する各教科等の内容の習得状況や目標の達成状況をどのように見取るのか，その工夫の提案に期待したいですね!!

14 「自分でできる！」を実感できる 授業づくりと学習評価
～高等部「オリジナルチャーハンを作ろう」の授業実践から～

京都教育大学附属特別支援学校教諭　深田　菜々子

1 実践概要

　本単元「オリジナルチャーハンを作ろう」は，本校の各教科等を合わせた指導「生活」の中で行った調理活動をメインとした単元です。

　生徒がまずは自分たちでやってみるところからスタートし，様々な失敗を経て，自分で・自分たちで課題を見つけ，よりおいしいチャーハンを作ることを目指して課題を解決していくというサイクルで授業づくりを行いました。その過程の中で，生徒自身が「だんだんと分かるようになっていく自分」や「だんだんとうまくできるようになっていく自分」を実感できるよう，他者評価や自己評価を活用した振り返りを行いながら学習を進めてきました。

　また，授業担当者が，毎時間，学習活動の中で生徒が躓いた箇所や生徒の工夫が見られた箇所，生徒が発した言葉，起こした行動などを記録し，授業後にそれらの様子を共有して，生徒がどのように思考や判断等を行ったのかを検討し，目標達成に向けて柔軟に授業改善を行いました。

2 単元の目標設定

　単元の構想に際しては，新学習指導要領における高等部の「家庭」を軸にしながら，中学部の「職業・家庭」の家庭分野や自立活動の目標・内容も関連付けながら検討を行いました。

　高等部の「家庭」では，「生活の営みに係る見方・考え方を働かせ，衣食住などに関する実践的・体験的な学習活動を通して，よりよい生活の実現に向けて工夫する資質・能力」を育成することを目指しています。特に，本単元で取り扱う主な内容は，「衣食住の生活」の中の「日常食の調理」であり，新学習指導要領には，日常食の調理に関わる学習活動を通して「（ア）日常生活と関連付け，用途に応じた食品の選択，食品や調理用具等の安全と衛生に留意した管理，材料に適した加熱調理の仕方について知り，基礎的な日常食の調理ができること」「（イ）基礎的な日常食の調理について，食品の選択や調理の仕方，

調理計画を考え，表現すること」と記載されていることを踏まえて，チャーハン作りを題材として取り扱うことにしました。

表1 「オリジナルチャーハンを作ろう」単元目標

知識及び技能	○チャーハン作りの手順を理解し，一人で調理を進めることができる。 ・調理に必要な道具が分かり，自分で準備を行う。 ・レシピに書かれている情報を正しく読み取り，調理を進める。 ・具材や調味料の量の目安，具材の切り方を理解し，実践する。 ・チャーハン作りのポイントを意識して調理を進める。
思考力・判断力・表現力等	○調理の過程や出来上がりを評価し，良かった点や改善が必要な点，またその理由などについて考えることができる。 ○気づいたことや考えたこと，感想等を友達や指導者に伝えることができる。
学びに向かう力・人間性等	○よりおいしいチャーハンを作るために，他者からの評価やアドバイスを受け止めたり，有用な情報を取り入れたりして，自分のチャーハン作りに活かそうとすることができる。 ○課題の解決にむけて工夫しようとすることができる。 ○友達と協力して活動を進めることができる。

3 学習内容及び学習活動の構成と取組の実際

(1) 単元について

　これまでに取り組んできた調理に関わる単元では，友達と相談したり役割分担をしたりしながら協力して活動を進めることを目標の一つとし，ペアや少人数グループを組んで学習を行ってきました。また，家庭生活での調理につなげるには，自分でレシピを見て調理をしようとする姿勢・習慣を身につけることが必要であると考えたため，どの単元でも，はじめから指導者が示範を見せたり教えたりするのではなく，1回目の調理は「レシピを頼りに自分たちで調理を進める」という方法で行ってきました。どうすればいいのか分からないときには「①レシピをもう一度見直す→②班の友達と相談する→③それでもわからなければ先生に質問する」という解決の順序性を示し，指導者はこの③の質問がない限りは「見守る」という姿勢を徹底しました。そうすると，生徒たちはわからないことや自信がないことがあっても，ひとまず自分で考えてみたり，友達に聞いてみたりして，なんとか自分たちでやってみようとします。レシピに書かれていることの意味を誤解して捉えたり，説明をよく読まずに自分の感覚や思い込みで調理を進めたりするために，1回目の調理ではさまざまな失敗を経験しますが，それらの失敗を受けて，生徒たちが具体的な反省点を挙げ，次回へのモチベーションにつながるように工夫しました。

　本単元では，「一人で作れるようになる」ことを第一のねらいとしています。これは，卒業を控えた生徒たちの今後の生活を見越して，「自分一人でできる」という実感をしっかりと持たせることが，家庭でもやってみようとする意欲に

つながると考えたためです。ペアやグループで取り組むことによって身に付く力もありますが、友達と一緒に行うことで受け身になり活動量が少なくなる生徒がいることや、一連の調理活動における知識や技能を一人一人がどこまで習得できたのかをはかりにくいといった学習評価に関する課題もあるため、今回の授業では、1回目のみペアやグループで行い、2回目と3回目は1人で調理を行うという計画で進めることにしました。

表2 「オリジナルチャーハンを作ろう」単元計画　全18時間（1時間=45分の授業）

	学習活動
第一次	○チャーハン作りの計画を立てよう（2時間） ・班で相談し、チャーハンに入れる具材を決める ・調理手順の並べ替えクイズを行い、手順を確認する
	○調理第1弾「友達と相談しながら作ろう！」（2時間） ・班で調理を行う（レシピを見て自分たちで調理を進める）
	○調理第1弾の振り返り（2時間） ・班で話し合い、自分たちが作ったチャーハンについての評価を行う ・改善が必要な点を挙げ、次回の作戦を立てる ・「チャーハン作りのコツ」を学ぶ
第二次	○調理第2弾「一人で作ってみよう！」（3時間） ・一人で調理を行う ・班の友達の調理の様子を観察し、調理過程や仕上がりを評価する
	○調理第2弾の振り返り（2時間） ・友達からの評価シートを参考に、自身の調理過程を振り返り自己評価を行う ・次回にむけて作戦を立てる
第三次	○作戦を共有しよう（2時間） ・各々が意識しているチャーハン作りのポイントを出し合う ・ポイントと照らし合わせながら、指導者がチャーハンを作る様子を観察する
	○調理第3弾「これまでで一番おいしいチャーハンを作ろう！」（3時間） ・これまでに学習したことを活かして、一人で調理を行う
	○調理第3弾の振り返り・まとめ（2時間） ・チャーハン作りのポイントに関する筆記テストを行う ・学習の成果を振り返りシートにまとめ、感想等を発表する

（2）目標の達成状況を見取るための工夫

①第一次の学習評価の観点と評価方法

⑦知識及び技能

評価の観点	・レシピに書かれている情報を正しく読み取って調理を進めていたか ・具材や調味料の量の目安、具材の切り方を理解し、実践できたか
評価方法	パフォーマンスを評価

　1回目の調理では、どの班も概ねレシピに沿って進めていましたが、「卵が半熟になったらごはんを入れる」という工程はどの班もできておらず、卵が完全に固まってからごはんを入れていました。中には、卵を半分ずつ入れるなど、「半熟」という言葉の意味を正しく理解していない様子の生徒もいました。
　具材の量については、はじめにごはんの量を見せて「このごはんの量に合う具材の量を考えましょう」と呼びかけ、生徒の判断に任せたところ、キャベツ、人参などの野菜が多すぎる班がいくつかありました。ちりめんじゃこを使った班は、迷ったり調整したりすることなくちりめんじゃこを一袋すべて入れ、塩

辛いチャーハンが出来上がっていました。

調味料については，量の目安を記したプリントを事前に配付していたため，そのプリントを手がかりに調味を行うことができていました。

具材の切り方については，計画を立てる段階で「〇〇切り」と記入していた班もあれば，切り方の名称が分からない場合には大きさの目安を絵で描くなど工夫している班もありました。いずれにせよ，具材は細かく切ったほうがよいということは経験から理解しており，どの班も概ね実践できていました。

④思考・判断・表現

評価の観点	調理の過程や仕上がりを評価し，良かった点や改善が必要な点，またその理由や改善方法などについて，考えたり，伝えたりすることができたか
評価方法	話し合い活動での発言，ホワイトボードやワークシートへの記入内容，指導者の発問に対する答えなどを評価

1回目の調理の後に生徒がホワイトボードに記入した内容（表3）を見ると，生徒たちが「うまくいかなかった」と感じたのは，①ごはんと具材が混ざっていないこと，②具材の量の調整，③卵が半熟にならなかったこと，④焦げてしまったこと，⑤味付けが薄すぎたり濃すぎたりしたこと　の5点でした。各班で，これらの反省点を改善する方法を考え，ワークシートに次回の作戦を記入していきました。

表3　生徒の記入内容（※は筆者による補足説明）

1班	・ごはんと具がまざってなかった　　　　・卵が半熟にならなかった ・人参とキャベツは半分ぐらい入れる（※具材の量が多すぎた）
2班	・とりがらがからかった　　　　　　　・味がしょっぱかった。ちりめんじゃこを入れすぎた。
3班	・ごはんとぐざいをいっしょにいためるときにずっといためていたのでこげた ・たまごをやくように太くなった（※卵が分厚くかたまった）
4班	・味がちょっと薄いかな？　　　　　　・ごはんがかたい（いためすぎた？） ・たまごがこげた　　　　　　　　　　・火が強すぎた？

1回目の調理の評価より，レシピを見るだけでは言葉の正しい理解（「半熟」という言葉の意味理解等）が難しいことが明らかになったため，生徒たちが自ら改善していく際の手がかりとなるよう，インターネット上のサイトから中華料理人が教える「チャーハン作りのコツ」を引用し，写真と文章で生徒に説明しました。"チャーハン作りのプロ"という謳い文句もあってか，生徒たちはとても興味深く写真を見，説明を聞き，「次はこのとおりにやってみる！」と意気込みを語る生徒もいました。

②第二次の学習評価の観点と評価方法

⑦知識及び技能

評価の観点	一人でチャーハン作りに取り組むことができたか
評価方法	パフォーマンスを評価

2回目の調理では，繰り返しの中で活動の見通しがもてるようになる生徒については，指導者と一緒に写真入りの手順書を見て一つ一つの工程を確認し，調理を進めていきました。その他の生徒は，前時の経験を思い出しながら，一人で手順通りに進めていく姿がみられました。野菜の切り方や火加減，スムーズに進めるための段取り，味付けなど，細かなところでは課題がみられましたが，一人でチャーハンを完成させることができました。

㋑思考・判断・表現

評価の観点	調理の過程や仕上がりを評価し，良かった点や改善が必要な点，またその理由や改善方法などについて，考えたり，伝えたりすることができたか
評価方法	友達への評価シートの記入内容，自己評価シートの記入内容，指導者の発問に対する答えなどを評価

　友達の評価を行う際，生徒たちは，友達が調理を進める様子に非常によく注目しており，友達の評価をしながらも，自分が調理を行うときのシミュレーションを頭の中で行っているような印象を受けました。友達への評価シート（各ペアで前半・後半に分かれ，前半の生徒が調理をするときには，後半の生徒が評価シートにチェックをする。6つのチェック項目（①具材の量　②具材を切る　③具材を炒める④卵を炒める　⑤ごはんと具材と卵を炒め合わせる　⑥味付けをする）について〇か△で評価をし，△の場合はその理由を書きこむ。）に△をつけた項目の理由としては，表4のような記述がありました。
　友達からの評価を受けて，自分がうまくできていなかったところに気づいたり，認めたりすることができ，自己評価に反映させる姿がみられました。その自己評価に照らして，指導者が「〇〇にならないようにするにはどうしたらいい？」と問いかけ，次回の調理に向けて具体的な作戦を考えることにつなげていきました。また，友達の調理の過程を観察・評価したことにより，気をつけなければならないポイントが分かり，それを自身の作戦シートに書きこんでいく生徒もいました。

表4　評価シートにおける△をつけた理由（※は筆者による補足説明）

具材の量	・ねぎのりょうがはんぶんでいいのに多めに切りすぎている。
具材を切る	・具材を切るのがちょっとおそい。
具材を炒める	・ハムとねぎをいためるときに火のちょうせいをしていなかったのでちょっとこげてしまった。
卵を炒める	・ごはんをもってきてからいためるときに（※ごはんを用意する前に）さきにたまごをいためたのではんじゅくにならなかったです。
見た目	・ごはんとぐざいをいためるときに火のちょうせいをしていなかったことで見ためがこげてしまいました。

③第三次の学習評価の観点と評価方法

㋐知識・技能，主体的に学習に取り組む態度

評価の観点	これまでに学習したチャーハン作りのポイントを理解し，自身の調理に取り入れようとしたか
評価方法	パフォーマンスを評価，試験の実施による評価

　3回目の調理では，第二次の振り返りで作成した作戦シートと全体で共有した調理のポイントが書かれたシートを手元に置き，再び一人での調理に取り組みました。前時までの学習を受けて，卵を入れるところを重要なポイントとして捉えている生徒が多く，どの生徒もごはんを事前に用意し，フライパンに卵を入れたらすぐにごはんを入れ，お玉で手早くかき混ぜていました。また，味付けも慎重で，何度も味見をして微調整をしており，全体に混ざるように醤油を鍋肌から入れること，味付けが濃くなりすぎないように調味料を少しずつ足すことなど，これまでに学習したポイントを意識して取り組みました。
　まとめでは，この3回の調理活動を通して，チャーハン作りのポイントをどれだけ理解することができたかを見とるために，「チャーハンクイズにチャレンジ！」と称した筆記テスト（表5）を行いました。

表5　筆記テスト「チャーハンクイズにチャレンジ！」の設問内容

1	ごはんは水を（少なめ・多め）にして（やわらかめ・かため）に炊く
2	にんじんは（　　　）切り・ハムは（　　　）切り・ねぎは（　　　）切り
3	油は（少なめ・多め）に入れる
4	たまごをフライパンに入れる前に（　　　）を用意しておく
5	たまごをフライパンに（入れたらすぐに・入れてしばらくしたら）かきまぜる

6	(　　　　) を使って，たまごとごはんをよく混ぜる。
7	(ゆっくり・手早く) いためる。
8	こげそうになったら (　　　　　　　　)。
9	調味料は (一気に・少しずつ) 入れる
10	しょうゆは (フライパンの真ん中に・フライパンの端っこから) 入れる

⑦主体的に学習に取り組む態度

評価の観点	自身の変化や成長に気づき，家庭での調理に向けて意欲をもてたか
評価方法	自己評価シートや振り返りシートへの記入内容を評価

　調理の振り返りでは，自身の調理過程と出来上がりの味や見た目について，自己評価シートに記入をしました。単元の振り返りシートには，3回の調理を振り返って難しかったことや大変だったこと，うまくできるようになったこと，冬休みに家庭でチャーハンを作るときの目標を書く欄を設けたところ，主な内容として表6のような記述がありました。

表6　振り返りシートにおける生徒の記述内容

難しかったこと・大変だったこと
・味つけのとき，しょうゆととりがらの量があまり分からなかった。
・ねぎのななめ切りはむずかしすぎた。
・たまごをいためるときにはんじゅくになってからすぐにごはんを入れてたまごをくっつくようにいためることがたいへんでした。具材とたまごをいためるときにごはんと具材がまざるようにいためることがむずかしかったです。
・キャベツが少しこげた事と決め手の味が難しかった。

うまくできたこと・できるようになったこと
・たまごとごはんがからむようにおたまでまぜる事ができた。
・(前略) たまごと，ごはんは，はんじゅくにできるようになっていて，あじも，しっかりついていて，うまくできるようになりうれしいとおもいます。
・(前略) 具材の大きさをおんなじように切ることをがんばりました。具材をいためるときに一つずつ具材をこげないように中火でいためることができるようになりました。

冬休みの宿題 (家でチャーハンを作っておうちの人に食べてもらおう) の目標
・弟や母に喜んでもらえるチャーハン (濃い味) を作りたい!!
・レシピを見て，自分でおうちの人にかんしゃをすることです!!!!
・世界一のチャーハンを作る。具材を調節して入れる。
・だれが食べても気持ちがあたたかくなるホクホクのチャーハンを作りたい。おばあちゃんに作ってあげたい。

4 資質・能力の3つの柱に基づく児童生徒の変容の姿

① 「知識及び技能」に関する変容

　全3回の調理とその計画や振り返りの学習を経て，多くの生徒がチャーハン作りの手順を覚え，ポイントを意識して調理を進められるようになりました。

【エピソード】Aさんは，1・2回目の調理では，ごはんや具材が焦げてしまい，彩りが悪く，ごはんが固いチャーハンが出来上がっていました。ペアのB君から，炒める時間が長すぎることと火力が強すぎることを指摘され，

焦がさないためには「手早くすること」と「焦げそうになったら火を止めること」が必要であることを理解し，3回目の調理ではその2点を意識して，焦がすことなく彩りのよいチャーハンを作ることができました。

② 「思考力・判断力・表現力等」に関する変容

　本単元では，毎回の調理のあとに振り返りを行い，次回の作戦を考えるというサイクルで学習を進めてきました。失敗の経験から，卵が半熟の状態でごはんを加えるためにはどのような段取りで調理を進めればいいのかを考えたり，焦がさないための具体的な方法を考えたりすることができ，また自分が考えたことや感じたことを班の友達や指導者に伝える姿も多くみられました。

【エピソード】何事にも丁寧に取り組むC君は，1・2回目の調理では，キャベツを一枚ずつ剥がし，一枚ずつ細切りにし，細切りにしたものを一本ずつみじん切りにしており，かなりの時間がかかっていました。2回目の調理の時にその様子を見たペアのD君が，評価シートに「具材を切るのが遅い」と記入したことで，C君が自分のやり方を見直すきっかけとなり，C君は早く切るためにはどうすればいいのかを考えるようになりました。

③ 「学びに向かう力・人間性等」に関する変容

　「前回失敗したからリベンジしたい」「もっと上手に作りたい」という思いから，次回への決意や期待感をもって学習に向かう生徒が多く，友達からの評価を自己評価に反映させたり，よりよい方法を知った時にそれを取り入れようとしたりするなど，有用な情報を積極的に活用しようとする姿がみられました。

【エピソード】E君は，第二次で友達の評価を行う際，友達の様子を真剣に観察し，自分が調理を行う際のシミュレーションを行っていました。自分の番がくるまでの間，中華料理人のアドバイスが書かれた紙を何度も見返し，そのアドバイスを活かして，お玉を使って混ぜることを一早く実行していました。普段は自分の意見を主張することの少ないE君ですが，手がかりを活用して自らが実感した「お玉を使うと混ぜやすい」ことをクラスのみんなに伝え，うまくできるようになったことに喜びを感じている様子がみられました。

5 学習評価を見据えた取組の成果と課題

　本単元では，調理場面におけるパフォーマンスの評価，自己評価シートや他者評価シート等への記入内容の評価，生徒の発言や行動など指導者が記録したエピソードを用いた評価を行うことで，一人一人の生徒の目標の達成状況を見取り，授業展開や学習の手立ての見直しを行ってきました。

　ワークシートを用いた自己評価や他者評価は，言語化することで記憶に刻まれ定着していく生徒には有効ですが，言葉から具体的な行動や場面を想起することが難しい生徒にとっては活用しにくいところもありました。また，レシピには順を追って工程が書かれていますが，実際にはその合間に，次に使う道具を準備したり，材料を洗ったり，計量したりするなどの工程もあります。このようなレシピを見たり話を聞いたりするだけではイメージしにくい段取りを，自分の目で見て理解するために，単元の中盤に，指導者が調理を行う過程を見せる機会を設定したことは，思考を促していく上で効果的でした。

　知識や技能の確実な定着を図るのであれば，はじめから指導者が示範を見せて丁寧に教えていく方が効率的かもしれません。しかし，家庭での調理に自ら取り組もうとする姿勢を育むには，多少分からないことがあっても，失敗を恐れずに自分で考えてなんとかやってみようとする姿勢が必要です。

　限られた時間枠の中で生徒にどのタイミングで何を教えるか，また，どのような力が身に付いたのかを吟味すると同時に，身に付いたと思われる力が他の学習場面や生活の中で本当に生きるものになっているかどうかの確かめを行い，単元の再構成や授業改善を組織的に行っていくことが課題であると考えます。

Comment

　資質・能力の確実な育成のために「習得・活用・探究」の学習過程を意図的に組み込んだ単元が展開されています。知識・技能等を見取るためのパフォーマンス課題の設定やペーパーテストの実施など，事前の丁寧な評価計画の検討もポイントです。また，自己評価・他者評価を活用した学習意欲の喚起や，振り返りの中での発言・記述内容の分析も主体的に学習に取り組む態度の見取りにつながっていますね!!

Column ②

通知表の所見をどのように書くか

～子どもの学習改善につながるフィードバックとして～

教育政策研究会「特別支援教育部会」　増田 謙太郎

「学習評価イコール成績」として，評価を数値で示すことは，特別支援教育の分野では，あまり馴染みません。子どもの学習評価を，数値的な評価ではなく，「所見」として文章で記述することが，これまでもごく当たり前のように行われてきました。

しかしながら，特に，子どもや保護者に渡す「通知表」や「個別の指導計画」等の所見は，ただの「行動の記録」ではいけません。子どもが学習したことの意義や価値を実感できるような「学習評価としての所見」にすることが重要です。

子どもや保護者が所見を読んだときに，「先生はこういう所をちゃんと見てくれていた」「こういうふうにしたから上手くできた」と，学習したことに意義や価値を実感できるように，記述を工夫するのです。そうすることで，「学習評価としての所見」は，子どもの「学び続ける意欲」につなげることができます。

すなわち，「学習評価としての所見」は，「子どもの学習意欲につながるフィードバック」として機能することが可能なのです。いくつか，文例を基に見ていきましょう。

①書字が乱れてしまう A さんへの所見文例

> 書ける文字も増えてきて，書くことへの意欲が高まってきています。しかし，「速く書きたい」「たくさん書きたい」という思いから焦ってしまって，書字が乱れてしまうことが見られます。滑り止め付きの鉛筆を使うようにしたところ，文字の形を整えて書くことができるようになりました。

「書字が乱れてしまう」という課題だけを記述するのではなく，書くことへの意欲が高まってきている A さんの今の様子を肯定的に捉えたうえで，現時点での課題について端的に指摘し，それに対しての支援の結果について，コンパクトに記述しています。

おそらく A さんは，文字を書く際に焦りや不安が生じた時に，過度に力が入りすぎてしまい，文字が乱れてしまうのでしょう。

A さんの書こうとする意欲が高まってきていること，そして「滑り止め付きの鉛筆を使えば，文字の形を整えて書くことができる」という支援器具を有効に利用することの効果をフィードバックしています。

このように記述すると，「支援を得ながらも学びに向かう力」を高めていくことが期待できます。

②漢字を覚えることが苦手なBさんへの所見文例

　漢字を部首やつくりなどのパーツごとに分解して，例えば「字」であれば「うかんむりに，子どもの子」のように唱えると，漢字が覚えやすくなるということを見付けることができました。この方法だと，漢字の宿題も毎日やってくることができるようになっています。

　障害の特性等により，学習の方法に工夫が必要な子どももいます。おそらくBさんは，漢字を見て覚える学習方法よりも，言語を使った学習方法が有効な子どもなのでしょう。
　この所見からは，「漢字を覚える方法」を見つけることができたこと，そして宿題を継続的に行う力が付いてきたことがわかります。本人が自分の得意な学習方法を見付けたことを評価することで，学習に対して意欲を高めていく効果が期待できます。

③活動に過度に集中しがちなCさんの所見文例

　好きな活動のときは，終了時刻になっても活動を終えることができないことがありました。残り時間を確認しながら，あと何分で今の作業を終えなければならないのかを声かけすると，終了時刻を守ることができるようになってきました。

　このようなCさんの様子は，おそらく家庭でも同様の状況が見られるはずです。Cさんへの具体的な支援の方法を保護者と共有することで，家庭でも同じ方法で取り組むことができるようになります。
　このような情報は，「個別の教育支援計画」に生かすこともできます。

東京都・江戸川区立新田小学校教諭　橋本　千里

15 イラストルーブリックを用いた 振り返り活動
～きつねのおきゃくさまペープサート朗読劇から映像作品を作ろう～

1 概要

　新学習指導要領で示された「資質・能力」を特別支援学級（知的障害）ではどのように育成できるのかを考える際に，知的障害の児童に必要な「資質・能力」について考えてみました。【国研ライブラリー】資質・能力（理論編）によると，資質・能力について「知識は学んで身に着けるもの，資質・能力は自分の中にあるものを引き出して使うものという区別ができるでしょう。」(P39)と示されています。このことから，各教科や領域で学んだ知識やスキルを実際に活用する場面を単元の中で設定することが必要だと考えました。さらに，その活用場面は様々な力を総合的に使えることや日常生活や児童の興味関心に沿うものを取り入れることが重要です。目標とする「資質・能力」は対象が変わっても活用できるものであるため，年間を通して様々な活用場面を教科横断的に設定していくことが効果的でしょう。また，知的障害のある児童にとって，「自分がこのようなやり方だと分かりやすい。」と自分自身で知ることも「資質・能力」の向上に大変重要であると考えます。自分の引き出しに入っている知識やスキルを活用するためには，自分で状況を把握し，方法を選択する力が必要だからです。

2 単元の目標設定

　本単元では，新学習指導要領で示された「資質能力の育成」を実現するため，児童が「見方，考え方」を働かせ学ぶことができるよう以下のことに着目して授業づくりをしました。

　国語科で示されている，言葉による見方・考え方を働かせ，児童が言葉に注目し，言葉の意味や状況を根拠に自ら考えられるように工夫をしました。視覚的な支援を単元の前半ではあえて減らし，限られた挿絵と本文の言葉に注目することや音読を毎時間取り入れ，言葉の響きを楽しんだり，本文に慣れたりできるようにすることです。また，単元後半では，ペープシアターの劇づくりを

取り入れ，前半で考えたことや身につけたことを表現する場を設定しました。単元の最後には，劇を映像に撮り，上映会をすることを設定しました。これは，やり直しができるため，自信がもてない児童が安心して取り組めることや，自分を客観的に見られること，校内の友達や先生，保護者の方々へ，一番良く出来たパフォーマンスを何度でも見てもらえるという効果が期待出来ます。

　本学級の児童は，目的活動に対して一生懸命に取り組みますが，結果や成果物に対して，自分たち自身で価値付けすることに慣れていません。そのため，教師や保護者に評価してもらわないと，達成感を味わいにくいという現状があります。また，自己評価を取り入れても，「できた。」「できなかった。」の2択になりがちでした。そこで，本単元では，イラスト入りのルーブリックを活用し，児童が学習を具体的な場面を想起しながら振り返りが行えるように工夫しました。また，ルーブリック作成は，児童と教師が対話をしながら行うことで，児童自身の視点を振り返りの尺度に用いることにしました。また，「新しい教育評価入門人を育てる評価のために」によると「ルーブリックをつくることで，子どもにどのような力を育てることが必要なのか，子どもがどのようにつまずくのかを，具体的に捉えることができる。」(p151) と示されています。ルーブリックを取り入れることで，教師が自らの指導を見直すことにもつながると考えられます。

3 単元構成・内容

　前項で示した目標を達成するために単元を大きく3つに分けて構成しました。まず，「きつねのおきゃくさま」の物語を知り，読み取りを行う時間。次に，読み取ったことを基にペープサート劇の映像作品を作る時間。最後に，出来上がった映像作品の上映会をし，学習を振り返る時間です。単元と同時期に，宿題では物語の視写や音読を行いました。

表1　単元の活動内容と教師の手立て

単元のまとまり		・活動内容	・教師の手立て　☆評価（方法）
①文章の読み取りの時間	第1時	・物語を読んで感想をもつ。	・物語の全体を捉えることが難しい児童には，好きな登場人物を選び，どの場面からそう思ったのかを挿絵から考えさせる。 ☆物語を読んで，思ったことを理由を述べながら表現している。（発言・ワークシート）
	第2時	・ひよこが登場する場面を読んできつねの気持ちを考える。	
	第3時	・あひるが登場する場面を読んできつねの気持ちを考える。	
	第4時	・うさぎが登場する場面を読んできつねの気持ちを考える。	

①文章の読み取りの時間	第5時	・おおかみが登場する場面を読んで，きつねがなぜ戦ったのかを考える。	・これまでのワークシートを振り返り，きつねの気持ちの変化（特に気持ちメーター）に注目させて考える。 ・絵本を読み返し，きつねの表情の変化に注目できるようにするために挿絵を大きくして提示する。 ☆きつねの気持ちの変化に文章や気持ちメーターから読み取っている。（発言，ワークシート）	単元を通して本文や台本の音読を行い読むことに慣れる
②劇づくりの活動の時間	第6時	・劇作りに向けて役割を決める。 ・演技やそれぞれの役割（台本係，監督，背景係）としてどのように頑張りたいかを，教師に伝える。	・児童の得意が生かされるような役割を用意する。 ・一人一人が，何を頑張りたいかを個別に聞き取り，どのような行動が目標になるのかを具体的に伝える。 ☆自分がやりたい事を発表したり，絵から選んだりしている。（発表）	
	第7時 〜 10時	・ルーブリックを活用してめあてを確認する ・役割に分かれて準備を進める。 ・ルーブリックを活用して活動を振り返る。	・ルーブリックを見て，活動前にどのように頑張りたいかをイメージさせる。 ・各役割の中で，手順表を用意し，児童が自分でやるべき事を考えられるようにする。 ☆自分で活動を振り返り，評価している。（ルーブリック，観察）	
	第11時 第12時	・演技の練習をする。	・セリフの量は児童の実態に応じて振り分ける。また，ペープサートを動かしたり，背景を変えたりする役を任せ，読むことの負担感を減らす。 ☆台本を音読し，自分のセリフを練習している。（観察，発言）	
③劇と上映会	第13時	・ペープサート劇を行い，映像に撮る。	・読むことに自信がない児童には，映像の取り直しができる事を伝え，緊張をほぐす。 ☆台本を見ながら，セリフを読んだり，ペープサートを動かしたり，映像を撮ったりしている。（観察，ルーブリック）	
	第14時	・上映会を行い，単元の振り返りをする。（上映会の計画や招待状，ポスターなどは生活単元学習と関連させて行う。）	・自分や友達のセリフの言い方，ペープサートの動かし方，映像の撮り方を見る視点として伝える。 ☆作品を見て，自分のよかったところやもっと頑張りたいところを見つけている。（ルーブリック，発表）	

【①文章の読み取りの時間】

・音読の工夫

　文章を読む事に慣れるように，毎時間音読を取り入れました。教科書の文章をいきなり読むのではなく小段落ずつに視写を行い，自分が書いた文字を読むようにしました。

　毎日，一枚宿題にも出し，音読と合わせて家庭でも取り組めるようにしました。

写真1　視写

　また，初めて読む文章は「カメさん読み」としてゆっくり読んだり，「ロボット読み」として一文字ずつ区切りって読んだり，全ての児童が確実に読めるようにしました。

・ワークシートの工夫

　変化するきつねの気持ちを捉えることができるように，「気持ちメーター」をワークシートに載せました。挿絵のきつねの表情やきつねのセリフや行動に着目しながら，きつねの気持ちを考えました。劇づくりに生かすために，きつねのセリフを考え，ワークシートに書くことも取り入れました。

写真2　ワークシート

【②劇づくりの活動の時間】

・3つの役割設定

　劇づくりに向けて，3つの役割に分かれました。「監督」「台本係」「背景係」です。

　絵を描く事が得意な児童，登場人物の気持ちを想像する事が得意な児童，電子機器に興味をもっている児童。それぞれが得意な活動がいずれかの役割に入るように活動内容を設定しました。全員が自分でやりたい役割を選んで分担が決まりました。

役割	活動内容	人数
監督	・デジタルカメラ，タブレットの使い方を覚える。 ・劇を取る場所の設定を決め，映像を撮る練習をする。 ・みんなが活動している様子や決まった背景の記録写真を撮る。	3人
台本	・元の台本を読み，きつねのセリフを考える。 ・他の児童にきつねのセリフを伝えて，台本に書いてもらう。	2人
背景	・絵本や，本文から背景の絵を考えて描く。 ・描いた背景を場面ごとに分け整理し，配置を決める。	2人

・イラストルーブリックの作成と活用

　それぞれの役割ごとに，4つの観点から4段階で活動を評価できるように作成しました。一人一人にインタビューを行い，自分自身で決めた目標が達成できたかどうかを振り返る事が出来るようにしました。

【③劇と上映会】

　劇を作成しながら，学級活動で完成したらどうするかを話し合う時間を設けました。多くの児童から，家族に見せたい，学級の別の学年の友達や交流活動で仲良くなった友達に見せたい，先生たちや地域の人に見せたいという意見が出てきました。そこで，出来るだけ多くの人を招待して上映会を開くために生

活単元学習の時間に準備を進める事にしました。招待状を書いたり，チラシを作って配ったり，上映会の時の司会の計画，教室の中をどのような配置にするか会場設定を考えたりしました。

4　活動の様子・児童の変容

　児童の具体的な活動と行動や発言の変化について3つの視点からまとめます。

（1）活動への期待・意欲

　文章を読むことに苦手意識がある児童は，教科書の文章を見るだけで，「自分には難しいなあ。」と自信のない様子が見られました。そこで，単元①の段階では，場面を区切って提示し，読むことが得意な友達の音読や教師の話を聞くことで話の内容を把握させたり，挿絵をじっくり見て気が付いたことを発表しあったりする時間を取りました。物語の最終場面では，きつねの気持ちメーターを自分で付け足したり，教科書の挿絵の部分にきつねの気持ちを可視化するようなマークを書き込んだりする児童も現れました。

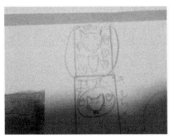  

写真3　気持ちメーターを描き込ん　　写真4・5　気持ちを表すイラスト
　　　　だワークシート　　　　　　　　　　　　を描き込んだ教科書

　また，音読は逐次読みになってしまうことを恥ずかしがる児童や自信をもてず声が小さくなってしまう児童も楽しく読めるように，ゆっくり読む「カメさん読み」お経を唱えるように伸ばして読む「おぼうさん読み」速く読むことに挑戦する「新幹線読み」など色々な読み方を楽しみ，読むことの

写真6　音読に使うカード

抵抗感を少なくしていきました。家庭にも協力をいただき，毎日教科書や台本を音読する時間を作りました。単元②に入る頃には全員が自信をもって音読ができるようになりました。朝自習の時間に自主的に音読をする児童の姿もあり，音読することの楽しさを感じることができるようになりました。

読むことに自信がついた児童に，ペープサートの劇
づくりを提案すると，大変意欲的に取り組み始めまし
た。3つの役割を示すと，全員が自分でやりたい役を
選ぶことができました。単元②の劇作りについては次
項で詳しく記述します。出来上がった作品についてど
うしたいかを話合う中で，「お父さんお母さんに見せた
い。」という意見が出ました。1学期は，保護者の前で

写真7　上映会のパンフ
レット

発表することに強い緊張や不安を感じる児童もいましたが，作り上げた作品に
自信をもてたのか，同じ学級の友達以外にも多くの人に見てもらいたいという
意見が出ました。

(2) 3つの役割ごとの取り組みの様子

［監督］タブレットやカメラの使い方を覚える場面では，やりたい気持ちを
優先し，3人で譲り合うことや協力することを意識することが難しかったです。
しかし，操作に慣れてくると，自分達で操作する順番を決めたり，操作が分か
らない友達に教えたりする様子が見られました。イラストルーブリックの「友
達と協力する」という項目を意識し，3人で話しながら振り返りを行なってい
ました。作業が進むにつれ，協力する様子が徐々に変わってきました。「初め
は順番を守ること」「教えてあげること」と基本的には一人での活動でしたが，
タブレットで音読している場面を録って確認すると，距離が近すぎたり，声が
小さすぎたりすることに気がついたようでした。そこで，メジャーを使って，
丁度良い距離を見つけるために何度も録り直していました。丁度良い距離「2
m50cm」を発見した時には3人でハイタッチをしながら喜ぶ姿が見られまし
た。実際に劇を動画に取る場面では，背景係に貼る背景を指示し，みんなに声
をかけタイミングよく動画を撮ることができました。

写真8　決定した場面の背景

写真9　きつねの気持ちを視覚化した背景

［台本係］教師が用意した台本を2人で何度も読み合わせをし，きつねのセ
リフを考えてオリジナルの台本を作成しました。その時に，単元①で学習した
ワークシートに書いたきつねの気持ちを読み返しながら，友達の意見も取り入

れて考えていました。1度目にみんなで台本を読み合わせし，その様子を動画で録って振り返りをした時に，「もっと気持ちを込めて，なりきってセリフを言いたい。」という意見が台本係の2人から出てきました。自分たちで読み方キャラクターを作り，台本のすべてのナレーションとセリフに読み方を指示するメモを書き出しました。他の児童を一人ずつ読んで，読み方のアドバイスを行なっていました。2人の台本は書き込みでいっぱいになっていました。

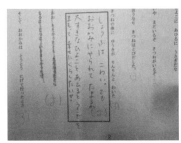

写真10　台本係の書き込まれた台本　　写真11　台本係が作成した読み方キャラクター

　[背景係] きつねのお客様の絵本を見て，登場する虫や草花などを絵に書きました。最初の1時間は，教師に「これを描いてね。」と言われた絵を一つ一つ描いていましたが，慣れてくると，季節の生き物や植物をもっと描きたい気持ちが出てきたようで，図鑑を使い，調べて描く姿がありました。2人で分担して季節の絵を描き上げると，台本や絵本を見ながら，場面ごとに背景の配置や使う絵を考えました。ワークシートの「きつねの気持ちメーター」から着想を得て，きつねの気持ちを視覚的に表す吹き出しを考えた児童もいました。絵本の絵をそのまま描くのではなく，自分たちの思いが表現されたオリジナルの背景が出来上がりました。背景係は，動画を撮る時には，場面に応じて背景を張り替える仕事も担当しましたが，教師が声をかけることなく，監督の声かけで素早く張り替えをする姿がありました。

写真12　背景係が描いたイラスト　　写真13・14　きつねの気持ちを視覚化した背景

(3) イラストルーブリックを活用した振り返り

　初めて使うタイプの振り返りシートに戸惑いを見せていました。自分の学び

方について評価することは，これまで「頑張ったか，頑張ってないか。」で判断していたことや，写真や映像など視覚的に分かるものを見て判断していたことから，慣れないうちは教師が一人一人に具体的な行動を伝え，一緒に考えました。慣れてくると児童どうしで話し合ったり，一人で取り組んだりできるようになりました。これまで，一つの行動を終えるごとに，教師に対して「先生できました。見てください。」と伝えてきた児童の報告回数が減りました。これは，教師に見てもらい評価してほしいという気持ちと次に何をして良いか分からなくて困っている気持ちからだと推測されます。その行動が減り，時間いっぱい自分のやることに没頭したり，友達と話すことで作業工程を確認したりする姿が多く見られるようになりました。

5　成果と課題

本実践の成果を3点の成果を挙げます。

(1)「知識及び技能」について（音読スキルの向上）

この単元を通して，音読をすることの楽しさを感じ，全員が自主的に音読の練習をするようになりました。また，「きつねのおきゃくさま」の文章を読むことが上手になり，スムーズに読むことができるようになりました。また，場面によって読み方を工夫することができるようになりました。

(2)「思考力・判断力・表現力」について（音読スキルの向上）

本単元では，②劇づくりの活動の時間に計5回の振り返りを行いました。◎をA判定，○をB判定，△をC判定としてまとめます。

A児の自己評価は，活動始めには，高かった評価が徐々に低くなっています。なぜその評価にしたのかを聞くと，「友達と話し合うのに時間がかかったし，なかなか決まらなかったから。」と答えました。これは，友達との関わりが深くなり，話し合う回数が増え，内容が複雑になったため，時間がかかってしまったためです。音読は回数を重ねるごとに上手になるので評価は上がっていますが，ビデオを見て振り返りをしたことにより，さらに改善したいことが見つかったようで最終的にはB判定になっています。このように徐々に低評価をつける児童は2名いました。

A児	9月27日	10月3日	10月16日	10月21日	10月23日
友達との協力	A	欠	B	B	B
音読	C	欠	B	B	B
係の活動	A	欠	A	B	B

B児の自己評価は活動を重ねるごとに徐々に評価が上がりました。活動の始

めたばかりの頃は，自信がもてずB評価や記入なしの項目もありましたが，徐々にすべてA評価になりました。

B児	9月27日	10月3日	10月16日	10月21日	10月23日
友達との協力	A	A	B	A	A
音読	A	B	A	A	A
係の活動	記入なし	A	A	A	A

C児の自己評価は，全体的にA判定が多く，S判定が入っています。これは，◎の項目に丸を花丸にしてつけている場合にしました。なぜ花丸をつけたのかを聞くと，「自分で思いついたことを係の活動でできたから。」と答えました。このような児童は3名いました。他にも，「すごくすごく楽しかったから。」「自分がいっぱいできたから。」のように活動に対する満足感を感じたときにつけた児童もいました。

C児	9月27日	10月3日	10月16日	10月21日	10月23日
友達との協力	A	A	A	A	A
音読	A	B	A	A	A
係の活動	B	A	S	A	A

D児の評価はすべてA評価でした。理由を聞くと「楽しかったから。」と答えました。

それぞれが，自分の活動を振り返り，考えながら評価をつけることができました。この時に，教師がなぜその評価をつけたのかを聞き取り，児童の言葉で表現する時間を設けることで，評価の根拠が意識でき，より信ぴょう性の高い評価に繋がります。また，ルーブリックを活用し，具体的な活動の様子を思い浮かべながら自己評価をすることで，児童のメタ認知能力の向上にも繋がると考えます。

（3）「学びに向かう力，人間性」について
　　（自己肯定感の向上，他者への寛容性の高まり）

全員が，音読が上手になったと自分で気がつくことができました。イラストルーブリックでは，最終の振り返りで音読の項目は全員A判定になっています。また，単元終わりに感想を発表する場面では，全員が読むことが上手になったという趣旨の内容を発表しました。また，友達と協力して活動することを通して，友達に優しい言葉をかけて助け合ったり励ましあったりする場面を観察できました。劇をタブレットで撮っている時に，一人の児童がセリフを言い間違えて撮り直しになりました。すると「大丈夫。もう一回撮ろうよ。」「その失敗，私もよくやるよ。」「ドンマイ。気にするな。」などまるで教師が励ますときに使うような言葉を，自然に児童同士で掛け合っていました。誰かが失敗した時

に怒ったり，自分の失敗に気持ちが乱れたりすることもありませんでした。

　次に本実践の課題を2点あげます。

1．様々な教科等で取り入れることで，さらなる自己評価能力の向上に繋がる。

　このような自己評価の取り組みを，一つの単元の授業だけではなく，様々な場面で活用することが必要であると考えます。成果の（3）で述べたようなメタ認知能力の向上をねらうのであれば，継続して行う必要があると考えます。

2．ルーブリックの項目づくりの検討が必要。

　児童が正確に自己評価を行うためには，児童の実態に合わせ，教師が項目を選定することが必要です。そのためには，児童の実態把握に基づいた単元計画，支援計画を立てることが必要です。また，チームティーチングで指導を行う際，教員同士の連携と評価基準のすり合わせが必要になります。

● 参考文献 ●
◇国立教育政策研究所（2016）『国研ライブラリー資質・能力［理論編］』東洋館出版社
◇西岡加奈恵・石井英真・田中耕治（2015）『新しい教育評価入門—人を育てる評価のために−』有斐閣

Comment

　「『文学的な文章』を扱う国語科授業」「子ども自身による振り返り活動」は，知的障害特別支援学級では困難を伴うことが多く見られます。本実践は，そのような知的障害特別支援学級の授業における困難を，創造的かつ意欲的に克服した貴重な実践です。本実践で示されているように，「教科の『見方・考え方』の視点を軸に単元を構成してくこと」「活動への期待・意欲が高まるような学習活動を展開すること」「イラスト入りのルーブリックを活用すること」等の工夫の精度を上げていくことで，授業改善および学習評価が進んでいく可能性が示唆されます。

16 理科「音の性質」における 授業づくりと学習評価

千葉県・柏市立田中小学校教諭　鷹取　哲史

1 実践概要

　新学習指導要領で理科の小学校第 3 学年に新たに追加された単元「音の性質」の学習評価を見据えた授業づくりに取り組みました。その中で，児童につけたい資質・能力を明確にして，その力をつけるためにどのような指導計画，学習活動を考案して，必要な手立てを講じていけばよいのかを考えていきました。

2 授業又は単元の目標設定

　児童にとって，「音」は，生活する中で当たり前にある自然現象です。それ故に，音の性質についてはあまり意識したことはないと思われます。知的障害特別支援学級で学習する児童にとって，身近に起きている自然科学の現象は，そこに疑問をもつことはほとんどなく，加えて，「音」は特に目に見えないので，音の性質について考え，理解することはなかなか容易ではありません。

　そこで，楽器を使って音を出す体験を多く取り入れ，震えている楽器に触れたり，震えている様子を可視化したりすることで，児童の中から生まれた気付きをきっかけに疑問を見出し，音の性質について学習していこうと考えました。

　それらの活動を通して，「①児童の中から出る気付きや疑問点，自分が考えていたこととのずれや友達と自分との考えのずれから本当のところはどうなのかを知りたい，わかりたいという意思が生じてくることを期待したい。②その疑問を追求する過程で，問題を科学的に解決するための方法や能力を身に付けてほしい。③自分たちの身近にある「音」というものは，こんな性質がある，だから鳴っているんだ，聞こえているんだと理解してほしい。」と考え単元設定を行い，以下のように目標を設定しました。

【知識及び技能】

○物が震えることで，音が出たり伝わったりすることがわかる。

○音の大きさが変わると震え方が変わることがわかる。

○音の大きさと物の震え方との関係を調べる実験を安全に行うことができる。

【思考力，判断力，表現力等】

○音の大きさを変化させたときの物の震える様子について，生活や学習の中で経験したことなどから予想を立てることができる。

○音の大きさ（大・小）と震え方の様子を関係付けて捉え，気付いたことを表現することができる。

○糸電話で声を伝えるにはどうしたらよいか考え，友達との考えと自分の考えを比較して検討することができる。

【学びに向かう力，人間性等】

○音の性質について，体験や実験から進んで調べる活動を通して，自分なりの考えをもったり，友達の考えを聞いて自分の考えと比べて考えを見直したりしようとする。

3　学習内容及び学習活動の構成と取組の実際

(1) 指導計画

時間	学習内容と活動	◎評価
1	音を出してみよう。 ○様々な楽器を使って音を出す。 ○音を出したときの楽器が震えていることを体感する。 音が出るとき，楽器は震えている。	◎音が出るとき，楽器は震えていることに気付き，理解することができる。（知識・技能） ◎音に興味・関心をもち，進んで音の性質を調べようとしている。（主体的に学習に取り組む態度）
2	音の大きさを変えると，楽器の震え方はどうなるだろうか？ ○大きな音のときと小さな音のときの楽器の震え方を予想する。 ○実験をして調べる。 ○実験結果を整理して考察する。 大きい音のとき，楽器の震え方は大きい。 小さい音のとき，楽器の震え方は小さい。 音の大きさを変えると，楽器の震え方も変わる。	◎音の大きさが変わると物の震え方が変わることに気付き，理解することができる。（知識・技能） ◎音の大きさと物の震え方との関係を調べる実験を安全に行うことができる。（知識・技能） ◎音の大小と震え方の関係について予想を立て，それぞれを比較して，差異点や共通点に気付き，考えを表現することができる。（思考・判断・表現） ◎進んで音の大きさと物の震え方の関係を調べようとしている。（主体的に学習に取り組む態度）
3・4	音は，空気・水・物に伝わるだろうか？ ○空気・水・物は音を伝えるか予想する。 ○実験をして調べる。 ○実験結果を整理して考察する。 音は，空気・水・物に伝わる。	◎音は，空気・水・物も震わせて伝わっていることに気付き，理解することができる。（知識・技能） ◎音の性質を調べる実験に取り組み，生活における事象に結び付けて考えようとしている。（主体的に学習に取り組む態度）

| 5・6 | 音を伝えてみよう。
○実験道具を使い，自分の声が伝わる様子を観察する。
○友達と協力して，糸電話で声を伝えるにはどうしたらよいか考える。 | ◎声も震えていることや糸電話では声の震えは糸を伝わっていることに気付き，理解することができる。（知識・技能）
◎糸電話で声を伝えるにはどうしたらよいか考える。（思考・判断・表現）
◎糸電話で声が伝わるわけを進んで考え，糸電話づくりに生かそうとしている。（主体的に学習に取り組む態度） |

（2）学習活動・内容の工夫

　導入では，主体的に取り組めるように打楽器や弦楽器，ストロー笛，スピーカー，音叉，机など身近にある様々なものを用意しました。自分で音を鳴らして，耳で音を聞いたり，楽器を触ったり，震えている楽器の様子を目で見たりするなど諸感覚を働かせて取り組む時間を多くとり，そこから捉えた共通点を基に物から音が出たり，伝わったりするときは物が震えていることに気付けるようにしました。そのために，「聞く」・「見る」・「感じる」の絵カードを用意してどの感覚を働かせればよいのか視覚的にわかりやすくしました。

　実際に楽器を鳴らすことで手や体，足元などから「震える」という感覚を体感したときのつぶやきや気付き，発見を板書や動画撮影などで記録しました。それを使って振り返り，気付きを友達と共有することで，みんなで見つけた共通の知識として確認していきました。また，物が震えている様子が視覚的にわかる映像を見たり，震えるとはどんな様子なのかを身体表現したりすることで理解を促しました。

　2時間目は，前時のつぶやきや気付きのうち差異点として挙げられた音の大きさに着目できるようにしました。前時に気付いたことや生活体験と結び付けて，根拠をもって予想し，比較しながら調べる実験・活動を行いました。

　授業では，秘密の実験部屋として，一人一人実験するスペースを区切り，大太鼓を用意しました（**図1**）。また，太鼓の震え方が後で見てわかるようにタブレット端末で撮影しました。太鼓を鳴らして手で触ったり，楽器の震えが目で見てわかる「みえる君」（**図2**）を使ったりして実験を行いました。自分で撮影した映像をテレビで映しながら実験結果を共有し，全員で考察する活動を行いました。震え方の違いを身体

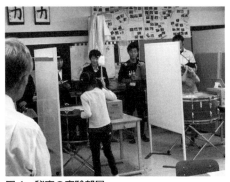

図1　秘密の実験部屋

で表現したり，ワークシートに書いたりしました。また，前時で使った楽器も用意して，確かめてみたいと思うようにしました。

3・4時間目は，「太鼓を鳴らしていないのにみえる君が震えた」という児童の疑問を基に，「音が伝わるとき物が震えている」という音の性質だけでは

図2 「みえる君」（極小発泡スチロールボールと色のついたビーズを透明の袋に入れました。）

なく「音は空気・水・物に伝わる」のではないかという仮説を見出しました。そこで，水を張ったバケツの中に防水のスピーカーを入れ，音を出したときの水の変化を観察しました。水の表面の揺れを見たり，手を入れて確かめたりしました。さらに，太鼓から離して「みえる君」を持ち，太鼓を鳴らしたとき震えるかどうかの実験を行いました。また，体育館の床や鉄棒で音は伝わるか実験を行いました。体で感じたり，耳で聞いたり，「みえる君」を使って目で確かめたり，音源の近く，遠くで比較したりしました。

その様子を動画やワークシートに言葉や絵で表し，情報を共有しながら空気，水，物も震えながら音が伝わるのかを考える学習活動を行いました。

5・6時間目は，自分の声も音であることがわかる「自分の声みえる君」を使って，震えている様子が分かるようにしました（図3）。

最後に今まで学習してきたまとめとしてパフォーマンス課題を設定しました。「三人で糸電話を使って話をしてみよう」の課題では，意図的に「糸電話がつながっていない」「糸がたるんでいる」「糸の上に物が乗っている」状況を設定しました（図4）。今まで学習してきたことを生かして友達と意見交換をして問題解決していく課題に取り組みました。また，実験結果から，ワークシートにどうしたら糸電話でうまく3人が

図3 「自分の声みえる君」（ボウルにビニールを張り，塩をまきました。）

図4 パフォーマンス課題

話せるか，絵や言葉で記述しました。

　ワークシートは，児童一人一人が学習課題に対してどのように考え，判断し，表現したか，そして何を理解し，気付いたかの評価の根拠としました。また，児童自身が今日学んだことやわかったことを後からも振り返ることができるようにしました。学習課題は，何を学び，何を調べ，何がわかるか見通しをもって学習できるようなものにしました。予想するときは，音遊びや前時の学習，生活体験を基に「〜だから〜だろう」と根拠をもって考えるようにしました。

予想を文章で書くことに時間がかかる児童には，選択できるものにしました。発見メモは，実験や観察を通して，気付いたことやわかったことを書けるようにしました。結果は，文章での記述，または穴埋めとし，観察の

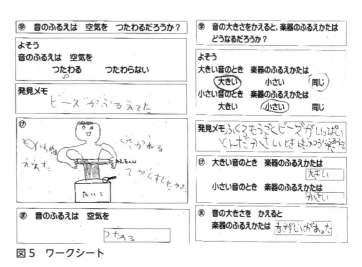

図5　ワークシート

内容は，図や絵で描けるようにしました。結論は，何を学び，何がわかったかを文章で記述または穴埋めで表現できるようにしました（**図5**）。

　自分の考えをまとめて発表したり，文章でワークシートに書いたりすることが苦手だったり，発言自体を忘れたりする児童もいるので，気付きやつぶやきを黒板に個々に記録しました。それを手掛かりに考察したり，友達の発言や自分の考えを再認識したり，気付かなかった友達の考えに共感したり，その考え方とのずれからまた考えたりできるようにしました。

　また，教室には前時の学習内容や気付きを整理したものを掲示しました。授業を動画撮影し，拾いきれなかったつぶやきなどを見返すことで，次時の指導に生かしました。

4　資質・能力の３つの柱に基づく児童の変容

　学習前の児童は，音は耳から聞こえてくるもので，楽器を演奏したり，物などを叩いたりするときに出るものと捉えていました。

　音遊びを通して，音は「大きい音と小さい音があったよ」，「耳だけじゃなく

て手や体でも感じるぞ」,「楽器の震えが見えるぞ」と体感を通して音の存在に
気付きました。また,楽器が震えている様子がよくわかるスロー映像を見るこ
とで,音が鳴るときは楽器が細かく震えていることを知り,驚いていました。
そしてまた,自分たちで楽器を鳴らしながら,注意深く楽器の様子を見直して
「あっ本当だ,震えているのが見えるよ。」と鋭く感性を働かせて捉えたり,震
えている様子を体で表現したりして理解を深めることができました。

　2時間目の学習では,音遊びからの自分なりの根拠をもって予想をしました。

> Ａ：大きい音,小さい音と音が変わるから,震え方も変わるんじゃないかな。
> Ｂ：前時の学習では,震え方の違いがわからなかったから震え方は同じ。
> Ｃ：楽器の震え方が大きかったから,大きい音のときも小さい音のときも震
> 　　え方は大きい。

　実験を通して,次のような気付きがありました。

> 大きい音のとき「みえる君」がジャンプしていた。手もたくさん震えていた。
> 「みえる君」のビーズがたくさん動いていた。
> 小さい音のとき「みえる君」あまり動かない。ちょっとだけ動いた。
> 太鼓を叩いていないのに,音がしていないのに「みえる君」が動いた。

　音の震えが可視化できる「みえる君」の活用により,音の大小と震え方の関
係が明確になる手段を得たことで,実験に向かう態度が意欲的になり,児童の
気付きが増えました。また,実験の様子を撮影してそれを見ながら,情報や気
付きを共有することで,「ほらこのときは大きい音,このときは小さい音」な
ど話し合いながら結果を考察して,音の大きさと楽器の震え方の関係性を捉え
ることができました。ワークシートや振り返りから,関係性について理解が不
十分だった児童も,身体表現で震え方の違いを表現してみたり,発問の言葉を
わかりやすくしたりすることで理解することができました。

　ここまでの活動や学習を積み重ねる中で,もっていた疑問に自ら答えを見出
した例もありました。それは,1時間目に「トライアングルは糸を持って楽器
を叩くと音が鳴るけど,糸がなくてトライアングルを直接持って楽器を叩くと
音が鳴らないのはどうしてだろう。」と疑問をもった児童が,2時間目の授業
が終わった次の日に「先生分かったよ。トライアングルは手で触ると震えなく
なるから音が鳴らないんだよ。」と伝えてきました。また,3・4時間目の学
習を通して,2時間目の「太鼓を鳴らしていないのに『みえる君』が震えてい

た。どうしてだろう。」という疑問に対して、「あ～わかった、空気が震えていたから、『みえる君』も動いたんだ。」と解決することができました。このように、授業の中で気付いた・見つけた疑問を、学習して得た知識を生かして、自ら「あ～そういうことなんだ。わかったよ。」と解決することができました。

　5・6時間目の学習では、今まで学習してきたことを生かし、糸電話の糸をつなげる（つながっていないと伝わらないから）、糸をぴんと張る（震えが伝わりやすくなるから）、手で糸を持たない、糸に物を置かない（震えなくなるから）と考えながら、よく聞こえる糸電話づくりをすることができました。

○単元の最後の振り返り

> A：自分で疑問を発見して、わかったから理科が好き。太鼓が震えている映像が一番びっくりした。予想と違っていたけど実験してわかってよかった。いろんなことに頭使いたい、考えたい。楽器を自分で作りたい。
>
> B：音の実験をしていろいろとわかったことがあった。トライアングルの不思議や太鼓を叩いていなかったのに「みえる君」が動いていた。なんでだろうと思っていたからわかって楽しかった。みえる君わかりやすかったよ。見える君なかったらとわかんなかったよ。みえる君使ってもっと調べてみたい。ピアノとか。理科でいろんな実験してみたい。
>
> C：めっちゃ楽しかった。スピーカー震えていてびっくり。ビデオの震えすごかった。太鼓に触ってないのに「みえる君」震えていたのが不思議だった。空気が震えたんだ。音を止めるには、手で触ると震えが止まるから音が止まる、ほら。

　普段気にもしていなかった音に関して、体育のときに使用しているスピーカーや教室にある放送のスピーカーも触ってみたいと言って「あ～やっぱり震えているね。」と確かめたり、「ね～これ触ってごらんよ。震えているよ。」と児童同士で確認し合ったりする姿がありました。生活に身近な存在である「音」と学習した「音の性質」を結びつけて考えるようになりました。

　昨年度、音楽の和太鼓の練習のときに窓がガタガタ震えていたのを見て、「ふしぎだなーおばけかな？」と話していましたが、音の学習をした後の和太鼓の練習で「なんで窓びりびりするのかな？」と発問するとすぐさま「太鼓の振動だよ振動！」と答えていました。学んだことをしっかりと理解していました。また、音楽の「楽譜の休符と指揮に合わせて演奏しよう」の学習では、「音を止めるには楽器を触ればいいんだよ。震えなくなるから。」と理科で学習した

ことを生かして考えられるようになり，教科横断的な深い学びにつながりました。

5 学習評価を見据えた取組の成果と課題

　成果としては，単元を構想していくうえで，理科の見方・考え方という視点をもつことや児童に求められる３つの資質・能力を踏まえて，評価のポイントをよく想定しておくことが大切であることがわかりました。その点では，ワークシート，児童の発言や気付き，授業での行動観察を通して，授業を振り返り，学習評価を行いました。これにより，学習の理解が不十分な児童に対して個別に発問を工夫したり，ワークシートを見直したり次の授業の指導改善につなげることができました。また，理科と音楽の授業を関連付けた指導を計画することができました。

　一方で課題点も考えられます。学習評価を見取る方法として，テストの実施や理科日記，作文，記述での振り返り，楽器作り等が考えられますが，本学級の児童においては，個人の考えをまとめて文章で記述するのに時間がかかる実態から，児童の活動を保証して，たくさんの事実に触れ，その中で醸成される考えや気付きを大切にしました。そのため，ワークシートや児童の発言や気付き，授業での行動観察，言葉での振り返りを行うことで学習評価を行いましたが，それが適切であったのか，妥当性の検証が課題として残っています。また，生活年齢や発達段階など児童の実態が異なる特別支援学級では，より児童一人一人に合わせた授業づくりが必要になってくるとも感じました。

● 参考文献 ●
小学校学習指導要領（平成 29 年告示）解説「理科」
森田和良編著・日本初等理科教育研究会著（2016）『小学校理科アクティブ・ラーニングの授業展開』東洋館出版社

Comment

　児童の資質・能力を確実に育成するため，理科の見方・考え方を働かせ，様々な発見を促すとともに，問題意識を深める単元づくりが行われました。とりわけ効果的な教材・教具の開発及び使用は，児童自らが発する「問い」の質を高め，その解決に向けて知識や技能等をフル活用する流れに大きな影響を与えていました。また，それによってどのような思考・判断を深めたのか，発言内容や記述内容等が吟味され，丁寧に資質・能力が見取られていましたね!!

17 評価が分かって動ける授業づくり
～形成的評価・ルーブリックを用いた学習評価～

富山県・富山市立東部中学校教諭　黒地　忍

1 実践概要

　中学校の特別支援学級（知的障害）の家庭科で，食生活の新しい楽しみ方を学習するために「家族を幸せにする雑煮を作ろう」という単元を行いました。単元の目標から評価基準を設け，ルーブリック表を作成して評価しました。取組を通して，形成的評価が生徒の学習活動の質を高めるために有効なことが分かりました。

2 単元の目標設定

　本学級は中学校の知的障害を対象とした特別支援学級で，1年生男子2名，2年生男子2名が在籍しています。生徒たちは，漢字検定10級程度から6級程度までと読み書きに差があったり，どの生徒も思いを話したり感想を書いたりすることが苦手だったりします。例年，家庭科は交流級の授業に参加していましたが，交流級の授業では，内容の理解が難しくなってきたため，今年度は特別支援級の生徒だけで学習しました。今年度の家庭科は1・2学期は食生活，3学期は衣生活と計画しました。食生活については，簡単な調理の経験はあるものの，家庭でほとんど調理をしていないという実態がありました。そこで，調理する・食べるというこれまで経験してきた食の楽しみに新しい楽しみを加えることができれば，食生活全体に対する意欲が高まり家庭での調理にもつながるのではないかと考え，学習指導要領をもとに日本の食文化「行事食」，中でも生徒の生活に身近な「お雑煮」を題材にすることに決めました。生徒が暦を意識して行事食を食べたり，行事食がもっている意味や願いに考えを巡らせたりすることを新しい食の楽しみにできるようになってほしいと考えました。

　中学校学習指導要領『技術・家庭』の家庭分野に示された資質・能力を育むために，この単元では「家族を幸せにする雑煮とはどのようなものだろうか」ということを主軸となる問いとして設定しました。この主軸となる問いを解決するという学びの文脈の中で，基本的な知識や技能を身に付けるために，雑煮

について調べたり具を調理したりします。課題を解決する力を養うために，自分の家の雑煮について改善点を探したり，雑煮の縁起や正月らしさをさらに高め，食べた家族がその年を幸せに過ごせるような具を一つ考えたりします。これらの活動に意欲的に取り組むことで，家族の幸せを考えて正月に雑煮作りに携わろうとするような，よりよい生活の実現に向けて生活を工夫しようとする態度を養っていきたいと考えました。これらのことを踏まえ，以下のように単元の目標を設定しました。

○単元の目標

・行事食である雑煮について意味や込められた願いを理解したり，清潔や安全に気を配りながら具の一部を調理したりすることができる。【知識・技能】

・自分の家の雑煮の改善点を見つけ，「家族を幸せにする雑煮」になるように一つ加える具を考えたり，自分や友達の具の出来栄えを評価し伝え合ったりすることができる。【思考力・判断力・表現力等】

・行事食や雑煮に興味をもち，家の雑煮調べや具の調理に意欲的に取り組んだり，家族の幸せを願って正月に雑煮を作ろうとしたりすることができる。【学びに向かう力，人間性等】

---

③ 学習内容及び学習活動の構成と取組の実際

　先述のとおり，本単元では「家族を幸せにする雑煮とはどのようなものだろうか」を主軸となる問いとしました。その解決に向けて学習の流れや評価規準を以下のように設定しました。

学習内容・活動	知識・技能	思・判・表	主体的態度	評価規準（見取る方法）
1時 行事食って何だろう ・ワークシートの記入 ・行事食神経衰弱	○			①行事食の意味が分かっている。（テ）
2時 家の雑煮を発表しよう ・雑煮について家で調べてきたことの発表 ・行事食についての筆記テストⅠ	○		○	②自分から雑煮調べに取り組んでいる。（保） ③家の雑煮の具やその願いが分かっている。（テ）
3時 家族が幸せになる雑煮を考えよう ・家の雑煮の改善点探し ・加える具の選択		○		④家の雑煮がより幸せになるような具を考えている。（ワ）（観）

4時 具の調理をしよう I ・具の調理・清潔・安全を意識した調理準備 ・調理の出来栄えの評価	○			⑤清潔や安全に気を付けて調理している。(観)
		○		⑥具の出来栄えを評価して伝えている。(ワ)
			○	⑦具の調理が上手くいくように自分なりに工夫したりやり直したりしている。(ワ)(観)
5時 具の調理をしよう II	○	○	○	(前時と同じ)
6時 家族が幸せになる雑煮をふりかえって発表しよう ・『振り返りワークシート』の記入 ・行事食についての筆記テスト II			○	⑧家族の幸せを願って雑煮を作ろうとしている。(ワ)

※見取る方法：ワークシートの記入（ワ），保護者への聞き取り（保），観察（観），筆記テスト（テ）

目標の達成状況を見取るために，次のような工夫をしました。

【知識・技能について】

・評価規準①行事食の意味が分かっている，③家の雑煮の具やその願いが分かっているかを評価するために，10問だけの簡単な筆記試験を行いました。単元の終わりに1回だけ実施するよりも，結果が思わしくなかった生徒が学習を積み上げることができるように2回実施することにしました。

・評価規準⑤清潔や安全に気を付けて調理ができるように，物を準備する場面について『清潔安全チェック表』（**図1**）を準備し友達同士で評価し合えるようにすることが生徒の清潔や安全に対する意識をより高めることにつながると考えました。

やること	評価 ○ △ ×
①エプロン、マスク、三角巾をぜんぶつけた	○
②手を洗った。	○
③台ふきをした。	○
④包丁を下むきにもって はこんだ。	○

図1 『清潔安全チェック表』

図2 『雑煮幸せ分析シート』

【思考・判断・表現】

・評価規準④家の雑煮がより幸せになるような具を考えることができるように，『雑煮幸せ分析シート』（**図2**）を準備しました。雑煮の具を「仲よく」「健康」等の願いの種類で分類し，全ての願いが埋まった雑煮を「家族が幸せになる雑煮」としました。願いが空いているところを改善点（雑煮の縁起や正月らしさをさらに高める具を一つ考える余地があるところ）としました。

1回目

	いまいち	ふつう	うまい
自分	1	2	(3)
生徒1	1	2	3
生徒2	1	2	(3)
生徒3	1	(2)	3
生徒4	1	(2)	3
先生	1	(2)	3

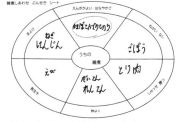

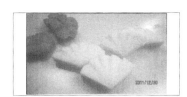

図3 『具の出来栄え評価表』

・評価規準⑥具の出来栄えを評価して伝えることが生徒同士でできるように，『具の出来栄え評価表』（**図３**）を準備しました。写真と見比べて出来栄えを評価します。考えを表現することが苦手な生徒ばかりなので，簡単に３段階の数字を〇で囲むことで相手に評価を伝えられるようにしました。

【主体的に学習に取り組む態度】

・評価規準⑦具の調理が上手くいくように自分なりに工夫したりやり直したりすることができるように，考えた具を実際に調理する授業を２回設けました。作ろうと思っていた具が，一人で作れるかどうかを自分で確かめたり，１回目の調理で考えた工夫を２回目で実践したりできるようにしました。友達からの評価を励みに調理に取り組む機会が多くなるように，１回の授業の中と終わりに評価の機会「評価タイム」を設けました。また，自分なりに工夫を考え何度も試行錯誤する粘り強い姿を引き出すために，調理はある程度難しい方がよいと考えました。そこで，具を輪切りやいちょう切りなど基本的な切り方で入れるのではなく，雑煮に入れると正月らしさが増す松や扇などの飾り切りを取り入れ難易度を上げることにしました。加えて，何度でも挑戦できるように材料も多めに渡しました。

4　資質・能力の３つの柱に基づく児童生徒の変容の姿

それぞれの評価規準に A，B，C の３段階の評価基準を設けて評価しました。

		A	B	C
知識・技能	①行事食の意味が分かっている。	筆記テストⅡで 80 〜 100 点	筆記テストⅡで 60 〜 79 点	筆記テストⅡで 0 〜 59 点
	③家の雑煮の具やその願いが分かっている。			
	⑤清潔や安全に気を付けて調理ができている。	項目が全部〇	項目の半分以上が〇	項目の〇が半分未満
思考・判断・表現	④家の雑煮がより幸せになるような具を考えている。	一人で分類し，具を考えている。	教師の助言により分類し，具を考えている。	分類ができていない。
	⑥具の出来栄えを評価して伝えている。	出来栄えを適切に評価している。	いつも「上手」にだけ〇をつけている。	評価できていない。
主体的に学習に取り組む態度	②自分から雑煮調べに取り組んでいる。	自分から取り組んでいる	保護者に言われて取り組んでいる。	取り組めていない。
	⑦具の調理が上手くいくように自分なりに工夫したりやり直したりしていている。	自分なりに工夫をして，何度もやり直しをしている。	工夫はしていないが，何度もやり直している。	工夫せずやり直しもしていない。

	⑧家族の幸せを願って雑煮を作ろうとしている。	理由に「家族の幸せのため」と書いている。	理由に他のことを書いている。	理由が書けていない。

【知識・技能】

・評価規準①行事食の意味が分かる，③家の雑煮の具やその願いが分かっているの評価は合わせて筆記テストで行いました。筆記テストⅠ・Ⅱの得点は以下の通りです。

	生徒1	生徒2	生徒3	生徒4
筆記テストⅠ	40点	90点	60点	50点
筆記テストⅡ	80点	90点	90点	90点
評価	A	A	A	A

　　評価基準にあてはめ，全員Aとしました。筆記テストを2回設けたことで，1回目のテストの結果が思わしくなかった生徒は挽回しようと2回目のテストの前にファイルをめくってテスト勉強をする意欲的な姿も見られました。

・評価基準⑤清潔や安全に気を付けて調理ができているの評価です。生徒が自己評価した『調理準備・清潔安全チェック表』の結果は以下の通りです。

	生徒1	生徒2	生徒3	生徒4
①エプロン，マスク，三角巾をぜんぶつけた	○	○	○	○
②手を洗った。	○	○	○	○
③台ふきをした。	○	○	○	○
④包丁を下むきにもって　はこんだ。	○	○	○	○
評価	A	A	A	A

　　この評価は教師の評価と同じでした。評価基準にあてはめ，全員Aとしました。この後，誰も怪我をすることもなく調理を終えることができました。

　　評価基準①③⑤の評価から単元の目標「行事食である雑煮について意味や込められた願いを理解したり，清潔や安全に気を配りながら具の一部を調理したりする」ことができたと考えます。

【思考・判断・表現】

・評価基準④家の雑煮がより幸せになるような具を考えているの評価です。どの生徒も具に込められた願いをよく理解しており，全員が一人で改善点を見つけ家の雑煮がより幸せになるような具を考えることができました。

　　評価基準にあてはめ，全員Aの評価としました。

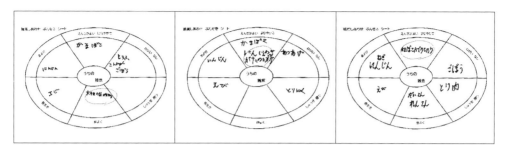

・<u>評価基準⑥具の出来栄えを評価して伝える</u>の評価です。生徒の評価が妥当だったかどうかを確かめました。次の表は友達が調理した具に対してつけた相互評価の状況をまとめたものです。

	生徒1				生徒2				生徒3				生徒4			
評価回数	1回	2回	3回	4回	1回	2回	3回	4回	1回	2回	3回	4回	1回	2回	3回	4回
生徒1					3	3	3	3	2	2	2	2	2	2	2	2
生徒2	3	3	3	3					3	3	2	3	3	3	2	3
生徒3	3	3	3	3	3	3	2	2					2	2	2	3
生徒4	3	3	3	3	3	3	3	3	3	2	2	3				
評価	B				B				A				A			

※3：上手，2：ふつう，1：いまひとつ

　　生徒3と生徒4の評価は教師の評価に近いものでした。生徒1と生徒2はほぼ3にしか○を付けておらず客観的に捉えることが難しいようでした。評価基準にあてはめ，生徒1と生徒2がB，生徒3と生徒4がAとしました。

　　<u>評価基準④⑤</u>の評価から，生徒3と生徒4は単元の目標「自分の家の雑煮の改善点を見つけ，「来年，家族を幸せにする雑煮」なるように一つ加える具を考えたり，自分や友達の具の出来栄えを評価し伝え合ったりする」ことが達成できたと考えます。生徒1と生徒2はBがついた部分を「友達に具の出来栄えを「上手」と伝えることができた」としました。生徒1と生徒2には，評価の基準を伝えるための支援が足らなかったことからさらなる改善が必要と考えています。

【主体的に学習に取り組む態度】

・<u>評価規準②自分から雑煮調べに取り組んでいる</u>の評価です。家の雑煮の具や願いを家族にインタビューをして調べる課題について，意欲を「自分から取り組む」という行動で量りました。家での取組なので，連絡帳で保護者にそ

の時の様子を教えてもらいました。結果，全員自分から取り組んでおり，評価は全員Aとしました。

・評価規準⑦具の調理が上手くいくように自分なりに工夫したりやり直したりしているの評価です。どの生徒も「評価タイム」で友達からの評価を受けることを励みに，出来栄えを自分で確かめながら材料が無くなるまで何度も意欲的に取り組んでいました。

　自分なりに工夫をしていたかどうか，またどのような工夫をしていたかを捉えるために，『振り返りシート』（図4）で質問し自由記述で回答してもらいました。結果は次の通りです。

図4　『振り返りシート』

生徒1	まんなかを切るところです。
生徒2	むきをまちがえない。いっぱいしたけどうまくなった。
生徒3	わぎりにするときにだいこんをちゃんとおさえてきるところ
生徒4	ほうちょうの切り方をいしきした。さきからいれて切りました。

　生徒1は，「大根の扇形切り」に取り組んでおり，「まんなかを切るところです」とは「輪切りにした大根を扇形になるように三等分するところをがんばった」ことを主張していると推察されます。言葉にはできませんでしたが，何かしら自分なりに工夫していたことが伺えます。他の生徒は工夫が端的に書けていました。評価規準⑦の評価は，評価基準にあてはめ，全員Aとしました。生徒1には，大根を上手く三等分するための支援が必要だったと授業の評価を行っています。

・評価規準⑧家族の幸せを願って雑煮を作ろうとしているの評価です。『振り返りシート』で正月に家の雑煮に具をいれたいかどうかを質問し，理由を自由記述で回答してもらいました。結果は次の通りです。

生徒1	雑煮に絶対入れたい。	ぜったいがんばります。
生徒2	雑煮に入れたい	にんじんたくさん食べたいから。
生徒3	雑煮に入れたい	入れたことないから。ばあちゃんちで入れたい。
生徒4	雑煮に入れたい	雑煮にいれたことがないからいれたいです。

　どの生徒も具を「雑煮に入れたい」と答えてくれましたが，理由に家族の

幸せを書いた生徒はいませんでした。また，生徒1は理由が書けていませんでした。評価規準にあてはめ，Cとしました。雑煮を正月に食べる意味のおさえが不足していたことや生徒1に質問の意味を伝えるための支援が必要だったと授業の評価を行いました。

　評価基準②⑦⑧の評価から，単元の目標の前半「行事食や雑煮に興味をもち，家の雑煮調べや具の調理に意欲的に取り組む」ことが全員できたと考えます。後半については，どの生徒も家族の幸せを願えるところまで到達しなかったので「正月に雑煮を作ろうとすることができた」に留めました。

5 学習評価を見据えた取組の成果と課題

　単元を通して得られた成果と課題は以下の通りです。

・筆記テストや具の出来栄えについて友達から評価を受ける機会を2回設けたり，調理を2回行ったりしたことが有効だったことから，途中に評価を受ける機会や自分で振り返る機会，即ち自己評価・相互評価を取り入れ，その状況を踏まえた教師による形成的評価を行うことが大切だと分かりました。

・主体的に学習に取り組む態度の評価，特に意欲の評価の見取りは難しく，改善の余地を感じています。本学級では，毎日「翌日の時間割を見て頑張りたいことを書く」取組を行っていますが，生徒2や生徒4は毎回家庭科を頑張りたいと書いていました。また，生徒1は，意欲があり過ぎて家で雑煮をすでに作ってしまったのですが，保護者が連絡帳でそのことを教えてくれました。意欲を評価するためには，連絡帳で保護者から情報を得ることはもちろん，日々，生徒の頑張りたいことを記録したり日記をもとにポートフォリオ的な評価を行うことが必要だと考えます。

> 家庭からの連絡・サイン
> 今日は朝から大根を切らせてと言ってくるので一緒に雑煮をつくってみました。
> ほとんどイートでがんばって大根を切ったりニンジンを星型にしたり楽しそうにつくってました。
> あんなにできるとは思ってなくてビックリでした。
> おいしくいただきました。

> ### Comment
>
> 　単元構想において，単元目標に基づいた評価規準を学習過程とも関連付けながら設定している点がポイントです。また，分析的な学習評価の3観点に基づき，資質・能力の育成状況を見取る際，どの観点をどの場面で見取るのか表で明示されていますが，学習評価を含めた単元計画を一元的に俯瞰するための工夫も参考となる取組です。各種のチェック表や分析シート，評価表も有効に活用されていますね!!

中学校知的障害特別支援学級における学習評価の工夫の在り方

～進路実現を見据えた「学習のグループ化」と「評価の数値化」の取組～

福岡県・福岡市立金武中学校教諭　浦 健一

学習評価を考える

　中学校特別支援学級での教育課程の編成や学習内容の組み立て方，授業の展開方法，そして到達度をどのように見取っていくかに関する学習評価方法の検討は，長年の課題であったように感じます。特別支援学級で学ぶ生徒たちの学びをどのように評価していくかは，学校間や教師間でも様々な意見に分かれるところであり，結論や決定打の出ない領域でもあったとも感じていました。

　知的障害のある生徒たちは，個々の学習内容や習得状況に大きな偏りもあり，評価の還元の仕方も多様な方法を検討することが必要です。しかし学習内容の構成や学習評価をどのように行うかを考える前に，ここで立ち止まって考えなければならないのは，その生徒と保護者が熟慮の上「中学校を選択して入学した」経緯を考えることではないかと感じます。発達検査の結果や周囲の様々な人からの助言，行政機関等の手続き，生徒本人の思いや将来の就労，入学後の学校生活や日常生活を想定する中で，中学校入学を選択したはずです。通常の学級への在籍や地域の特別支援学校への入学という選択肢も考えられた中で，入学後の学びの場の決定は将来に向けて大きな役割を果たすことになり，中学校の特別支援学級を選択した思いをより深く，読み解く必要があると考えます。

　小学校では通常の学級に在籍して，学習面やコミュニケーションの課題等々，様々な事柄を整理して，中学校では特別支援学級で学ぶことを選んだ生徒たち。小学校から特別支援学級で学び，中学校の特別支援学級の見学等を経て，学習内容やその学びの速度，友人関係，合理的配慮の状況等を踏まえて，中学校でも支援学級という選択をした生徒たち。10人いれば10通りの思いや考えがあると推測しますが，教師側が大切にしなければならないのは，本人と保護者が「選んで中学校に入学して，学ぶ意義とは何か」を熟考されたプロセスではないかと考えます。

　各都道府県や地域毎に差はあると思いますが，筆者の周囲では，昨今，中学校特別支援学級を卒業後の進路において，特別支援学校高等部へ進学を希望する生徒が減少する傾向にあります。高等学校への進学や通信制・単位制学校，各種サポート校への進学希望者が増加する傾向にあり，これは生徒の学習課題や生活面での状況，コミュニケーション能力の課題，今後の将来設計等も考慮しての進路先であると考えます。よってより細やか

に進路に関する希望を聞きとり，進路を実現できるように，毎月保護者会を開くなど，定期的かつ詳細で丁寧な対応が必要となっています。

そのような対応を踏まえて，現在どこに学習課題があるのかを明確にするためにも，また，進学先の高校等への調査書の提出や学習状況の説明を行うためにも，また進学後の学習課題への取り組み方を見直すためにも，そして「なぜそのような評価となるのか？」について本人・保護者に対する説明責任を果たすためにも，客観性のある定量的な学習評価を行うことも必要になってくると考えます。もちろん，個人内評価により文章表記でより細やかに学習状況を説明する評価においても一定の客観性を保つ必要はあります。

そのような意味で，具体的かつ公正性，客観性のある学習評価となるよう，育成を目指す資質・能力の3つの柱を観点別に見取る観点別評価とそれを踏まえた評定は大切であると考えます。

特別支援学級を「中学校の中にある小さな特別支援学校」と考えるのではなく，中学校に在籍しているからには，中学校全体の流れに沿って様々な学習活動や行事等を行い，生徒相互の交流を深めながら学びを深める濃い時間にしなければならないとも感じます。

社会で「働き，生きる」ための授業の在り方と目標の設定

筆者が勤務する中学校の特別支援学級では学習の目標を設定するにあたり「中学校3年間は次の進路を決定する場所」であることを意識しています。直近の大きな目標である進路をどのように考えるかは，大きな設定要因の一つです。前述の通り，様々な生徒が学ぶ教室内で，それぞれ違う進路を目指して学習していますので，それぞれ違う目標を設定し取り組むことが求められます。そこでの授業の在り方は，クラス単位，学年単位ではなく，教科ごとの「学習のグループ化」を行っています。進路上の目標の違いに基づいて，「高等学校進学希望グループ」を2グループ，「高等学園，特別支援学校高等部希望グループ」を1グループ編成して，計3グループで学習を進めています。高等学校を進路希望とする生徒は，上級生のグループ①と次年度以降に受験を迎えるため，まだ時間的に余裕がある下級生のグループ②に分けて指導を行っています。特別支援学校高等部への進学を希望する生徒と同じ学習の場を共有しながらも，学習内容については，それぞれに調整を行いながら取り組んでいます。

また，特別支援学校高等部を進路希望とするグループは，現在の自分を見つめて，身に付けるべき能力や何を学ぶべきかを考え，高等部卒業後の生活も見据えて下学年の学習内容や日常生活に必要な事柄に軸足を置いた内容を丁寧に繰り返しながら学ぶようにします。

グループ編成の次には，学習指導要領に示された資質・能力の3つの柱に即した目標設定について考えています。その際，「個別の知識・技能」では，授業で生徒が何を知り

得たのか，そしてその知識で何ができるようになったのかを視点として，習得した内容とそれを応用できるようになることを重視して設定します。「思考力・判断力・表現力等」では，これから生きていく上で重要視される，様々なトラブルや課題を乗り越える問題解決能力を念頭に設定します。これからも様々な支援を受けて生きていくことが予想される生徒たちですが，問題に直面した際に，落ち着いて解決策を考え，問題を処理できる力や周囲に相談，依頼する力，協力する力の獲得を目指した目標とします。「学びに向かう力・人間性等」では，多様性の理解や協調性，自己理解と他者理解，感情をコントロールする力，思いやりや気づく力の醸成，苦手なことに対しても真摯に課題を捉え，主体的に取り組もうとする態度を持つことを大切にしながら目標を設定します。

生徒へのフィードバック

学習してきた内容を生徒へフィードバックする際の3観点は「知識・技能」「思考・判断・表現」「主体的に学習に取り組む態度」を中心としています。

「知識・技能」の観点では身に付けてほしいと考えた知識と技能を評価することはもとより，他の教科で学んだ知識・技能や見方・考え方と結びつけることができているかも評価の対象としています。特別支援学級の生徒は，日常生活や働く上で必要な情報を整理して，それらのスムーズな活用ができるようになることが求められていると考えます。そのため定期考査でも知識を問う問題と，活用や深い理解を問う文章問題を盛り込むことも大切だと考えています。

「思考力・判断力・表現力等」の観点では，課題や問いに正対して解決していく力や周囲と協力しながら最適解を模索する力を評価し，同時に自分の思いや考えを表現できているかをも評価するという複雑な評価になるので，この部分を定量化してみることは特に重要ではないかと感じています。

「主体的に学習に取り組む態度」の観点は，これまでの「関心・意欲・態度」の評価の観点に対応するものですが，生徒がいかに試行錯誤しながら自己調整を行い，学習を進めているかについて評価しなければならず，定量化という部分では難しさを感じる部分です。学習への準備の状況や周囲への協力の様子，発表や討議での発言の内容，学習ファイルへの記入状況等も参考としながら総合的に評価することが重要となり，見た目の意欲に捉われず，より細やかにかつ丁寧に生徒を見ていくことが求められます。

現在，各教科では上記のように3つの柱に即して，評価表を作成しています。観点毎に具体的な項目を設けて項目ごとに達成状況を尺度化して，観点の到達度を定量化していくこととしています。項目の尺度や比重をどの程度にするかは，教員間の十分な協議を要するところですが，主観に偏りすぎないようにするためにも，定量化された尺度基準を用いること

数値化した学習評価表（一部抜粋）

観点 1学期	数学（評価） 数学への主体的に取り組む態度								小計	思考力・判断力・表現力（数学的な見方や考え方）								小計	数学的な知識・技能（数量や図形）									小計								
	学校者知想像 5/25	ファイル 10/25	効果探究への態度 10/25							数学的見方考察 20/25	欠席は関係 5/25	間違え間違い経験 5/25							数理解前考察 20/25	事象の判断 5/25									知識理解身体 15/25	定義分数経験 5/25	定義小数経験 5/25	定義数数経験 5/25	公成績知経験 5/25	単複継続経験 5/25	数料経験 5/25
	5	10	7						22	14.3	4							18.3	13	5								18	8.8			2.5	2.5		
	5	9	8						22	17	4							21	15	3								18	12		4			4	3
	1	0	1						2	0	0							0	0	1								0	0			1	1		
	5	10	8						23	16		3						19	14	5								19	6					3	3
生徒名	3.5	10	10						23.5	17.9	4							21.9	10.5	3.9								14.4	8.88	4.5	4				
	5	7	6						18	16	3							19	11	4								15	6		3			4	3
	5	10	8						23	15.7	3.5							19.2	13.2	3.5								16.7	9.71	2.5	2				
	5	7	6						18	17	3							20	12	4								16	6		3			3	4
	5	10	10						25	17.1	4							21.1	16.8	4.2								21	7.06	4.5	4.5				
									0									0										0							
									0									0										0							

で，説明のつく評価の在り方が見えてくると感じています。また，評価者だけが理解できる評価ではなく，生徒本人や保護者にも事前・事後の説明がつき，どの立場の人が見ても納得できる評価とするには，このような取組は効果的であると感じます。

　加えて，インクルーシブ教育システムを構築していくためにも，中学校内で通常の学級の生徒と同じように学習の過程を振り返り，課題や成果を生徒と共に見つめる機会を設けることが非常に大切ではないでしょうか。通知表を受け取った時に，自分のそれまでの取組の結果を知る喜びや，反省を経験することは，次へのモチベーションへと変化し，生徒の主体性や意欲にもつながり，次の評価項目の作成にも有意義に働くと考えます。文章記述による個人内評価とともに，直接生徒に言葉で伝える評価のフィードバックを合わせれば，より丁寧な指導と評価の一体化が図られるとも感じています。

　特別支援学級で学ぶ生徒の評価の定量化については課題が大きいことも承知していますが，進学を目前に評価と評定を合理的に結び付けていく取組は，進路指導においても将来の選択肢を広げてくれるものと信じています。今後さらに精度の高い評価方法の在り方に関する議論が広がることも期待しています。

18 生活単元学習
「歩き方を考えよう～新しい教室になって～」

北海道・函館市立鍛神小学校教諭　白府　士孝

1 実践概要

　本実践は，新学期を迎えて，2階から3階へと教室環境が変わった特別支援学級3年生（6名）の生活単元学習の実践です。具体的には，算数科「秒と分」と学級活動「新しい教室での過ごし方」のねらいを合わせた指導であり，算数的な見方・考え方を働かせながら，自分の教室といろいろな特別教室までの距離や時間を調べて，計測結果を基にして安全に歩くためのポイントに気付き，日常生活で生かすことをねらいとした学習です。

2 単元の目標設定

【知識・技能】

　教室から特別教室の距離や時間をはかりながら，「秒と分の関係」や「距離と時間の関係」を理解し，特別教室の位置を知る。

【思考・判断・表現】

　教室から特別教室の距離と時間の関係に気付き，移動の仕方を考える。

【学びに向かう力・人間性等】

　計測結果から，ろう下を安全に歩くポイントを理解し，日常生活で生かそうとする。

3 学習内容及び学習活動の構成と取組の実際

（1）学習活動の構成と評価計画

表1　学習活動の構成と評価計画

次	時	学習概要	評価計画		
			【知・技】	【思・判・表】	【主】
1	1	・新しい教室について		○	○
2	2～3	・歩いて調べよう（歩数）	○	○	
3	4～5	・時間をはかろう（時間）	○	○	
4	6～7	・比べてみよう（歩数と時間）	○	○	

　本単元は，表1に示すように全7時間とし，資質・能力の3つの柱に基づいて目標を設定し，評価することとした。1次「新しい教室について知ろう」では，3年生の新しい教室になって「どんなところが変わったのか」や「実際に何が変わったのか」を考えるための事前学習を行いました。

　そして，2次「歩いて調べよう」では，歩数を手掛かりにして特別教室までの距離を計測しました。具体的には，万歩計を使って特別教室までの歩数を調べ，その計測結果から自分の教室とそれぞれの特別教室の距離を知ることをねらいとしました。

　また，3次「時間をはかろう」では，算数科の「分と秒」の学習を基に特別教室までの時間を計測しました。具体的には，ストップウォッチを用いて，特別教室までの時間を調べ，その計測結果から自分の教室とそれぞれの特別教室への移動時間を知ることをねらいとしました。

　最後に，4次「比べてみよう」では，「歩いて調べよう」で得た歩数の計測結果と「時間をはかろう」で得た移動時間の計測結果を比較しました。具体的には，計測結果から「距離が長いと移動時間も長くなる」ことについて気付き，その計測結果から自分の教室とそれぞれの特別教室までに移動するにあたって「どんなことに気を付けるとよいか」について共通理解することをねらいとしました。

(2) 学習活動の取組の実際

①1次「新しい教室について知ろう」

　1次では，新しい教室になったことで「学校生活のどんなところが変わったのか」についての意見を出し合ってみました。実際には，図1に示すように「函館山が見えるようになった」「階段が多くなった」「給食を運ぶのが大変になった」「でも図書館へ行くのは便利になった」など学校生活における変化につい

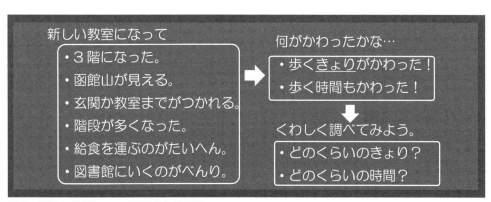

図1　「新しい教室について知ろう」の板書

て児童から様々な意見が出てきました。そして，その意見をもとに「実際に何がかわったのか」について話し合い，課題を追求するにあたって「歩く距離と時間」に焦点化することができました。

②2次「歩いて調べよう」

　2次では，教室から特別教室までの距離を児童が主体的に計測できるようにするために，歩数を手掛かりに距離を計測することとしました。また，万歩計については歩幅によって歩数が変化するため，特定の児童に万歩計を装着して計測しました。計測結果の記入については，正確に記録できるようにワークシートを準備しました（図2）。また，誘導係，記録係，道具係など，それぞれに明確な役割をもって活動できるように役割分担を工夫しました（図3）。なお，児童の「計測する活動」と「計測結果を比較する活動」を十分に保証するため，

図2　ワークシート　　　　　　　　図3　計測（歩数）の実際

歩いて調べよう			
	きょり	0　　100　　200　　300
① しょくいん室	271歩	
② 体いくかん	261歩	
③ ほけん室	240歩	
④ じどうかい室	236歩	
⑤ げんかん	225歩	
⑥ ほうそう室	185歩	
⑦ きゅうしょく室	150歩	
⑧ りか室	106歩	
⑨ 図書室	95歩	

図4　歩数の計測結果

児童にとって身近な９か所の特別教室を測定の対象としました（**図４**）。

③３次「時間をはかろう」

　３次では，教室から特別教室までの時間を児童が主体的に計測できるようにするために，ストップウォッチを用いて６人で順番に計測することとしました。計測結果の記入については，正確に記録できるようにワークシートを準備しました（**図５**）。また，算数科「秒と分」の学習と関連付けて学習するために，「60秒＝１分」であることを強調して，体験的に学ぶ場面と機会を十分に保証するように工夫しました（**図６**）。なお，３次においても計測係以外に誘導係，記録係，道具係など，それぞれに明確な役割をもって活動できるように役割分担を工夫しました。さらに時間の計測にあたっては，２次の計測結果と関連付けやすいように，計測順を工夫しました（**図７**）。

図5　ワークシート　　　　　　　図6　計測（時間）の実際

時間をはかろう　（60秒＝1分）					
	時間	0	1分	2分	3分
① しょくいん室	2分13秒				
② 体いくかん	2分11秒				
③ ほけん室	2分 7秒				
④ じどうかい室	1分56秒				
⑤ げんかん	1分49秒				
⑥ ほうそう室	1分30秒				
⑦ きゅうしょく室	1分29秒				
⑧ りか室	56秒				
⑨ 図書室	49秒				

図7　時間の計測結果

④4次「比べてみよう」

　4次では，2次と3次で自分たちで収集した計測結果を基にして距離と時間について比較し，「距離が長いと時間も長くなる」ことを共通理解することとしました。なお，計測結果の比較にあたってはワークシートからの読み取りだけではなく，PowerPoint を用いて視覚的に計測結果を提示し，一人一人が主体的に計測結果を分析しやすい状況を設定しました（**図8**）。

　また，2つの計測結果から「遠い特別教室へ移動するときのポイント」や「近い特別教室へ移動するときのポイント」について，みんなで話し合い，より安全に，より快適に過ごすためのポイントを共通理解することとしました（**図9**）。

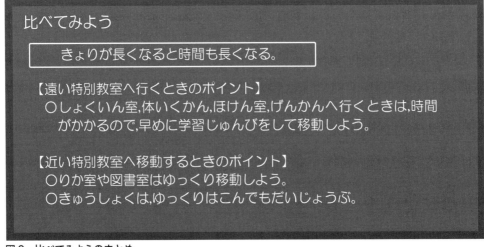

比べてみよう！

【きょり】

			0	100歩	200歩	300歩
①	しょくいん室	271歩				
②	体いくかん	261歩				
③	ほけん室	240歩				
④	じどうかい室	236歩				
⑤	げんかん	225歩				
⑥	ほうそう室	185歩				
⑦	きゅう食室	150歩				
⑧	りか室	106歩				
⑨	図書室	95歩				

【時間】

			0	1分	2分	3分
①	しょくいん室	2分13秒				
②	体いくかん	2分11秒				
③	ほけん室	2分7秒				
④	じどうかい室	1分56秒				
⑤	げんかん	1分49秒				
⑥	ほうそう室	1分30秒				
⑦	きゅう食室	1分29秒				
⑧	りか室	56秒				
⑨	図書室	49秒				

きょりも 時間も 同じじゅん番にならんでいる。
→
きょりが長くなると時間も長くなる。

図8　PowerPoint 資料

比べてみよう

　　きょりが長くなると時間も長くなる。

【遠い特別教室へ行くときのポイント】
　〇しょくいん室,体いくかん,ほけん室,げんかんへ行くときは,時間がかかるので,早めに学習じゅんびをして移動しよう。

【近い特別教室へ移動するときのポイント】
　〇りか室や図書室はゆっくり移動しよう。
　〇きゅうしょくは,ゆっくりはこんでもだいじょうぶ。

図9　比べてみようのまとめ

4　資質・能力の３つの柱に基づく児童の変容の姿

（1）A児の変容（表２）

表2　単元におけるA児の変容

観点と評価規準	1次	2次	3次	4次	単元評価
【知識・技能】教室から特別教室の距離や時間をはかりながら，「秒と分の関係」や「距離と時間の関係」を理解し，特別教室の位置を知ろうとしている。		距離による位置関係	時間による位置関係		B
		B	B		
【思考・判断・表現】教室から特別教室の距離と時間の関係に気付き，移動の仕方を考えている。	移動の仕方	距離と時間の関係		計測後の移動の仕方	B
	C	B	B	B	
【主体的に学習に取り組む態度】計測結果から，ろう下を安全に歩くポイントを理解し，日常生活で生かそうとしている。	安全に歩く			結果を日常に生かす	B
	C			B	

（評価基準 A：できた　B：概ねできた　C：できつつある）

【知識・技能】

　2次では，教師と一緒に万歩計の数値を見て特別教室までの距離の「長い－短い」を判断することができました。そして3次では，2次での経験を生かして，時間の「長い－短い」についても教師の部分的な支援で判断することができました。また，稼働しているストップウォッチを何度も見ていることで，60秒で1分になることを体験的に理解し，分と秒の関係を理解できるようになりました。

【思考・判断・表現】

　1次では，教室から各特別教室までの位置関係や移動の仕方についてもそれほど意識する様子は見られませんでした。しかし，2・3次で実際に距離や時間を計測する経験を積み重ねることで，4次では教師と一緒に「体育館に行くときは，早く準備して歩く」，「図書館に行くときは普通の速さで間に合う」ことを確認することができました。

【主体的に学習に取り組む態度】

　単元の初めは，どこへ行くにも急ぎ足で歩いていたが，2次・3次で教室から各特別教室までの距離や時間を体験的に理解したことで，特別教室の場所に応じて歩くスピードを調整するようになってきました。

(2) B児の変容（表3）

表3　単元におけるB児の変容

観点と評価規準	1次	2次	3次	4次	単元評価
【知識・技能】 教室から特別教室の距離（歩数）や時間をはかりながら，「秒と分の関係」や「距離と時間の関係」を理解し，特別教室の位置を知ろうとしている。		距離による 位置関係	距離による 位置関係		A
		A	A		
【思考・判断・表現】 教室から特別教室の距離（歩数）と時間の関係に気付き，移動の仕方を考えている。	移動の仕方	距離と時間の関係		計測後の 移動の仕方	A
	B	A	A	A	
【主体的に学習に取り組む態度】 計測結果から，ろう下を安全に歩くポイントを理解し，日常生活で生かそうとしている。	安全に歩く			結果を日常 に生かす	A
	B			A	

（評価基準　A：できた　　B：概ねできた　　C：できつつある）

【知識・技能】

　2次では，万歩計の数値を見て特別教室までの距離の「長い・短い」を判断することができました。また3次では，実際にストップウォッチを使用することで，60秒で1分になることを理解できたと共に，2次の経験を生かして距離によって時間が変わることに気付き，特別教室の位置関係を知ることができました。

【思考・判断・表現】

　1次では，教室から各特別教室の位置関係（遠い－近い）については大まかなイメージであったようですが，十分に説明することができませんでした。しかし2次，3次で実際に計測することで計測結果を手掛かりに具体的に比較することができました。また，4次では「体いく館は，歩数が多いので，時間もかかる。」とPowerPoint資料を見て説明することができ，さらに「早く準備することの大切さ」に気付くことができました。

【主体的に学習に取り組む態度】

　1次の状況では，概ね安全にろう下を歩くことができていましたが，それほど廊下の歩き方について意識している様子は見られませんでした。しかし，4次の終わりには，「体育だから早めに準備して，体育館にいこうよ」と友だちに声がけをしたり，「図書室はゆっくり行ってもまだ間に合う」と判断したり，特別教室の場所に応じて自分なりの考えをもって行動する様子が見られました。

5　学習評価を見据えた取組の成果と課題

(1) 本実践における成果

　本実践では，資質・能力の3つの柱に基づく単元目標と学習評価を計画に設定することで，ただ単に「できる−できない」ではなく，「どのようにできたか−どうするとできるようになるか」，また「それから何ができるようになったか」に焦点を当てて，児童の学びの過程を大切にした評価を積み重ねることができました。

(2) 本実践における課題

　また，今後の課題については，12年間を通して学習内容を系統的に構成し，武富（2019）が示すように単元計画や年間指導計画などミドルスパンやロングスパンで学習内容の見直しを図りながら，縦の繋がりを意識していく必要があると考えます。また，より効果的に単元を通して他の学習と関連づけながら計画的に学習活動を構成するために，特別支援学級においては，各教科等を合わせた指導の在り方の検討や横断的な学習内容の組織化を図ることが今後の課題となると考えます。

● 引用文献 ●
武富博文（2019）．「主体的・対話的で深い学び」の視点からの授業改善を促すためのカリキュラムマネージメント　全国特別支援学校知的障害教育校長会（編）：知的障害特別支援学校における深い学びへのアプローチ「主体的・対話的で深い学び」の視点からの授業実践，東洋館出版社，18-19.

Comment

　各教科等を合わせた指導の形態である生活単元学習で，教科等の目標と関連付けた目標・内容を取扱い，主軸となる評価規準設定のもと，資質・能力の育成状況について，観点別に丁寧な見取りが行われています。学習内容のまとまりごとに「規準と基準」の組み合わせにより学習状況を把握している点も重要なポイントの1つです。評価計画を事前に検討することが「習得・活用・探究」の学習プロセスづくりとその後の資質・能力の見取りに効果的に生かされていますね!!

19 生活単元学習
「おみせやさんをひらこう」
〜よりよいお店にするために〜

神奈川県・相模原市立若草小学校教諭　金子　史

1 実践概要

　本単元は，生活単元学習を中心として，他の学習活動の関連を図りながら行いました。「お店屋さんを開く」活動を通し，「お客さんとお店屋さんの受け答えの仕方や買い物の合計金額を暗算で出し，おつりを渡すことが経験できる」内容です。この実践を通して，児童は多くの人とふれあい，コミュニケーション力が伸び，自己肯定感が向上しました。

2 授業または単元の目標設定

　育成をめざすべき資質・能力に関しての３つの単元の目標を設定しました。

	生きて働く知識・技能の習得	思考力・判断力・表現力等の育成	学びに向かう力・人間性の涵養
生活単元学習	「あいさつをする」「相手の質問に答える」「適切な受け答えをする」等，店員として場面に応じたやりとりができる。	よりよいお店づくりのため工夫点を考えることができる。	準備に見通しを持って取り組んだり，活動を主体的に楽しんだりすることができる。

3 学習内容及び学習活動の構成と取り組みの実際

(1) 生活単元学習のカリキュラムマネジメントを図る

　生活単元学習では，体験活動等の実施，各教科や自立活動や生活単元学習等と関連つけた指導，家庭との連携に力を入れました。算数科では，学習で習得した数量や金銭に関する力を育てることを大切にしました。支援級の校外学習，自動販売機の使用，調理実習の買い物等を通し，金銭への意識を育てました。

　本単元は年間の中で，表の色付きの枠に位置付けて行った実践です。

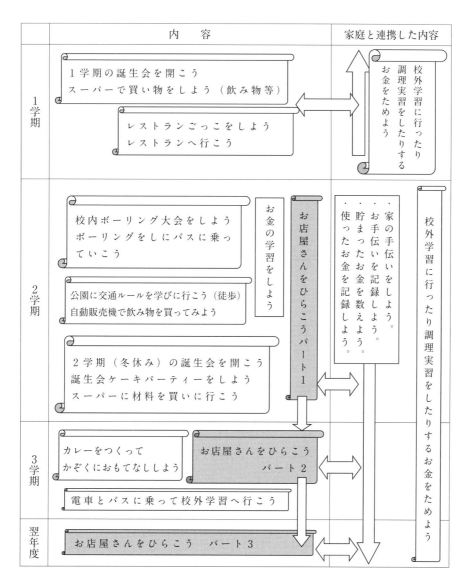

	内　　容	家庭と連携した内容
1学期	1学期の誕生会を開こう　スーパーで買い物をしよう（飲み物等）／レストランごっこをしよう　レストランへ行こう	校外学習に行ったり調理実習をしたりするお金をためよう
2学期	校内ボーリング大会をしよう　ボーリングをしにバスに乗っていこう／公園に交通ルールを学びに行こう（徒歩）　自動販売機で飲み物を買ってみよう／2学期（冬休み）の誕生会を開こう　誕生会ケーキパーティーをしよう　スーパーに材料を買いに行こう　　お金の学習をしよう　　お店屋さんをひらこうパート1	・家の手伝いをしよう。・お手伝いを記録しよう。・貯まったお金を数えよう。・使ったお金を記録しよう。　校外学習に行ったり調理実習をしたりするお金をためよう
3学期	カレーをつくってかぞくにおもてなししよう　お店屋さんをひらこうパート2／電車とバスに乗って校外学習へ行こう	
翌年度	お店屋さんをひらこう　パート3	

① 家庭との連携で取り組んだ「お手伝い帳」

　「お手伝い帳」では児童が家で取り組んだお手伝いをもとに，お小遣いをもらい「お手伝い帳」に毎日記録します。自分で貯めたお小遣いで，買い物学習や校外学習に参加します。お金を使った後は，小遣い帳として使ったことを記録します。この取り組みにより，家事を身につけるトレーニングになったり，お小遣いを貯めてから目的を持ってお金を使ったりする経験になりました。児童は家でより手伝いをするようになったり，親子で共に活動する場に

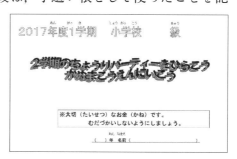

なったりもしました。お金の大切さを児童が実際の生活の中で経験する機会にもなりました。

日にち	曜日	入金（おうちの人に書いてもらいます）	合計（自分で書きます）
			円
			円
			円
			円
			円

② コミュニケーション能力の向上のための取り組み『お口の体操』

　お店屋さんごっこでは，言葉でやりとりをします。本学級の児童は，滑舌や発音に課題がある児童が多かったです。自立活動の内容「6　コミュニケーション」との関連を図り，「お口の体操：あいうべ体操」を継続しました。『あいうべ体操』は「あ」「い」「う」「べ」と口を動かし発声します。「べ」は舌をできるだけ出すようにして「べー」と発音します。これで舌の位置を元通りにすることができます。舌の位置が正しくなり，滑舌や発音も改善されます。取り組んだ結果，児童の滑舌や発音が良くなり，自信をもって「話す」「伝える」が向上しました。目を見て話せなかった児童が，相手の目を見てやりとりができるようになり，自信を持った接客になりました。

(2)「おみせやさんをひらこう」の単元計画

① 本単元設定の理由

　本学級の児童には次のような実態があったため，本単元を設定しました。

　　　・関わる人間関係の幅が狭く，コミュニケーション面での課題がある。

　　　・自信がなく自己肯定感が低い。指示待ちの児童が多い。

　　　・教科学習では日頃，個別学習が多く小集団での学習の機会が少ない。

　　　・一人で買い物に行った経験がない。算数科の学習では普通の計算はよくできるが，お金の計算やお店屋さんとのやりとりが苦手である。

② 単元の計画

　本単元は，お客さんと店員の受け答えの仕方や買い物の合計金額を暗算で出し，おつりを渡すことが経験できる設定にしました。次が単元の計画です。

　　　　第1次「お店を開く計画を立てよう」（お店を開く計画を立てる）
　　　　第2次「作って準備しよう」（品物を作る，お茶の準備をする）
　　　　第3次「準備をしよう」（開店の時に必要なものを用意する）
　　　　第4次「お店を開く練習をしよう」（店員としての練習をする）
　　　　第5次「お店を開こう」（お店をオープンする）
　　　　第6次「ふりかえろう」（ふりかえりをする）

③ 第5次「お店を開こう」の本時の実際

過程	学習活動・児童の活動	○教師の支援と留意点　　◇評価
導入 (5)	1　学習の見通しを持つ。 （1）本時の流れ　（2）ねらいの確認 （3）準備　　　　　（4）開店 （5）振り返り 2　本時のねらいを確認する。 3　お店の一言紹介をする。 4　自分の本時の目標を伝える。	＜全体の目標＞ ・お客さんの顔を見て聞こえる声で話そう。 ・友だちと協力し自分の仕事を頑張ろう ・お金の計算を頑張ろう。 ○発表する時は口を開けて届く声で発表できるようにさせる。
展開 (20)	<center>こころがあたたまるおみせをひらこう</center> 5　自分の担当場所へ行く。 6　お店を開く。	
	手作りショップなみき（低学年3名）	**カフェなみき（高学年3名）**
	役割　レジ役（2名）　袋詰め役（1名）	役割　レジ役（1名）調理役（2名） ※2つの役は交代
	金額　エコたわし：20円 しおり：10円　　コースター：10円 ペン立て：20円　割り箸：10円	金額　紅茶：17円 緑茶：13円　お菓子：10円
	金銭の学習・金額は一の位が空位 ・合計金額を暗算で計算し、客に伝える。 　おつりの計算を暗算で計算し，おつりを渡す。	金銭の学習 ・合計金額を暗算で計算し，客に伝える。 　おつりの計算を暗算で計算し，おつりを渡す。
	活動 ・「いらっしゃいませ」と言う。 ・品物を勧め，特徴を話す。 ・品物の合計金額とおつりを計算する。 ・品物を袋に入れて渡す。 ・間違わずにおつりを渡す。 ・丁寧に挨拶をする。	活動 ・挨拶をし，メニューを聞く。 ・品物の合計金額の計算をし伝える。 ・注文されたものを作り，渡す。 ・間違わずにおつりを渡す。 ・気をつけて品物を渡す。 ・丁寧に挨拶をする。
		○本物の硬貨を使用するので，お金を大切に扱うよう声かけし，取り扱いには十分注意させる。
まとめ (15)	7　学習を振り返り，感想を発表する。	○本時の反省や感想をワークシートにまとめる：活動の様子や気持ちを思い出させて切り替えさせる。 ○数種類の振り返り用紙作り，児童に合ったものを使用する。 ○一人で発表できない児童は教師と一緒に発表する。 ○頑張ったことや協力してできたことをほめ，自信を持たせる。

④ 学習活動や学習環境の設定等の工夫

　本単元の学習を進めるにあたり，工夫した点は以下の通りです。

○なるべく本物のお店に近い想定にした。

　商品の飲み物や食べ物は実物にし，使うお金は本物の硬貨（1円・5円・10円・50円・100円硬貨）にしました。店員の挨拶や台詞は実際の店員

に近いものにし，ファーストフード店の新人店員の練習をイメージして行いました。お金の計算をしたり，お金を数えたり，商品を袋に入れたり，お客さんとコミュニケーションをとったりと，実生活に結びつく活動が含まれるので，めざすべき資質・能力を養うことができると考えました。

〇商品は自分たちが図工や自立活動で作ったものにした。

自分たちが作った商品にすることで児童の活動への興味に繋げました。

〇内容やねらいを少しずつステップアップさせながら同じ活動を行った。

Part1：家の人→Part2：校内や他校の先生→Part3：交流級の児童へと客の対象を広げて活動をしました。少しずつふれあう人間関係を広げながら，積極的に人と関わる力を身に付けさせたいと考えました。児童が買い物で取り組む暗算の目標も少しずつステップアップさせて取り組みました。

〇小グループの活動を取り入れた。

2つの店を開きました。本学級の児童を2つのグループに分け学習に参加させました。「手作りショップ」グループは10円玉硬貨のみを使って暗算するグループと，「カフェ」グループは10円・5円・1円を使って暗算するグループに分け，グループごとに協力して活動に参加させました。

〇本時のねらい，自分の目標を明確にし毎時間意識させて取り組ませた。

学習のねらいや進め方は，カードを掲示し学習の見通しを視覚的に持たせました。黒板に役割カードとめあてを提示しました。学習の全体のねらいや自分の目標も声に出して発表させ，ねらいや目標を意識させて活動に参加させました。学習は3つの視点「コミュニケーション」「友だちとの関わり」「金銭の学習」で進め，これらをもとに個のアセスメントをし個別の目標と支援と評価基準を設定しました。3つの視点は取り組みでも振り返りでも一貫させました。児童も3つの視点を意識していました。（右のシートは毎時間使用した振り返りカード）

4 資質・能力の3つの柱に基づく児童の変容の姿

【生きて働く知識・技能の習得】

Aさんは，普段の学習で暗算やお金の教具を使ったお金の計算ができませんでした。お客さん役と本物のお金（硬貨）を使って計算し，おつりを渡した

ことで，暗算やお金の計算が上達しました。お金の計算ができるようになり店員として自信をもって活動に参加できました。

【思考力・判断力・表現力等の育成】

この力を児童たちに育成するために，Part1 → Part2 → Part3 へと内容やねらいをステップアップさせ，年間指導計画を工夫しました。次のステップに入る時に，改善点を児童たちと一緒に考えながら進めました。Part1 でお客さんを家の人にして活動を行った後，児童たちは「もっとやりたい」「校内の先生にも来てもらいたい」「商品の数を増やしたい」等という感想をもちました。お客さんを校内の先生，他校の先生，交流級の児童へとふれあう人間関係を広げて活動することで，児童たちは人との関わりに積極性が出てきました。Bさんは，人とやりとりするのに緊張しました。次のステップで校内の先生に売る商品の種類を増やしたいと考え，次のステップでは売る商品を増やしました。自分の考えが活かされたことで活動に主体的になり，人との関わりに少し自信をもてるようになりました。

【学びに向かう力・人間性の涵養】

Cさんは，自信がなく人と話すのが苦手でした。声も小さく，顔を見て話せませんでした。最初，この活動に消極的でした。しかし，活動を積み重ねるうちに，だんだん楽しく堂々と取り組むようになりました。お客さんと関わり合う中で，顔を見て聞こえる声で話をし，楽しくやりとりができるようになりました。この学習を通して，Cさんは主体性がつき，他の学習面・生活面でも自信をもって参加し自己肯定感が上がりました。そして，Cさんののコミュニケーションも大幅に伸びました。

5　学習評価を見据えた取り組みの成果と課題

（1）本単元における育成すべき3つの資質・能力に関する評価基準

　本単元の評価基準は以下の通りです。

[生活単元学習の評価]

【生きて働く知識・技能の習得】

・お金を大切に扱うこと，物を売る手順や店員としての動きを理解している。

・お店で売る商品を作ったりお店で使うものを準備したりしている。

・店員としての立場に合った言い方でお客さんに伝えている。

【思考力・判断力・表現力等の育成】

・お店をよりよくするために，どう工夫したらよいか考えようとしている。

【学びに向かう力・人間性の涵養】

・活動に見通しを持って取り組み，すすんで活動しようとしている。

算数科の評価

【生きて働く知識・技能の習得】

・日常生活に必要な数や金銭に関する知識・理解を深めている。

・お客さんから渡されたり硬貨を数えたり，おつりを正しく渡したりすることができる。

【思考力・判断力・表現力等の育成】

・お客さんの買い物の合計金額やおつりの金額について考えようとしている。

【学びに向かう力・人間性の涵養】

・金銭の学習やお店を開く活動に興味・関心を持ち，楽しく協力して活動をしようとしている。

(2) 取り組みの成果と課題

<成果>

① 教材・教具用の疑似硬貨ではお金の計算ができなかったが，本物の硬貨を使用した途端，多くの児童がお金の計算ができるようになりました。合計金額やおつりの計算を暗算でできるようになりました。

② 商品は手作りにしたことで児童の意欲につながっていました。

③ 物を売る手順や店員としての動きをカードに視覚的に示したり，店員としての事前の練習をしたりした結果，店員としての動きや立場に合った言い方を理解して取り組んでいました。

④ 3つの視点「コミュニケーション」「友だちとの関わり」「金銭の学習」で学習を進めました。目標と振り返り（評価）を一体化させました。児童も3つの視点を意識して取り組んだことで児童が明確な目標をもち目標を達成しようと頑張り，児童の成長が毎時間積み重なりました。

⑤ Part1 → Part2 → Part3 へと少しずつ学習内容や目標やねらいなどをステップアップさせ同じような活動にしたことで児童が見通しを持って取り組み，進んで活動していました。Part1 の活動に満足し自信をもった児童たちは，次の活動により意欲的になり，活動を楽しむようになりました。

⑥ お客さんの対象を家の人→校内・校外の先生→交流学級の児童へと広げて活動したことで，「あいさつをする」「相手の質問に答える」「適切な受け答えをする」等，店員として場面に応じたやりとりが上達しました。

⑦ 家庭と連携し，将来の自立と社会参加のつながる視点を持って指導する大

切さを再確認しました。家庭との連携は，日常生活の場で算数をより活用することに繋がり，保護者の意識が変容しました。児童だけで買い物に実際に行かせたり，支払いをさせたりする機会が増加しました。また，児童が保護者に一人で買い物に行くことを頼み，一人での買い物が実現しました。

⑧ 生活単元学習は，教科だけでなく，自立活動とも関連させて取り組むことが大切です。本学級では「感覚統合の視点を取り入る」「きこえとことばの教室やオプトリスト等とも連携する」ことに努めました。また，本実践では「お口の体操：あいうべ体操」を自立活動の視点に基づいて取り組んだところ，児童の発音・発声面でも課題が改善されました。これがお客さんとのやりとりが上手に行われた土台となり，児童の自身へと繋がりました。

〔課題〕

　次のステップに入る時，前回の活動の反省をもとに，活動の工夫点を児童と一緒に考え，活動を進めました。しかし，今回は，担任の支援の方が大きかったです。知的障害のある児童たちに「思考力・判断力・表現力等」をさらに育成するために，児童に活動の工夫についてじっくり考えさせ，考えた工夫を次の活動に活用していくための取組をどう充実させるか，今後の課題です。

● 参考文献 ●
『小学校習指導要領　算数編』『特別支援学校学習指導要領』『特別支援学校自立活動』
上岡一世（1998）『親と教師で取り組む障害児教育9　家庭との連携で就労＝自立を実現する教育』明治図書
子どもたちの自立を支援する会（2012）『ひとりだちするための算数・数学』日本教育研究出版
上原淑枝・池田康子（2010）『子どもの生活力が育つ「金銭」指導のアイデア』明治図書
梅永雄二（2015）『15歳までに始めたい！発達障害の子のライフスキル・トレーニング』講談社
今井一彰（2015）『自律神経を整えて病気を治す！口の体操「あいうべ」』マキノ出版

Comment

　知的障害特別支援学級では，生活単元学習として「お店屋さんをひらこう」という活動がこれまでもたくさん行われてきました。

　しかし，「子どもたちの自立に必要だから」という抽象的な目的のみでいわゆる「活動あって学びなし」となっている実践が散見されていることも事実です。

　本実践の注目すべき点は，「資質・能力の育成」の視点から，単元の目標及び評価規準を定め，関連する学習活動との整理を図っているところです。子どもたちの意欲を喚起し，興味・関心を高められる活動だからこそ，教師がどのような意図をもって，学習活動を展開していけるかということが重要になります。

Column ④

今、求められている資質・能力

東京都教育庁指導部特別支援教育指導課長　丹野　哲也

　令和元年度の全国学力・学習状況調査が 4 月に実施されました。本調査は，特別支援教育が制度化した平成 19 年 4 月から始まり，13 年目を迎えました。

　今年度の調査問題は，それまでの A 問題（主として知識に関する問題）と B 問題（主として活用に関する問題）との区分がなくなりました。基礎的な問題と応用的な問題が，設問の中で一体化され，ストーリー仕立てになりました。また，児童・生徒の生活経験に基づく設問で   構成し，日常生活場面を表したイラストも使用されているなどの特色もあります。

　このような，調査問題の作りに，今，求められている教育の在り方について実感することができます。

　私たちの社会生活場面では，A 問題と B 問題の関係のように，必ずしも基本的な事柄から始まるのではなく，生活の必然性の中で，様々な課題を解決していく力が求められています。最初から困難な課題に直面することも多いのではないでしょうか。むしろ，生じそうな課題をこれまでの生活経験等から予測し，対応していく力が求められるように思います。

　今般の A 問題と B 問題の一体化は，より現実的な課題解決に即した，子供たちの力を把握しようと捉えることができます。

　翻って，特別支援学校においては，子供たちの生活経験を基盤にした取組はもとより，実際的な文脈の中で，子供たちのできることを増やし，自己肯定感を醸成し，社会生活に向けた資質・能力の伸長を図ってきました。小学校等の教育が特別支援教育の根幹に近接してきたと理解できるのではないでしょうか。

　特別支援教育に関わる私たちは，より一層小学校等の教育の動向を感知するとともに，特別支援教育の成果を広く発信することにより，学校種別を超えた様々な取組が共有・活性化できる令和の時代にしていきたいです。

資料

児童生徒の学習評価の在り方について（報告）

1．はじめに

○　中央教育審議会においては、平成 28 年 12 月に「幼稚園、小学校、中学校及び特別支援学校の学習指導要領等の改善及び必要な方策等について」の答申（以下「答申」という。）をとりまとめた。

○　答申では、「よりよい学校教育がよりよい社会をつくる」という理念を共有し、学校と社会との連携・協働を求める「社会に開かれた教育課程」の実現に向けて、変化の激しいこれからの社会を生きる子供たちに必要な資質・能力（何ができるようになるか）を整理した上で、その育成に向けた教育内容（何を学ぶか）、学習・指導の改善（どのように学ぶか）、児童生徒の発達を踏まえた指導（子供一人一人の発達をどのように支援するか）、学習評価（何が身に付いたか）の在り方など、学習指導要領等の改善に向けた基本的な考え方を示している。

　　また、新しい学習指導要領等の下での各学校における教育課程の編成、実施、評価、改善の一連の取組が、授業改善を含めた学校の教育活動の質の向上につながるものとして組織的、計画的に展開されるよう、各学校におけるカリキュラム・マネジメントの確立を求めている。

○　文部科学省では、本答申に示された基本的な考え方を踏まえ、平成２９年３月に幼稚園教育要領、小学校学習指導要領、中学校学習指導要領並びに特別支援学校の幼稚部及び小学部・中学部に係る学習指導要領等を、平成３０年３月に高等学校学習指導要領を公示[1]したところである。

---

[1]　特別支援学校高等部に係る学習指導要領については、本年度中に公示予定。

○　学習評価については、答申では、学習評価の重要性や観点別学習状況の評価の在り方、評価に当たっての留意点などの基本的な考え方を整理した上で、「指導要録の改善・充実や多様な評価の充実・普及など、今後の専門的な検討については、本答申の考え方を前提として、それを実現するためのものとして行われること」を求めている[2]。

○　このような経緯の下、本部会では、答申を踏まえ、2020 年度以降に順次実施される小学校、中学校、高等学校及び特別支援学校の新学習指導要領の下での学習評価の在り方について、校長会等の関係団体のヒアリング[3]に加え、教育研究者並びに民間の教育関係者はもとより、現役の高校生や大学生、新社会人等からも幅広く意見聴取[4]をしながら、議論を進めてきた。以下は、これまでの議論を整理し、その基本的な考え方や具体的な改善の方向性についてまとめたものである。

---

[2] 答申に向けた議論の過程においては、教育課程部会の下に設置された教科等別のワーキンググループにおいて「議論の取りまとめ」をそれぞれ行っている。これらの取りまとめにおいて各教科等の特質に応じた学習評価の在り方を整理している。

[3] 平成 30 年 6 月に書面によるヒアリングを行った。意見表明を行った団体は以下のとおりである。

　全国連合小学校長会、全日本中学校長会、全国高等学校長協会、全国特別支援学校長会、全国特別支援学級設置学校長協会、日本私立小学校連合会、日本私立中学高等学校連合会、全国都道府県教育長協議会、指定都市教育委員会協議会、中核市教育長会、全国市町村教育委員会連合会、全国都市教育長協議会、全国町村教育長会、日本ＰＴＡ全国協議会、全国高等学校ＰＴＡ連合会、全日本教職員組合、全日本教職員連盟、日本高等学校教職員組合、日本教職員組合、全国教育管理職員団体協議会、国立大学協会、公立大学協会、日本私立大学団体連合会、日本私立大学連盟、日本経済団体連合会、日本青年会議所

[4] 平成 30 年 12 月 18 日から平成 31 年 1 月 9 日まで意見募集を行い、181 件の意見が寄せられた。

２．学習評価についての基本的な考え方

答申では、「子供たちの学習の成果を的確に捉え、教員が指導の改善を図るとともに、子供たち自身が自らの学びを振り返って次の学びに向かうことができるようにするためには、学習評価の在り方が極めて重要」として、その意義に言及している。

また、「学習評価については、子供の学びの評価にとどまらず、『カリキュラム・マネジメント』の中で、教育課程や学習・指導方法の評価と結び付け、子供たちの学びに関わる学習評価の改善を、更に教育課程や学習・指導の改善に発展・展開させ、授業改善及び組織運営の改善に向けた学校教育全体のサイクルに位置付けていくことが必要」とし学習評価に関わる取組をカリキュラム・マネジメントに位置付けることの必要性に言及している。

（１）カリキュラム・マネジメントの一環としての指導と評価

○ 各学校における教育活動は、学習指導要領等に従い、児童生徒や地域の実態を踏まえて編成した教育課程の下で作成された各種指導計画に基づく授業（「学習指導」）として展開される。各学校は、日々の授業の下で児童生徒の学習状況を評価し、その結果を児童生徒の学習や教師による指導の改善や学校全体としての教育課程の改善[5]、校務分掌を含めた組織運営等の改善に生かす中で、学校全体として組織的かつ計画的に教育活動の質の向上を図っている。
このように、「学習指導」と「学習評価」は学校の教育活動の根幹であり、教育課程に基づいて組織的かつ計画的に教育活動の質の向上を図る「カリキュラム・マネジメント[6]」の中核的な役割を担っている。

---

[5] 学習評価を踏まえた改善としては、例えば、教科等・学年の各種指導計画の改善並びに、各種全体計画、教育課程編成の方針、学校のグランドデザインや学校経営方針など指導の改善や学校としての教育課程の改善に係る諸計画等が考えられる。

[6] カリキュラム・マネジメントに関わる学習指導要領の規定は次のとおり。
○小学校学習指導要領（平成２９年３月公示）　※中学校、高等学校も同旨
第１章総則第１の４
　各学校においては、児童や学校、地域の実態を適切に把握し、教育の目的や目標の実現に必要な教育の内容等を教科等横断的な視点で組み立てていくこと、教育課程の実施状況を評価してその改善を図っていくこと、教育課程の実施に必要な人的又は物的な体制を確保するとともにその改善を図っていくことなどを通して、教育課程に基づき組織的かつ計画的に各学校の教育活動の質の向上を図っていくこと（以下「カリキュラム・マネジメント」という。）に努めるものとする。

（２）主体的・対話的で深い学びの視点からの授業改善と評価

○　特に指導と評価の一体化を図るためには、児童生徒一人一人の学習の成立を促すための評価という視点を一層重視することによって、教師が自らの指導のねらいに応じて授業の中での児童生徒の学びを振り返り学習や指導の改善に生かしていくというサイクルが大切である。すなわち、新学習指導要領で重視している「主体的・対話的で深い学び」の視点からの授業改善を通して各教科等における資質・能力を確実に育成する上で、学習評価は重要な役割を担っている。

（３）学習評価について指摘されている課題

○　現状としては、前述したような教育課程の改善や授業改善の一連の過程に学習評価を適切に位置付けた学校運営の取組がなされる一方で、例えば、学校や教師の状況によっては、
　　・　学期末や学年末などの事後での評価に終始してしまうことが多く、評価の結果が児童生徒の具体的な学習改善につながっていない[7]、
　　・　現行の「関心・意欲・態度」の観点について、挙手の回数や毎時間ノートを取っているかなど、性格や行動面の傾向が一時的に表出された場面を捉える評価であるような誤解が払拭し切れていない[8]、

---

[7]　平成30年8月7日に行われた第7回の本ワーキンググループにおけるヒアリングでは、「先生方の負担は増えると思うのですが、学校の授業内でも、テストの際だけでもいいので、どういう点がよかった、どういう点をもう少し頑張ってほしい、という一言だけでも毎回頂ければ、自分を向上させるための一つのきっかけになると考えます。」（新社会人）、「通知表で数字だけ示されても分からないので、中身をもっと提示してほしいと思います。…（観点別評価ではなく）数字での評価だけでは、そう評価された理由を推測することしかできないということがあります。」（高等学校三年生）といった意見が出された。

[8]　上記の第7回ワーキンググループにおけるヒアリングでは、「私の通っていた高校では…授業中に寝たらマイナス1点、発言したらプラス1点といったように、学力とは直接関係のないことをポイント化して評価を付けているという現状が実際にありました。…これだと、能力がある子ではなくて、真面目に授業を聞く子、それから、積極的に発言する子というのが評価されてしまいますので、それらを意欲として評価し、それによって評定値を上下させるというのは、評価の正当性に欠けていると思います。関心・意欲・態度という観点でポイントを付けたとしても、それは科目に対する意欲ではなくて、授業に真面目に取り組むという意欲なので、本来評価するべき点とすり替わってしまっていると、私は思っていました。」（大学一年生）という意見が出された。

- 教師によって評価の方針が異なり、学習改善につなげにくい[9]、
- 教師が評価のための「記録」に労力を割かれて、指導に注力できない、
- 相当な労力をかけて記述した指導要録が、次学年や次学校段階において十分に活用されていない、

といった課題も指摘されている。

（4）学習評価の改善の基本的な方向性

○　本ワーキンググループでは、こうした課題に応えるとともに、中央教育審議会初等中等教育分科会学校における働き方改革特別部会[10]において、教師の働き方改革が喫緊の課題となっていることも踏まえ、学習評価を真に意味のあるものとする観点から、前述のとおり、校長会等の関係団体のヒアリングに加え、教育研究者並びに民間の教育関係者、高校生や大学生、新社会人等からも幅広く意見聴取しながら検討を行ってきた。

○　その上で、学習評価の在り方については、
　　① 児童生徒の学習改善につながるものにしていくこと、
　　② 教師の指導改善につながるものにしていくこと、
　　③ これまで慣行として行われてきたことでも、必要性・妥当性が認められないものは見直していくこと、

を基本として、特に答申における指摘等を踏まえ、改善を要する点について以下に示すとおり、専門的な検討を行ってきたところである。

---

[9] 第7回ワーキンググループにおけるヒアリングでは、「先生によって観点の重みが違うんです。授業態度をとても重視する先生もいるし、テストだけで判断するという先生もいます。そうすると、どう努力していけばよいのか本当に分かりにくいんです。」（高等学校三年生）という意見が出された。

[10] 平成30年5月に公表された教員の勤務実態調査（速報値）の結果を受け設置された。

3．学習評価の基本的な枠組みと改善の方向性

（1）学習評価の基本的な枠組み

○　学習評価は、学校における教育活動に関し、児童生徒の学習状況を評価するものである[11]。

　　現在、各教科の評価については、学習状況を分析的に捉える「観点別学習状況の評価」と、これらを総括的に捉える「評定」の両方について、学習指導要領に定める目標に準拠した評価として実施するものとされており、観点別学習状況の評価や評定には示しきれない児童生徒一人一人のよい点や可能性、進歩の状況については、「個人内評価」として実施するものとされている（図1参照）。

　　また、外国語活動や総合的な学習の時間、特別の教科である道徳、特別活動についても、それぞれの特質に応じ適切に評価することとされている。

〔図1〕

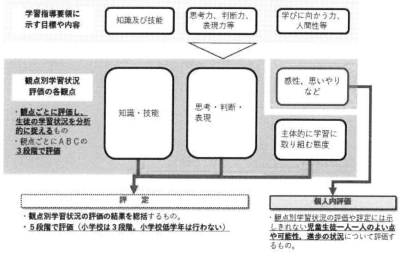

（２）観点別学習状況の評価の改善について

> 　答申では、「観点別評価については、目標に準拠した評価の実質化や、教科・校種を超えた共通理解に基づく組織的な取組を促す観点から、小・中・高等学校の各教科を通じて、『知識・技能』『思考・判断・表現』『主体的に学習に取り組む態度』の３観点に整理することとし、指導要録の様式を改善することが必要」とされている。
>
> 　また、「資質・能力のバランスのとれた学習評価を行っていくためには、指導と評価の一体化を図る中で、論述やレポートの作成、発表、グループでの話合い、作品の制作等といった多様な活動に取り組ませるパフォーマンス評価などを取り入れ、ペーパーテストの結果にとどまらない、多面的・多角的な評価を行っていくことが必要である」とされている。

①観点別学習状況の評価について

○　　今回の学習指導要領改訂では、各教科等の目標や内容を「知識及び技能」「思考力、判断力、表現力等」「学びに向かう力、人間性等」の資質・能力の三つの柱で再整理している。

　　これらの資質・能力に関わる「知識・技能」「思考・判断・表現」「主体的に学習に取り組む態度」の観点別学習状況の評価の実施に際しては、このような学習指導要領の規定に沿って評価規準を作成し、各教科等の特質を踏まえて適切に評価方法等を工夫することにより、学習評価の結果が児童生徒の学習や教師による指導の改善に生きるものとすることが重要である。

○　　また、これまで各学校において取り組まれてきた観点別学習状況の評価やそれに基づく学習や指導の改善の更なる定着につなげる観点からも、評価の段階及び表示の方法については、現行と同様に３段階（ＡＢＣ）とすることが適当である。

②「知識・技能」の評価について

○　　「知識・技能」の評価は、各教科等における学習の過程を通した知識及び技能の習得状況について評価を行うとともに、それらを既有の知識及び技能と関連付けたり活用したりする中で、他の学習や生活の場面でも活用できる程度に概念等を理解したり、技能を習得したりしているかについて評価するものである。

○　　このような考え方は、現行の評価の観点である「知識・理解」（各教科等において習得すべき知識や重要な概念等を理解しているかを評価）、「技能」（各教科等において習得すべき技能を児童生徒が身に付けているかを評価）においても重視してきたところであるが、新しい学習指導要領に示された知識及び技能に関わる目標や内容の規定を踏まえ、各教科等の特質[12]に応じた評価方法の工夫改善を進めることが重要である。

　　　具体的な評価方法としては、ペーパーテストにおいて、事実的な知識の習得を問う問題と、知識の概念的な理解を問う問題とのバランスに配慮するなどの工夫改善を図るとともに、例えば、児童生徒が文章による説明をしたり、各教科等の内容の特質に応じて、観察・実験をしたり、式やグラフで表現したりするなど実際に知識や技能を用いる場面を設けるなど、多様な方法を適切に取り入れていくことが考えられる。

③「思考・判断・表現」の評価について

○　　「思考・判断・表現」の評価は、各教科等の知識及び技能を活用して課題を解決する等[13]のために必要な思考力、判断力、表現力等を身に付けているかどうかを評価するものである。

---

[12] 例えば、芸術系教科の「知識」については、一人一人が感性などを働かせて様々なことを感じ取りながら考え、自分なりに理解し、表現したり鑑賞したりする喜びにつながっていくものであることに留意することが重要である。

[13] 　その際、小学校学習指導要領解説総則編（平成29年7月　文部科学省P37）における以下の指摘を踏まえることが重要である。

「『知識及び技能を活用して課題を解決する』という過程については、中央教育審議会答申が指摘するように、大きく分類して次の三つがあると考えられる。

・　物事の中から問題を見いだし、その問題を定義し解決の方向性を決定し、解決方法を探して計画を立て、結果を予測しながら実行し、振り返って次の問題発見・解決につなげていく過程

・　精査した情報を基に自分の考えを形成し、文章や発話によって表現したり、目的や場面、状況等に応じて互いの考えを適切に伝え合い、多様な考えを理解したり、集団としての考えを形成したりしていく過程

・　思いや考えを基に構想し、意味や価値を創造していく過程」

各教科等において求められる「思考力、判断力、表現力等」を育成していく上では、こうした学習過程の違いに留意することが重要である。

○　このような考え方は、現行の「思考・判断・表現」の観点においても重視してきたところであるが、新学習指導要領に示された、各教科等における思考力、判断力、表現力等に関わる目標や内容の規定を踏まえ、各教科等の特質に応じた評価方法の工夫改善を進めることが重要である。

具体的な評価方法としては、ペーパーテストのみならず、論述やレポートの作成、発表、グループでの話合い、作品の制作や表現等の多様な活動を取り入れたり、それらを集めたポートフォリオを活用したりするなど評価方法を工夫することが考えられる。

④「主体的に学習に取り組む態度」の評価について

答申では、「『主体的に学習に取り組む態度』と、資質・能力の柱である『学びに向かう力・人間性』の関係については、『学びに向かう力・人間性』には①『主体的に学習に取り組む態度』として観点別評価（学習状況を分析的に捉える）を通じて見取ることができる部分と、②観点別評価や評定にはなじまず、こうした評価では示しきれないことから個人内評価（個人のよい点や可能性、進歩の状況について評価する）を通じて見取る部分があることに留意する必要がある」とされている。

また、「主体的に学習に取り組む態度」については、挙手の回数やノートの取り方などの形式的な活動ではなく、児童生徒が「子供たちが自ら学習の目標を持ち、進め方を見直しながら学習を進め、その過程を評価して新たな学習につなげるといった、学習に関する自己調整を行いながら、粘り強く知識・技能を獲得したり思考・判断・表現しようとしたりしているかどうかという、意思的な側面を捉えて評価することが求められる」とされている。

また、答申において、「このことは現行の『関心・意欲・態度』の観点についても同じ趣旨であるが」、上述のような「誤解が払拭しきれていないのではないか、という問題点が長年指摘され現在に至ることから、『関心・意欲・態度』を改め『主体的に学習に取り組む態度』としたものである」と指摘されている。

ア）「学びに向かう力、人間性等」との関係

○　答申では「学びに向かう力、人間性等」には、①「主体的に学習に取り組む態度」として観点別評価を通じて見取ることができる部分と、②観点別評価や評定にはなじまず、こうした評価では示しきれないことから個人内評価を通じて見取る部分があることに留意する必要があるとされており、新学習指導要領に示された、各教科等における学びに向かう力、人間性等に関わる

　　目標や内容の規定[14]を踏まえ、各教科等の特質に応じた評価方法の工夫改善を進めることが重要である。

○　また、答申が指摘するとおり「学びに向かう力、人間性等」は、知識及び技能、思考力、判断力、表現力等をどのような方向性で働かせていくかを決定付ける重要な要素であり、学習評価と学習指導を通じて「学びに向かう力、人間性等」の涵養を図ることは、生涯にわたり学習する基盤を形成する上でも極めて重要である。

○　したがって、「主体的に学習に取り組む態度」の評価とそれに基づく学習や指導の改善を考える際には、生涯にわたり学習する基盤を培う視点をもつことが重要である。このことに関して、心理学や教育学等の学問的な発展に伴って、自己の感情や行動を統制する能力、自らの思考の過程等を客観的に捉える力（いわゆるメタ認知）など、学習に関する自己調整にかかわるスキルなどが重視されていることにも留意する必要がある。

イ）「主体的に学習に取り組む態度」の評価の基本的な考え方
○　以上を踏まえると、「主体的に学習に取り組む態度」の評価に際しては、単に継続的な行動や積極的な発言等を行うなど、性格や行動面の傾向を評価するということではなく、各教科等の「主体的に学習に取り組む態度」に係る評価の観点の趣旨に照らして、知識及び技能を獲得したり、思考力、判断力、表現力等を身に付けたりするために、自らの学習状況を把握し、学習の進め方について試行錯誤するなど自らの学習を調整しながら、学ぼうとしているかどうかという意思的な側面を評価することが重要である。
　　現行の「関心・意欲・態度」の観点も、各教科等の学習内容に関心をもつことのみならず、よりよく学ぼうとする意欲をもって学習に取り組む態度を評価するのが、その本来の趣旨である。したがって、こうした考え方は従来から重視されてきたものであり、この点を「主体的に学習に取り組む態度」として改めて強調するものである。

---

[14] 各教科等によって、評価の対象に特性があることに留意する必要がある。例えば、体育・保健体育科の運動に関する領域においては、公正や協力などを、育成する「態度」として学習指導要領に位置付けており、各教科等の目標や内容に対応した学習評価が行われることとされている。

○　本観点に基づく評価としては、「主体的に学習に取り組む態度」に係る各教科等の評価の観点の趣旨に照らし、

　　① 知識及び技能を獲得したり、思考力、判断力、表現力等を身に付けたりすることに向けた粘り強い取組を行おうとする側面と、

　　② ①の粘り強い取組を行う中で、自らの学習を調整しようとする側面、

という二つの側面を評価することが[15]求められる。

○　ここで評価の対象とする学習の調整に関する態度は必ずしも、その学習の調整が「適切に行われているか」を判断するものではなく、それが各教科等における知識及び技能の習得や、思考力、判断力、表現力等の育成に結び付いていない場合には、それらの資質・能力の育成に向けて児童生徒が適切に学習を調整することができるよう、その実態に応じて教師が学習の進め方を適切に指導するなどの対応が求められる[16]。その際、前述したような学習に関する自己調整にかかわるスキルなど、心理学や教育学等における学問的知見を活用することも有効である。

　　なお、学習の調整に向けた取組のプロセスには児童生徒一人一人の特性があることから、特定の型に沿った学習の進め方を一律に指導することのないよう配慮することが必要であり[17]、学習目標の達成に向けて適切な評価と指導が行われるよう授業改善に努めることが求められる。

○　このような考え方に基づき評価を行った場合には、例えば、①の「粘り強い取組を行おうとする側面」が十分に認められたとしても、②の「自らの学習を調整しようとしている側面」が認められない場合には、「主体的に学習に取り組む態度」の評価としては、基本的に「十分満足できる」（Ａ）とは評価されないことになる。

　　これは、「主体的に学習に取り組む態度」の観点については、ただ単に学習

---

[15] これら①②の姿は実際の教科等の学びの中では別々ではなく相互に関わり合いながら立ち現れるものと考えられることから、実際の評価の場面においては、双方の側面を一体的に見取ることも想定される。例えば、自らの学習を全く調整しようとせず粘り強く取り組み続ける姿や、粘り強さが全くない中で自らの学習を調整する姿は一般的ではない。

[16] 前述のように、知識・技能や思考・判断・表現の観点との関係を十分に考慮した上で、学習の調整が適切に行われているか検討する必要がある。

[17] 例えば、知識・技能や思考・判断・表現の観点が十分満足できるものであれば、基本的には、学習の調整も適切に行われていると考えられることから、指導や評価に際して、かえって個々人の学習の進め方（学習方略）を損なうことがないよう留意すべきである。

に対する粘り強さや積極性といった児童生徒の取組のみを承認・肯定するだけではなく、学習改善に向かって自らの学習を調整しようとしているかどうかを含めて評価することが必要であるとの趣旨を踏まえたものである。仮に、①や②の側面について特筆すべき事項がある場合には、「総合所見及び指導上参考となる諸事項」において評価を記述することも考えられる。

〔図２〕

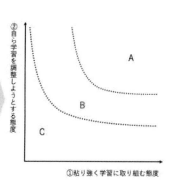

「主体的に学習に取り組む態度」の評価のイメージ

○　「主体的に学習に取り組む態度」の評価は、知識及び技能を習得させたり、思考力、判断力、表現力等を育成したりする場面に関わって、行うものであり、その評価の結果を、知識及び技能の習得や思考力、判断力、表現力等の育成に関わる教師の指導や児童生徒の学習の改善にも生かすことによりバランスのとれた資質・能力の育成を図るという視点が重要である。すなわち、この観点のみを取り出して、例えば挙手の回数など、その形式的態度を評価することは適当ではなく、他の観点に関わる児童生徒の学習状況と照らし合わせながら学習や指導の改善を図ることが重要である。

○　この考え方に基づけば、単元の導入の段階では観点別の学習状況にばらつきが生じるとしても、指導と評価の取組を重ねながら授業を展開することにより、単元末や学期末、学年末の結果[18]として算出される３段階の観点別学習状況の評価については、観点ごとに大きな差は生じないものと考えられる。

18　ただし、指導内容が学年ごとに示されていない教科においては、学年にまたがって指導する場合などが考えられる。

仮に、単元末や学期末、学年末の結果として算出された評価の結果が「知識・技能」、「思考・判断・表現」、「主体的に学習に取り組む態度」の各観点について、「ＣＣＡ」や「ＡＡＣ」といったばらつきのあるものとなった場合には、児童生徒の実態や教師の授業の在り方などそのばらつきの原因を検討し、必要に応じて、児童生徒への支援を行い、児童生徒の学習や教師の指導の改善を図るなど速やかな対応が求められる。

ウ）「主体的に学習に取り組む態度」の評価の方法
○　「主体的に学習に取り組む態度」の具体的な評価の方法としては、ノートやレポート等における記述、授業中の発言、教師による行動観察や、児童生徒による自己評価や相互評価等の状況を教師が評価を行う際に考慮する材料の一つとして用いることなどが考えられる。その際、各教科等の特質に応じて、児童生徒の発達の段階や一人一人の個性を十分に考慮しながら、「知識・技能」や「思考・判断・表現」の観点の状況を踏まえた上で、評価を行う必要がある。したがって、例えば、ノートにおける特定の記述などを取り出して、他の観点から切り離して「主体的に学習に取り組む態度」として評価することは適切ではないことに留意する必要がある。

○　また、発達の段階に照らした場合には、児童自ら目標を立てるなど学習を調整する姿が顕著にみられるようになるのは、一般に抽象的な思考力が高まる小学校高学年以降からであるとの指摘もあり、児童自ら学習を調整する姿を見取ることが困難な場合もあり得る。このため、国においては、①各教科等の「主体的に学習に取り組む態度」の評価の観点の趣旨の作成等に当たって、児童の発達の段階や各教科等の特質を踏まえて柔軟な対応が可能となるよう工夫するとともに、②特に小学校低学年・中学年段階では、例えば、学習の目標を教師が「めあて」などの形で適切に提示し、その「めあて」に向かって自分なりに様々な工夫を行おうとしているかを評価することや、他の児童との対話を通して自らの考えを修正したり、立場を明確にして話していたりする点を評価するなど、児童の学習状況を適切に把握するための学習評価の工夫の取組例を示すことが求められる。

○　それぞれの観点別学習状況の評価を行っていく上では、児童生徒の学習状況を適切に評価することができるよう授業デザインを考えていくことは不可欠である。特に、「主体的に学習に取り組む態度」の評価に当たっては、児童生徒が自らの理解の状況を振り返ることができるような発問の工夫をしたり、自らの考えを記述したり話し合ったりする場面、他者との協働を通

じて自らの考えを相対化する場面を単元や題材などの内容のまとまりの中で設けたりするなど、「主体的・対話的で深い学び」の視点からの授業改善を図る中で、適切に評価できるようにしていくことが重要である。

（3）評価の方針等の児童生徒との共有について

○　これまで、評価規準や評価方法等の評価の方針等について、必ずしも教師が十分に児童生徒等に伝えていない場合があることが指摘されている[19]。しかしながら、どのような方針によって評価を行うのかを事前に示し、共有しておくことは、評価の妥当性・信頼性を高めるとともに、児童生徒に各教科等において身に付けるべき資質・能力の具体的なイメージをもたせる観点からも不可欠であるとともに児童生徒に自らの学習の見通しをもたせ自己の学習の調整を図るきっかけとなることも期待される。

　また、児童生徒に評価の結果をフィードバックする際にも、どのような方針によって評価したのかを改めて共有することも重要である。

○　その際、児童生徒の発達の段階にも留意した上で、児童生徒用に学習の見通しとして学習の計画や評価の方針を事前に示すことが考えられる。特に小学校低学年の児童に対しては、学習の「めあて」などのわかり易い言葉で伝えたりするなどの工夫が求められる。

（4）教科等横断的な視点で育成を目指すこととされた資質・能力の評価について

○　言語能力、情報活用能力や問題発見・解決能力など教科等横断的な視点で育成を目指すこととされた資質・能力は、各教科等における「知識・技能」「思考・判断・表現」「主体的に学習に取り組む態度」の評価に反映することとし、各教科等の学習の文脈の中で、これらの資質・能力が横断的に育成・発揮されることを目指すことが適当である。

（5）評価を行う場面や頻度について

○　平成 28 年の中央教育審議会答申では、毎回の授業で全ての観点を評価するのではなく、単元や題材などのまとまりの中で、指導内容に照らして評価の場面を適切に位置付けることを求めている。しかしながら、実際に

---

[19] 株式会社浜銀総合研究所「学習指導と学習評価に対する意識調査報告書」（平成２９年度文部科学省委託調査）によれば、学習のねらいや評価の観点について、事前に児童生徒や保護者に伝えていない教師の割合（どちらかと言えば伝えていないと回答した教師を含む）は、小学校で 40.2%、中学校で 20.9%、高等学校で 43.9%である。

は、毎回の授業において複数の観点を評価する運用が行われていることも多く、教師にとっては評価の「記録」が常に求められるとともに、児童生徒にとっても、教師からの評価を必要以上に意識してしまうため、新しい解法に積極的に取り組んだり、斬新な発想を示したりすることなどが難しくなっているとの指摘もある。

したがって、日々の授業の中では児童生徒の学習状況を把握して指導に生かすことに重点を置きつつ、「知識・技能」及び「思考・判断・表現」の評価の記録については、原則として単元や題材等のまとまりごとに、それぞれの実現状況が把握できる段階で評価を行うこととする。また、学習指導要領に定められた各教科等の目標や内容の特質に照らして、単元や題材ごとに全ての観点別学習状況の評価の場面を設けるのではなく、複数の単元や題材にわたって長期的な視点で評価することを可能とすることも考えられるが、その場合には、児童生徒に対して評価方法について誤解がないように伝えておくことが必要である。

○　なお、評価については、記録を集めることに終始して、学期末や学年末になるまで必要な指導や支援を行わないまま一方的に評価をするようなことがないようにしなければならない。

（6）障害のある児童生徒など特別な配慮を必要とする児童生徒に係る学習評価について

> 答申では、障害のある児童生徒や日本語の習得に困難のある児童生徒、不登校の児童生徒など、特別な配慮を必要とする児童生徒の発達を支えることの重要性を指摘している。
> 障害のある児童生徒については、通常の学級、通級による指導、特別支援学級、特別支援学校において子供たちの十分な学びを確保し、一人一人の子供の障害の状態や発達の段階に応じた指導を一層充実させていく必要があるとされている。
> また、知的障害者である児童生徒に対する教育課程については、児童生徒の一人一人の学習状況を多角的に評価するため、各教科の目標に準拠した評価による学習評価を導入し、学習評価を基に授業評価や指導評価を行い、教育課程編成の改善・充実に生かすことのできるPDCAサイクルを確立することが必要であるとされている。

○　児童生徒一人一人の学習状況を適切に把握することは、新学習指導要領で目指す資質・能力を育成する観点からも重要であり、障害のある児童生

徒、日本語指導を必要とする児童生徒[20]や不登校の児童生徒[21]、特別な配慮を必要とする児童生徒に対する指導についても、個々の児童生徒の状況に応じた評価方法の工夫改善を通じて、各教科等の目標や内容に応じた学習状況を適切に把握し、指導や学習の改善に生かしていくことを基本に、それぞれの実態に応じた対応が求められる。

○　このうち、障害のある児童生徒に係る学習評価については、一人一人の児童生徒の障害の状態等に応じた指導と配慮及び評価を適切に行う[22]ことを前提としつつ、特に以下のような観点から改善することが必要である。

---

[20] 日本語指導を必要とする児童生徒に対しては、例えば、小学校学習指導要領解説総則編（平成29年7月）では「ゆっくりはっきり話す、児童生徒の日本語による発話を促すなどの配慮、絵や図などの視覚的支援の活用、教材の工夫」などの学習参加のための支援が例示されており、各学校においては、児童生徒の実態や学習評価の対象となる指導事項に照らして適切な方法を工夫して指導と評価を行うことが求められる。また、「特別の教育課程」による日本語指導の学習評価の際には、「学校教育法施行規則の一部を改正する省令等の施行について（通知）」（25文科初第928号）において、個々の児童生徒の日本語の能力や学校生活への適応状況を含めた生活・学習の状況、学習への姿勢・態度等の多面的な把握に基づき、指導の目標及び指導内容を明確にした指導計画を作成し、学習評価を行うこととしている。こうした学習評価の結果については、児童生徒の担任や教科担当とも共有し、在籍学級における各教科等の指導や学習評価にも考慮されることが望ましい。

[21] 「不登校への対応の在り方について」（15文科初第255号）では、不登校児童生徒について、学習状況の把握に努めることが学習支援や進路指導を行う上で重要であり、学校が把握した学習計画や内容がその学校の教育課程に照らし適切と判断される場合には、当該学習の評価を適切に行い、児童生徒や保護者等に伝えることが児童生徒の学習意欲に応え、自立を支援する上で意義が大きいとしている。その上で、評価の指導要録への記載については、必ずしもすべての教科・観点について観点別学習状況及び評定を記載することが求められるものではないとし、学習状況の把握の状況に応じてそれを文章記述するなど、次年度以降の児童生徒の指導の改善に生かすという観点に立った適切な記載に努めることが求められるとしている。

[22] 障害のある児童生徒の指導については、例えば、小学校学習指導要領においても、「障害のある児童などについては、特別支援学校等の助言又は援助を活用しつつ、個々の児童の障害の状態等に応じた指導内容や指導方法の工夫を組織的かつ計画的に行うものとする」（第1章総則第3の2（1）ア）、「障害のある児童などについては、学習活動を行う場合に生じる困難さに応じた指導内容や指導方法の工夫を計画的、組織的に行うこと」（同第2章各教科の「第3　指導計画と内容の取扱い」）とされている。

・ 知的障害者である児童生徒に対する教育を行う特別支援学校の各教科[23]においても、文章による記述という考え方を維持しつつ、観点別の学習状況を踏まえた評価を取り入れることとする。

・ 障害のある児童生徒について、個別の指導計画に基づく評価等が行われる場合があることを踏まえ、こうした評価等と指導要録との関係を整理することにより、指導に関する記録を大幅に簡素化し、学習評価の結果を学習や指導の改善につなげることに重点を置くこととする。

（7）指導要録の改善について

答申では、「観点別評価については、目標に準拠した評価の実質化や、教科・校種を超えた共通理解に基づく組織的な取組を促す観点から、小・中・高等学校の各教科を通じて、『知識・技能』『思考・判断・表現』『主体的に学習に取り組む態度』の３観点に整理することとし、指導要録の様式を改善することが必要」とされている。

①高等学校における観点別学習状況の評価の扱いについて

○ 高等学校においては、従前より観点別学習状況の評価が行われてきたところであるが、地域や学校によっては、その取組に差があり、形骸化している場合があるとの指摘もある。文部科学省が平成29年度に実施した委託調査では、高等学校が指導要録に観点別学習状況の評価を記録している割合は13.3%にとどまる[24]。そのため、高等学校における観点別学習状況の評価を更に充実し、その質を高める観点から、今後国が発出する学習評価及び指導要録の改善等に係る通知（以下、「指導要録等の改善通知」という）の「高等学校及び特別支援学校高等部の指導要録に記載する事項等」において、観点別学習状況の評価に係る説明を充実するとともに、指導要録の参考様式に記載欄を設けることとする。

---

[23] 知的障害者である児童生徒に対する教育を行う特別支援学校の各教科については、今回の特別支援学校学習指導要領の改訂において、小・中学校等との学びの連続性を重視する観点から、小・中学校等の各教科と同様に、育成を目指す資質・能力の三つの柱で目標及び内容が整理されたところ。

[24] 平成29年度文部科学省委託調査「学習指導と学習評価に対する意識調査報告書」（平成30年1月、株式会社浜銀総合研究所）

②指導要録の取扱いについて

○　教師の勤務実態などを踏まえ、指導要録のうち指導に関する記録については大幅に簡素化し、学習評価の結果を教師が自らの指導の改善や児童生徒の学習の改善につなげることに重点を置くこととする。

　具体的には、国において、以下の点について今後発出する指導要録等の改善通知などにおいて示すことが考えられる。

・　「総合所見及び指導上参考となる諸事項」など文章記述により記載される事項は、児童生徒本人や保護者に適切に伝えられることで初めて児童生徒の学習の改善に生かされるものであり、日常の指導の場面で、評価についてのフィードバックを行う機会を充実させるとともに、通知表や面談などの機会を通して、保護者との間でも評価に関する情報共有を充実させることが重要である。これに伴い、指導要録における文章記述欄については、例えば、「総合所見及び指導上参考となる諸事項」については要点を箇条書きとするなど、必要最小限のものにとどめる。

・　小学校外国語活動の記録については、現在第5学年・第6学年においては、観点別にそれぞれの学習状況を個別に文章で記述する欄を設けているが、新しい学習指導要領の下での第3学年・第4学年における外国語活動については、記述欄を簡素化した上で、評価の観点に即して、児童の学習状況に顕著な事項がある場合などにその特徴を記入することとする。

○　各学校の設置者が様式を定めることとされている指導要録と、各学校が独自に作成するいわゆる通知表のそれぞれの性格を踏まえた上で、域内の各学校において、指導要録の「指導に関する記録」に記載する事項を全て満たす通知表を作成するような場合には、指導要録と通知表の様式を共通のものとすることが可能であることを明示する。

○　教師の勤務実態なども踏まえ、指導要録や通知表、調査書等の電子化に向けた取組を推進することは不可欠であり、設置者である各教育委員会において学習評価や成績処理に係る事務作業の負担軽減に向けて、統合型校務支援システム等のICT環境を整備し、校務の情報化を推進する必要がある。

　とりわけ、現在CBT化が検討されている全国学力・学習状況調査をはじめ、様々な学習に関するデータが記録・蓄積されるようになると、こうしたデータについて、進学や転校等に際してデータ・ポータビリティの検討が求められる。各学校設置者においては、こうした点も視野に入れながら、ICT環境整備を行うとともに、電子的に記録された様々な学習情報の保護と活

用についても検討していくことが求められる。

③観点別学習状況の評価と評定の取扱い[25]について
○　現在、各教科の評価については、学習状況を分析的に捉える観点別学習状況の評価と、これらを総括的に捉える評定の両方について、学習指導要領に定める目標に準拠した評価として実施するものとされており、観点別学習状況の評価や評定には示しきれない児童生徒一人一人のよい点や可能性、進歩の状況については、個人内評価として実施するものとされている。

　このうち、評定については、平成１３年の指導要録等の改善通知において、それまで集団に準拠した評価を中心に行うこととされていた取扱いが、学習指導要領に定める目標に準拠した評価に改められており、すなわち評定には、各教科等における児童生徒一人一人の進歩の状況や教科の目標の実現状況を的確に把握し、学習指導の改善に生かすことが期待されている。

○　このように「観点別学習状況の評価」と「評定」については指導と評価の一体化の観点から見た場合には、それぞれ次のような役割が期待されている。
・　各教科の学習状況を分析的に捉える「観点別学習状況の評価」は、児童生徒がそれぞれの教科での学習において、どの観点で望ましい学習状況が認められ、どの観点に課題が認められるかを明らかにすることにより、具体的な学習や指導の改善に生かすことを可能とするものである。
・　各教科の観点別学習状況の評価を総括的に捉える「評定」は、児童生徒がどの教科の学習に望ましい学習状況が認められ、どの教科の学習に課題が認められるのかを明らかにすることにより、教育課程全体を見渡した学習状況の把握と指導や学習の改善に生かすことを可能とするものである。

○　また評定は、各教科の観点別学習状況の評価を総括した数値を示すものであり、児童生徒や保護者にとっては、学習状況を全般的に把握できる指標として捉えられてきており、また、高等学校の入学者選抜やＡＯ・推薦入試を中心とした大学の入学者選抜、奨学金の審査でも用いられている等、広く利

---

[25] 現在、評定は観点別学習状況の評価を教科全体の学習状況を段階別に（小学校では１から３の三段階、中学校以上では１～５の五段階）総括したものであるが、観点別学習状況の評価自体も、各教科の単元や題材などのまとまりごとの学習状況を段階別に（Ａ、Ｂ、Ｃの三段階）総括したものである。したがって、何らかの学習状況を段階別に総括する点においては、観点別学習状況の評価も評定の一種であることには留意が必要である。

用されている。

○　一方で現状の課題としては、いまだに評定が学習指導要領に定める目標に照らして、その実現状況を総括的に評価するものであるという趣旨が十分浸透しておらず、児童生徒や保護者の関心が評定や学校における相対的な位置付けに集中し、評定を分析的に捉えることにより、学習の改善を要する点がどこにあるかをきめ細かに示す観点別学習状況の評価に本来的に期待される役割が十分発揮されていないと指摘されている。

　　また、評定が入学者選抜や奨学金の審査等に利用される際に、観点別学習状況の評価を評定として総括する際の観点ごとの重み付けが学校によって異なるため、児童生徒一人一人をきめ細かく評価するためには、「観点別学習状況の評価」を活用することが重要との指摘もある。

○　こうした指摘等を踏まえると、国においては、評定を引き続き指導要録上に位置付けることとした上で、指摘されている課題に留意しながら、観点別学習状況の評価と評定の双方の本来の役割が発揮されるようにすることが重要である。具体的には、今後発出する指導要録の通知において、様式等の工夫を含めた改善を行い、その趣旨を関係者にしっかりと周知していく必要がある。

　　また、指導要録の改善に伴い、高等学校入学者選抜や大学入学者選抜等において用いられる調査書を見直す際には、観点別学習状況の評価について記載することで、一人一人に着目した、よりきめの細かい入学者選抜のために活用していくことが考えられる。

○　観点別学習状況の評価をどのように評定に総括するかについては、従来より、評定の決定方法は、各学校で定めることとされてきたところであり[26]、今後もその方針を継承することとした上で、国立教育政策研究所が作成する学習評価の参考資料において、その取扱いの考え方を示すことが適当である。

　　なお、評定をどのように用いるのかについては、通知表における扱いについては各学校において、また、入学者選抜における扱いについては選抜を行う

---

[26] 平成22年5月11日文部科学省初等中等教育局長通知「小学校、中学校、高等学校及び特別支援学校等における児童生徒の学習評価及び指導要録の改善等について（通知）」では、「（観点別学習状況）において掲げられた観点は、分析的な評価を行うものとして、各教科の評定を行う場合において基本的な要素となるものであることに十分留意する。その際、評定の適切な決定方法等については、各学校において定める」とされている。

大学や高等学校等において、評定の役割や指摘されている課題等を十分に踏まえた上で、観点別学習状況の評価を活用することも考慮しながら、適切な在り方を検討することが求められる[27]。

（8）学習評価の高等学校入学者選抜・大学入学者選抜での利用について

> 答申では、「評価にあたっての留意点等」として「次期学習指導要領等の趣旨を踏まえ、高等学校入学者選抜、大学入学者選抜の質的改善が図られるようにする必要がある」としている。

○　学校教育法施行規則第90条第1項においては「高等学校の入学は、第78条の規定により送付された調査書その他必要な書類、選抜のための学力検査（以下この条において「学力検査」という。）の成績等を資料として行う入学者の選抜に基づいて、校長が許可する。」と規定されており、同規定に基づき、高等学校入学者選抜においては、中学校において指導要録の記載に基づいて作成される調査書及び学力検査の成績等の資料が利用されている。

○　平成30年度公立高等学校入学者選抜の改善等に関する状況調査によると、調査書の利用の比重は選抜方法によって異なるが、推薦入試における学力把握の重要な資料となっているほか、一般入試においても学力検査と同程度の比重で位置付けられるなど、入学者選抜に大きな影響を与えている。

○　高等学校入学者選抜において調査書に基づき中学校の学習評価を利用することについては、主に以下のメリットがあると考えられる。
- ・　学力検査を実施しない教科等の学力を把握することができること。
- ・　学力検査当日の一時点での成績だけでなく、中学校の一定期間における学習評価を踏まえることで、当該生徒の学力をより正確・公平に把握することができること。
- ・　学力検査では把握することが難しい観点も含め、「知識・技能」「思考・判断・表現」「主体的に学習に取り組む態度」の各観点をバランスよく把握することができること。

○　一方、地域によっては、以下のような課題も指摘されている。

---

[27] 調査書等に従来の総合的な評定だけでなく、観点別学習状況の評価を記載することにより、例えば、大学入学者選抜において、大学のアドミッション・ポリシーに基づいて、特に「思考・判断・表現」を重視して、この観点に傾斜をつけた評定を算出することなども可能となる。

- 　中学校の通常の授業で行われる日常的な評価が、厳格な公平性が求められる入学者選抜に利用されるため、教師が評価材料の収集や記録、保護者への説明責任を果たすことに労力を費やす一方で、学習評価を児童生徒の学習改善や教師の指導の改善につなげていくという点がおろそかになっている場合もある。
  - 　例えば、中学校の途中まで成績が不振であった生徒が学習改善に取り組んだ場合でも、それまでの成績が入学者選抜において考慮される場合、成績不振だった期間が調査書に影響し、高等学校入学者選抜時の学力が十分評価されることが難しい仕組み[28]となっている場合もある。
- 　中学生が、入学時から常に「内申点をいかに上げるか」を意識した学校生活を送らざるを得なくなっている状況もあり、例えば、授業中の話合いや生徒会で意見を述べるときに教師の意向を踏まえたり、本意でないまま授業中に挙手したり、生徒会の役員に立候補したりするなど、自由な議論や行動の抑制につながっている場合もある。

○　中学校における学習評価は、学習や指導の改善を目的として行われているものであり、高等学校入学者選抜に用いることを一義的な目的として行われるものではない。しかしながら、高等学校入学者選抜において調査書が大きな比重を占めていることから、これが中学校における学習評価やひいては学習活動に大きな影響を与えていると考えられる。

○　高等学校及びその設置者においては、このような現状も踏まえ、以下の観点から入学者選抜について改善を図っていく必要がある。
- 　高等学校入学者選抜については、答申において「中学校における学びの成果を高等学校につなぐものであるとの認識に立ち、知識の理解の質を重視し、資質・能力を育んでいく新しい学習指導要領の趣旨を踏まえた改善を図ること」が求められている。新しい学習指導要領の趣旨を踏まえた各高等学校の教育目標の実現に向け、入学者選抜の質的改善を図るため、改めて入学者選抜の方針や選抜方法の組合せ、調査書の利用方法、学力検査の内容等について見直しを図ることが必要である。
- 　調査書の利用に当たっては、そのねらいを明らかにし、学力検査の成績との比重や、学年ごとの学習評価の重み付け等について検討することが必

---

[28]　平成30年に文部科学省が聴取した結果によれば、高等学校入学者選抜に係る調査書において、中学校3学年にわたる評定を記入（比重が均等でない場合を含む）することとしている都道府県は41件であり、全体の87%を占めている。

要である。例えば、都道府県教育委員会等において、所管の高等学校に一律の比重で調査書の利用を義務付けているような場合には、各高等学校の入学者選抜の方針に基づいた適切な調査書の利用となるよう改善を図っていくことが必要である。

・　入学者選抜の改善に当たっては、新しい学習指導要領の趣旨等も踏まえつつ、働き方改革の観点からは、調査書の作成のために中学校の教職員に過重な負担がかかったり、生徒の主体的な学習活動に悪影響を及ぼしたりすることのないよう、高等学校入学者選抜のために必要な情報の整理や市町村教育委員会及び中学校等との情報共有・連携を図ることが重要である。

○　また、大学の入学者選抜においても、今後の議論を通じて、各大学のアドミッション・ポリシーに基づいて、多面的・多角的な評価が行われるよう、調査書を適切に活用することが必要である。その際、指導要録の簡素化の議論を踏まえ、指導要録を基に作成される調査書についても、観点別学習状況の評価の活用を含めて、大学入学者選抜で必要となる情報を整理した上で、検討していくことが求められる。

（9）外部試験や検定等の学習評価への利用について

○　学習評価を進めていく上では、通常の授業で教師が自ら行う評価だけでなく、全国学力・学習状況調査や高校生のための学びの基礎診断の認定を受けた試験等、その他外部試験等の結果についても、児童生徒の学習状況を把握するために用いることで、教師が自らの評価を補完したり、必要に応じて修正したりしていくことは重要である。例えば、平素の学習評価を指導の改善につなげることはもとより、児童生徒が受検した検定試験の結果等から、児童生徒の課題等を把握し、自らの指導や評価の改善につなげることも考えられる。

　その際、学習評価は学習指導要領に規定する目標及び内容に照らして、「知識・技能」、「思考・判断・表現」、「主体的に学習に取り組む態度」の各観点から行われるものであることに十分留意する。すなわち、各種の試験や検定等については、学習指導要領とは必ずしも目標や評価の視点が同じではなかったり、学習指導要領に示す各教科の内容を網羅的に問うものではなかったりすることもあることから、それらを考慮する際には、両者の相違を十分に踏まえることが必要であり、外部試験等の結果は、教師が学習評価を行う際の補完材料であることに十分留意すべきである。

○　なお、例えば、地域のスポーツクラブにおける活動や各種の習い事、趣味に関する活動等、児童生徒が学校外で行う多様な活動については、必ずしも教師が把握することが求められるものではなく、在籍する学校における評価の対象になるものではない。そのため、こうした事項については、同じ資格等であっても、学校によって指導要録や調査書への記載の有無が異なる等の指摘もある。生徒が在籍する学校から提出される調査書は、あくまでも学校における活動の記録であることに留意した上で、入学者選抜を行う高等学校や大学等は、これに過度に依存することなく、生徒一人一人の多面的・多角的な姿を考慮するよう、本人からの提出書類[29]、申告等を通じて確認するなどの工夫が求められる。

４．学習評価の円滑な改善に向けた条件整備

> 答申では、「学習指導要領改訂を受けて作成される、学習評価の工夫改善に関する参考資料についても、詳細な基準ではなく、資質・能力を基に再整理された学習指導要領を手掛かりに、教員が評価規準を作成し見取っていくために必要な手順を示すものとなることが望ましい。」としている。また「教員が学習評価の質を高めることができる環境づくり」の観点からの研修の充実等、学習指導要領等の実施に必要な諸条件の整備として、教員の養成や研修を通じた教員の資質・能力の向上、指導体制の整備・充実等を求めている。

（１）国立教育政策研究所に求められる取組について

○　国立教育政策研究所が作成する「評価規準の作成、評価方法等の工夫改善のための参考資料（以下「参考資料」という。）について、以下のような視点で改善を図る。

・　今回の学習指導要領改訂では、各教科等の目標及び内容が資質・能力の三つの柱に再整理されたことを踏まえ、評価規準の作成に関わっては、現行の参考資料のように評価規準の設定例を詳細に示すのではなく、各教科等の特質に応じて、学習指導要領の規定から評価規準を作成する際の手順を示すことを基本とする。

・　参考資料に示す評価方法については、例えば観点別学習状況の評価を判

---

[29]　「平成 33 年度大学入学者選抜実施要項の見直しに係る予告」では、志願者本人の記載する資料等において、大学は「活動報告書」等の積極的な活用に努めることとしており、その内容には「学校内外で意欲的に取り組んだ活動」等が把握できる様式イメージを例示している。

断した参考例を適切に示すなど各学校における学習評価の信頼性及び妥当性の向上を促すことが重要である。その際、参考資料に示す事例を参考にしつつも各学校において創意工夫ある学習指導や学習評価が行われるよう、その柔軟性に配慮した取扱いや周知を考えることも併せて重要である。

・ 現行の参考資料では、学習評価の事例が単元や題材ごとに整理されているが、各教科等の指導内容の特質に照らした場合、単元や題材を超えた長期的な視点で学習評価を考える必要がある場合も生じ得ることから、学期や年間など単元や題材を越えた長期的な視点に立った評価事例を掲載することも検討する。

・ 学習評価については、学校全体で組織として学習評価やその結果を受けた学習指導の工夫改善の取組を促すとともに、教育課程や校内体制の改善などを促すカリキュラム・マネジメントも併せて重要であり、このような点に配慮した参考資料の示し方も検討する。

（2）教育委員会、学校、教員養成課程等に求められる取組について

○ 各教育委員会等においては、本報告や今後、国が示す学習評価及び指導要録の改善の通知等を踏まえつつ、教員研修や各種参考資料の作成に努めることが求められる。

○ 各学校においては、学習評価の妥当性や信頼性が高められるよう、例えば、評価規準や評価方法等を事前に教師同士で検討し明確化することや評価に関する実践事例を蓄積し共有していくこと、評価結果についての検討を通じて評価に関する教師の力量の向上を図ることや、教務主任や研究主任を中心に学年会や教科等部会等の校内組織を活用するなどして、組織的かつ計画的な取組に努めることが求められる。

○ また、学校の実態に応じ、効果的・効率的に評価を行っていく観点から、デジタル教科書やタブレット、コンピュータ、録音・録画機器等のＥｄｔｅｃｈを適切に活用することで、例えば、グループに分かれたディスカッションでの発言や共同作業におけるグループへの貢献、単元を通じた理解状況の推移など、教師一人で十分に見取ることが困難な児童生徒の様々な活動や状況を記録したり、共有したりしていくことも重要である。その際、教師にとって使い勝手の良いデジタル機器やソフトウェア等の導入を進めることは、評価の質を高める観点から有効である。各地方公共団体や教育委員会等においては、現場のニーズを十分に反映できるような発注の仕方を考え

ていくとともに、それらの前提となるＩＣＴ環境の整備を進めていくことが求められる。また、民間事業者においても、学校や教師のニーズを十分に踏まえた技術の開発が期待される。[30]

○　また、教員養成課程においては、新しい学習指導要領下での学習評価が円滑に実施されるよう、学習評価を位置付けたカリキュラムや各教科指導における学習評価に関する指導の充実などが必要である。

（3）教職員や保護者等の学校関係者、社会一般への周知について

> 答申では、「社会に開かれた教育課程」を目指す学習指導要領の理念の共有に向け、あらゆる媒体を通じて、新学習指導要領等の内容を社会全体に広く周知することを求めている。

○　「社会に開かれた教育課程」の実現を目指す観点からは、国において、今回の学習評価の意義やその改善の趣旨について、パンフレットの作成などを通じて学校の教職員や保護者はもとより広く一般に周知をしていくことも重要である。

○　冒頭に述べたとおり、学習評価の改善は、教育課程の改善並びにそれに基づく授業改善の一連のサイクルに適切に位置付くことが重要であり、周知に当たっては、そうした点に十分配慮することが求められる。

---

[30] なお、第6回の本ワーキンググループにおいて、タブレット等を活用して、児童一人一人の学習の履歴を踏まえた指導や評価を可能にする仕組みについて、奈良教育大学及び富士通株式会社による発表が行われた。

用　語　解　説

　本書に掲載されている実践の中で，頻出される評価に係る用語について解説します。

　評価については，様々な学問的知見がありますが，ここでは，中央教育審議会初等中等教育分科会教育課程部会（2018）における「総則・評価特別部会資料」に基づき，整理しました。

1　「ルーブリック評価」について

　成功の度合いを示す数レベル程度の尺度と，それぞれのレベルに対応するパフォーマンスの特徴を示した記述語（評価規準）からなる評価基準表である。

　ルーブリック評価の特徴には次の点がある。

・目標に準拠した評価のための基準作りに資する
・パフォーマンス評価を通じて思考力，判断力，表現力等を評価することに適している
・達成水準が明確化され，複数の教師間による評価の標準化がはかられる

2　「パフォーマンス評価」について

　知識やスキルを使いこなす（活用・応用・統合する）ことを求めるような評価方法である。論説文やレポート，展示物といった完成作品や，スピーチやプレゼンテーション，協働での問題解決，実験の実施といった実演を評価する。

3　「ポートフォリオ評価」について

　学習の過程や成果を示す様々な記録を系統的に蓄積し，編集したり検討会を行ったりしながら評価していく方法である。

　児童生徒の学習の過程や成果などの記録や作品を計画的にファイル等に集積。そのファイル等を活用して児童生徒の学習状況を把握するとともに，児童生徒や保護者等に対し，その成長の過程や到達点，今後の課題等を示す。

4　評価規準

　学習の評価を行うに当たり，各教科等の目標や内容項目レベルの学習指導のねらいを明確にし，それに対する児童生徒の学習状況を判断する際の目安を明らかにするもの。

5　評価基準

　目標に準拠した評価のための「基準」である。

編著者紹介

武富　博文（たけどみ　ひろふみ）
教育政策研究会「特別支援教育部会」西日本支局長（兼）研究推進統括部長
神戸親和女子大学准教授

東京都立八王子養護学校や京都市立北総合支援学校での教諭等の経験を経て平成 25 年度より独立行政法人国立特別支援教育総合研究所主任研究員，平成 29 年度からは同総括研究員や文部科学省初等中等教育局視学委員（命）特別支援教育調査官（知的障害者用教科書改訂担当），平成 30 年度より京都市教育委員会指導部総合育成支援課指導主事を経て平成 31 年度より現職
主な著書として共著『育成を目指す資質・能力をはぐくむための知的障害教育における学習評価の実践ガイド』（2016，ジアース教育新社），編著『知的障害教育におけるアクティブ・ラーニング』（2017，東洋館出版社），編著『知的障害教育におけるカリキュラム・マネジメント』（2018，東洋館出版社），共著『育成を目指す資質・能力を踏まえた教育課程の編成』（2018，ジアース教育新社）などがある。

増田　謙太郎（ますだ　けんたろう）
教育政策研究会「特別支援教育部会」東日本支局事務局長
東京学芸大学教職大学院准教授

東京都公立小学校教諭，東京都北区教育委員会指導主事を経て，平成 30 年度より現職。
主な著書として，『「特別の教科　道徳」のユニバーサルデザイン　授業づくりをチェンジする 15 のポイント』（2018，明治図書出版），『「音楽」のユニバーサルデザイン　授業づくりをチェンジする 15 のポイント』（2019，明治図書出版），共著『中学校学級担任のためのよくわかるインクルーシブ教育　課題解決 Q&A』（2019，開隆堂）などがある。

執筆者一覧 （所属は令和元年度末）

【理論編】

武富　博文	前掲
丹野　哲也	東京都教育庁指導部特別支援教育指導課長
増田　謙太郎	前掲

【実践編】

四ツ永　信也	鹿児島大学教育学部附属特別支援学校　教諭
堂野　結加・ 宮本　真吾	和歌山県立紀伊コスモス支援学校　教諭, 同　教諭・教育政策研究会「特別支援教育部会」西日本支局事務局長
西山　雅代	香川県立丸亀養護学校　教諭
多田　肇	熊本大学教育学部附属特別支援学校　教諭
大場　美樹	福井県立福井南特別支援学校　教諭
脇迫　日奈子・ 中村　晋	千葉県立特別支援学校市川大野高等学園　教諭, 筑波大学附属大塚特別支援学校　主幹教諭（研究助言）
山本　静	石川県立明和特別支援学校　教諭
藤田　博史・ 松本　和裕	広島県立庄原特別支援学校　教諭
髙津　梓・ 中村　晋	筑波大学附属大塚特別支援学校　教諭, 同　主幹教諭（研究助言）
原　満登里	山梨県立わかば支援学校　教諭
阿部　央憲	埼玉県立草加かがやき特別支援学校　教諭
飯嶋　ちづる	東京都立臨海青海特別支援学校　教諭
栗田　朋寛	山形県立米沢養護学校　教諭
深田　菜々子	京都教育大学附属特別支援学校　教諭
橋本　千里	江戸川区立新田小学校（東京都）　教諭
鷹取　哲史	柏市立田中小学校（千葉県）　教諭
黒地　忍	富山市立東部中学校（富山県）　教諭
浦　健一	福岡市立金武中学校（福岡県）　教諭
白府　士孝	函館市立鍛神小学校（北海道）　教諭
金子　史	相模原市立若草小学校（神奈川県）　教諭

表紙：宇都宮政一（peek a boo co.,ltd.）
本文デザイン：小林峰子

特別支援学級・特別支援学校

新学習指導要領を踏まえた
「学習評価」の工夫
育成を目指す資質・能力の3つの柱を
3観点で見取るアイディア

令和2年7月3日　初版発行
令和3年3月24日　第3刷

■編　著　武　富　博　文
　　　　　増　田　謙太郎
■発行者　加　藤　勝　博
■発行所　株式会社ジアース教育新社
〒101-0054　東京都千代田区神田錦町1－23 宗保第2ビル
　　　　　　Tel. 03-5282-7183
　　　　　　Fax. 03-5282-7892
　　　　　　E-mail：info@kyoikushinsha.co.jp
　　　　　　Ｕ Ｒ Ｌ：https://www.kyoikushinsha.co.jp/

印刷・製本　シナノ印刷株式会社

Printed in Japan

ISBN978-4-86371-549-3